Auxiliando a humanidade a encontrar a Verdade

UMBANDA, ESSA DESCONHECIDA

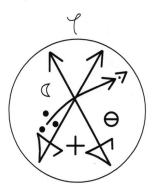

Roger Feraudy

UMBANDA, ESSA DESCONHECIDA
Umbanda Esotérica e Cerimonial

Obra mediúnica
orientada pelo
Espírito
Babajiananda
(Pai Tomé)

© 1986
Roger Feraudy

UMBANDA, ESSA DESCONHECIDA
Umbanda Esotérica e Cerimonial
Roger Feraudy

Todos os direitos desta edição
reservados à
CONHECIMENTO EDITORIAL LTDA.
Caixa Postal 404
CEP 13480-970 - Limeira - SP
Fone/Fax: 19 34510143
www.edconhecimento.com.br
conhecimento@edconhecimento.com.br

Nos termos da lei que resguarda os direitos autorais, é proibida a reprodução total ou parcial, de qualquer forma ou por qualquer meio — eletrônico ou mecânico, inclusive por processos xerográficos, de fotocópia e de gravação — sem permissão, por escrito, do Editor.

Ilustração da Capa: Mário Diniz
Projeto Gráfico: Sérgio Carvalho
Revisão: Dyrce Borges de Oliveira
Colaboraram nesta edição:
Mariléa de Castro
Paulo Gontijo de Almeida

• Impresso no Brasil • Printed in Brazil
• Presita en Brazilo

5ª edição - 2006
ISBN 85-7618-112-6

Produzido no Departamento Gráfico de
CONHECIMENTO EDITORIAL LTDA
e-mail: grafica@edconhecimento.com.br

Dados Internacionais de Catalogação na Publicação (CIP)
(Câmara Brasileira do Livro, SP, Brasil)

Babajiananda (Espírito)
Umbanda, essa desconhecida - umbanda esotérica e cerimonial / obra mediúnica orientada pelo Espírito Babajiananda (Pai Tomé) ; [psicografado por] Roger Feraudy. — 5ª ed. rev. e ampl. — Limeira, SP : Editora do Conhecimento, 2006.

ISBN 85-7618-112-6

1. Umbanda 2. Médiuns 3. Psicografia 4. Magia I. Feraudy, Roger II. Título.

06-6939   CDD - 299.6720981

Índice para catálogo sistemático:
1. Umbanda esotérica : Cerimonial :
Religiões afro-brasileiras   299.6720981

Roger Feraudy
(Da Academia Petropolitana de Poesia Raul de Leoni e
Academia Neolatina e Americana de Artes do Rio de Janeiro)

UMBANDA, ESSA DESCONHECIDA
Umbanda Esotérica e Cerimonial

Obra mediúnica
orientada pelo
Espírito
Babajiananda
(Pai Tomé)

5ª Edição - 2006

Obras de Roger Feraudy publicadas pela Editora do Conhecimento:

A TERRA DAS ARARAS VERMELHAS
Uma história na Atlântida (1999)

CYRNE
História de uma fada (2000)

A FLOR DE LYS
Nos bastidores da revolução francesa (2001)

O JARDINEIRO
Uma fábula moderna (2003)

BARATZIL, A TERRA DAS ESTRELAS
Nossa herança atlante e extraterrestre (2003)

UMBANDA, ESSA DESCONHECIDA
Umbanda esotérica e cerimonial (2004)

O CONTADOR DE HISTÓRIAS
João Só e a rosa azul (2005)

ERG - O DÉCIMO PLANETA
A pré-história espiritual da humanidade (2005)

UM ANJO ESTÁ NAS RUAS
Não estamos sós (2006)

Outros livros do selo *Divina Luz* publicados pela Editora do Conhecimento:

NOS PORTAIS DE ARUANDA
Marcelo Gutierrez (2006)

CAUSOS DE UMBANDA
A psicologia dos pretos velhos
Vovó Benta / Leni Savinski (2006)

A MISSÃO DA UMBANDA
Ramatís / Norberto Peixoto (2006)

"Tenha como templo o Universo;
como prece, o trabalho;
como fé, o amor;
como religião, a caridade."

Pai Tomé

Satyât Nâsti Paro Dharmah
(Não há religião mais elevada que a verdade)

Mahârajah de Benares

Não imploreis aos deuses impotentes;
é em vós mesmos que deveis procurar
o que é preciso para a vossa libertação. Cada homem constrói sua própria
prisão.

Sidarta Gautama - Buda

Não há nada que seja novo debaixo do
Sol, e ninguém pode dizer: 'Eis aqui
uma coisa nova', porque ela já houve
nos séculos que passaram antes de nós.

Eclesiastes, 1:10

Há um princípio que serve de barreira
contra toda e qualquer informação, de
prova contra qualquer argumento e que
jamais pode falhar, a fim de manter o
homem em permanente estado de ignorância: esse princípio condena, antes de
pesquisar.

Herbert Spencer

Senhores,

Aqui temos este livro, um ramalhete de flores
escolhidas. Nada há nele de meu, a não ser o
cordão que as ata.

Montaigne

Sumário

17		Prefácio da primeira edição
20		Prefácio da quarta edição
24		Introdução
27		Umbanda — Sua face
29	1.	Mediunismo, rondas e raças-raízes
40	2.	Entidades espirituais e Plano Astral
45	3.	Corpos ou veículos e chacras
52	4.	Mediunidade
56	5.	Duplo etérico
58	6.	Umbanda origens
78	7.	Orishás: definição e origens
82	8.	As linhas de Umbanda
92	9.	Linha, legião e falange
99	10.	Desenvolvimento mediúnico, planos mediúnicos e posições vibradas
104	11.	Características mediúnicas
108	12.	Carma e suas relações com o mediunismo
112	13.	Umbanda - Generalidades
115	14.	A Lei da Pemba

126	15.	Pontos cantados
128	16.	Banhos de ervas
131	17.	Os defumadores
133	18.	Os guias e seu uso
135	19.	Iniciações na Umbanda
140	20.	Saravá: simbolismo da cruz
149	21.	Gongá: suas origens e finalidades
160	22.	"Cambono": suas origens e sua verdadeira função na Umbanda
165	23.	O que é magia
176	24.	Exu: definições e origens
181	25.	Povo da encruzilhada e diferenças entre exu e compadre
186	26.	Exu Guardião e cor fluídica dos exus
193	27.	Exus, pontos cantados e curiadores
195	28.	Oferendas, despachos, ponteiras, pólvora e a "Hora Grande"
200	29.	Pequena história da Umbanda
204	30.	Apometria e Umbanda
208		Umbanda como ela é — Miscelânia
227		Epílogo
229		A Grande Religião

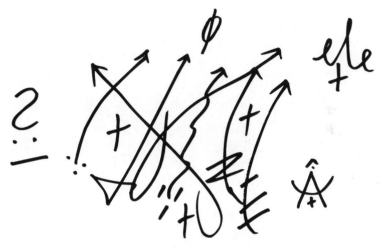

Ponto de abertura nas sete linhas

Saravá os 7 *Orishás* da Umbanda!
Saravá os 7 grandes agentes mágicos universais!
Saravá a imortal Luz Divina — *Aumpram*, a Lei do Verbo!

Prefácio da primeira edição

Um filete de água cristalina, nascido e descendo entre rochas, traz em si um som, um perfume; porém, nem todos que o observam têm a sutileza necessária para captar esses dons que a natureza revela.

Para senti-los, precisamos desnudar nossa alma diante do Senhor, esquecermo-nos da forma física e, contritos, deixar que fale o espírito, o Ser Real que somos, o Divino manifestado na matéria.

Umbanda, essa Desconhecida é esse filete de água, colorido, sonoro, aromático, que mitiga nossa sede de conhecimentos, que nos eleva, que nos faz compreender os enigmas da esfinge do deserto, que só se revela aos que exaustos na busca, ou decepcionados e desiludidos por somente terem encontrado areia onde o ouro era uma promessa, dela se aproximam sem idéias preconcebidas e com reverente e sincera humildade.

E foi com reverente e sincera humildade que Roger Feraudy entregou-se de "corpo e alma" ao Mestre Babajiananda, componente da Grande Fraternidade Branca, ao lançar o livro *Serões do Pai Velho*. O êxito não poderia ter sido maior: edição esgotada em pouco tempo. Um livro que trata de ciclos de manifestações cósmicas, de rondas, de raças-raizes e sub-raças, que fala sobre os Nirmanakayas, Kalpas e Manvantaras, despertou e vem despertando o maior interesse pela Umbanda, essa desconhecida.

Estava iniciado um movimento científico e cultural da Umbanda Esotérica.

Os intrincados problemas epistemológicos, que desafiam os umbandistas cultos, foram em *Os Serões do Pai Velho* revelados; porém, os Iniciados ministram sua sabedoria em dosagem certa, em graus diferentes. Roger Feraudy não se deteve, quis ir mais além, quis ter mais para dar. Pesquisador esclarecido e consciente, mergulhou fundo no campo da Umbanda ultramilenar. Para apresentá-la em toda a sua pujança, seu esplendor, Roger não mediu sacrifícios. O som, o colorido, o aroma, a pureza de um culto que, tempos atrás, fora tachado de primitivismo, quando não de baixo espiritismo, precisavam ser revelados aos sedentos da Verdade e até mesmo aos que, por desconhecê-la, condenavam suas práticas.

Roger Feraudy foi ao *Arqueômetro de Saint Yves D'Alveydre* — um aparelho de precisão, revelador da protossíntese religiosa da humanidade e das ciências. Estudou a Kabala, a Numerologia, a Cosmogênese, o Simbolismo, o Devanagari, linguagem dos deuses, a língua sagrada dos Dirigentes do planeta, idioma Adâmico ou Vatan, o Senzar, que é a raiz do sânscrito, adentrou o campo teosófico, percorreu "mares não antes navegados", extraiu do areal o ouro puro e o trouxe à tona.

Umbanda, Essa Desconhecida não é mais um livro entre os muitos da literatura umbandista. É um autêntico tratado da Sabedoria Cósmica que desce ao plano nesta hora cíclica que vivemos.

Estamos com o irmão Thales que, em se referindo à Umbanda diz:

Toda religião que não evolui, condena-se ao desaparecimento. E a nova religião já surgiu no Brasil. Nasceu das cinzas das religiões dos pretos escravos provenientes da África. De Angola, de Cabinda, do Dahomey. Durante muito anos viveu só do ritual, da prática das feitiçarias, quase desconhecida do grande público. Mas eis que, de repente, surgiu das cinzas do passado, absorveu os ensinamentos de Kardec, admitiu o Evangelho em suas sessões. E alguns não ficaram aí, foram estudar a Teosofia, os livros secretos dos povos antigos, leram o Livro dos Mortos do antigo Egito, os Vedas da Índia milenar e organizaram o Templo Iniciático, em que os ensinamentos são ministrados aos chelas em diferentes graus. Atraiu médicos, engenheiros, advogados e promete ir mais além. Promete atingir o reino do espírito pela união do ser humano com o Pai Celeste. "Eu e o Pai somos um. Aqueles que a combatem ficam à margem da estrada, porque ela segue o seu caminho, segue o seu destino".[1]

Tecer mais comentários sobre *Umbanda, Essa Desconhecida* seria tirar dos leitores o prazer de se inebriar com a Luz jorrada do Alto que deve se encontrar com a luz daqueles que, pelo esforço e boa vontade, a encontram na Terra.

Mas é difícil calar quando nós próprios sentimos com intensidade as vibrações amoráveis do amado preto velho que suavemente nos envolve com suas luzes e balsamiza nossa alma sôfrega de conhecimento. E nós também recebemos sua mensagem:

> Com a rosa azul, filha minha, te envolvemos em nosso amor; com a amarela te fortificamos e, com a nossa 'guia', te oferecemos serviço. Serve e passa sem jamais esperar recompensa pelo teu serviço. O prazer de servir é a recompensa do servidor.

Paira no ar um perfume, enquanto nosso espírito, em profundo silêncio, agradece.

Leitor amigo, vá em frente, não se detenha se alguns capítulos lhe parecerem difíceis, se exigirem acurados estudos, sua recompensa virá no último, virá em *A Grande Religião*.[2]

Palavras de inenarrável, de inefável beleza! Verdadeiras cascatas de luzes multicoloridas o esperam.

A Grande Religião é uma sinfonia cósmica, é o Amor revelado, é a chave de ouro que o Mestre Babajiananda alcançou e traz para todos nós.

Babajiananda!

Roger Feraudy!

Nosso respeito, nossa admiração e, sobretudo, nossa gratidão.

Namastê.

Osmyra A. Lima
Pirassununga, 10 de abril de 1984

---

1 *Revista Sabedoria*, setembro de 1968, Rio de Janeiro.
2 A ser relançado em breve com o título de *A Sabedoria Oculta*, **EDITORA DO CONHECIMENTO**.

Prefácio da quarta edição

Umbanda, essa desconhecida...
Enganam-se aqueles que pensam que a umbanda é uma religião africana. Na verdade, o conhecimento desse culto milenar foi levado à África por povos atlantes, durante as grandes migrações que tomaram lugar depois da terceira sub-raça originada na Atlantida.[1]
Uma das raças que habitava o antigo continente era a negra, a etíope, que, assim como outras raças que migraram para diversas partes do globo, desde o antigo Egito até as Américas, levou consigo o entendimento da magia e da Luz Divina para a África. Mesclando-se com as tradições religiosas dos povos locais e com seus feiticeiros, deu origem aos cultos africanos como conhecemos hoje.
Por todo o planeta a saga dos atlantes, em busca de novos lares, espalhou o conhecimento trazido pelos homens das estrelas; aqueles que, há milhões de anos, por amor ao homem da Terra, aportaram um dia com suas vimanas na Lemúria, transferindo-se posteriormente para a Atlântida, com as dinastias divinas, enquanto os grandes cataclismos que mudavam a face geológica do planeta iam se sucedendo.
Surgido originalmente como um movimento hermético e fechado nos Templos da Luz, nas academias iniciáticas, teve sua função maior revelada quando precisou se transformar

---
1 Recomendamos a leitura das obras: *Baratzil - A Terra das Estrelas* e *A Terra das Araras Vermelhas*, EDITORA DO CONHECIMENTO, do mesmo autor.

num culto gerido por magos brancos para combater o então emergente movimento de magia negra que se espalhava.

Aparecem nessa época os egos chamados de Senhores da Face Tenebrosa, os magos negros, espíritos dominadores e egressos de planeta desaparecido, numa história ancestral e anterior às civilizações de nosso planeta.[2] A Cidade das Portas de Ouro da Atlântida se torna o centro da magia negra.

Ao mesmo tempo, nos Templos da Luz, dois tipos de entidades se manifestam na antiga AUMPRAM: os Encantados, ou Kama Rajás (não reencarnantes na Terra) e os Nyrmanakayas (espíritos terrícolas já libertos do carma terreno). Apresentam-se nos rituais como Instrutores, Puros e Magos, da mesma forma que hoje temos os Caboclos, as Crianças e os Pretos Velhos.

É traçado o primeiro Triângulo Fluídico no astral, sob os céus da Atlântida e se inicia então a AUMBANDHÃ, que no idioma sagrado dos deuses, o devanagari, quer dizer: A Luz Divina. Isso tudo se passa há mais de 70.000 anos.

Com o decorrer de milhares de anos, sua trajetória e seu entendimento ficaram velados através dos tempos e da história, assim como um dia também foi velada a palavra sagrada.

Ressurgido no astral por ordem dos maiorais sidéreos, o Projeto Terras do Sul inicia, em terras americanas, o resgate do antigo culto, quando então, novamente, o Triângulo Fluídico é traçado sob os céus do Brasil.

Centenas de entidades, de diferentes cadeias de evolução, que desde o princípio trabalharam arduamente no desenvolvimento da raça humana no planeta, se engajam espontaneamente no projeto, alijando-se novamente de desfrutar dos paraísos cósmicos de seus planetas de origem, apenas por amor ao homem da Terra.

No final do século XIX a antiga Aumbandhã renasce finalmente em solo brasileiro e por sucessivas corruptelas leva o nome de UMBANDA – a Luz Divina.

Um espírito venusiano, de nome Thamathaê, pupilo do primeiro que veio para o antigo continente de Mu, em tempos imemoriais, o sagrado Sanat Kumara, o senhor do mundo, e que ainda hoje vela pelo planeta com o coração amoroso de

---

2 Recomendamos a leitura da obra *Erg - O Décimo Planeta,* do mesmo autor.

Umbanda, Essa Desconhecida

pai, é designado para trazer o comunicado aos homens, apresentando-se então pela primeira vez, no início do século XX, através da mecânica da incorporação.

E o mundo da umbanda sagrada conhece então seu fundador, que se apresenta humildemente como o Caboclo das Sete Encruzilhadas, numa alusão aos sete planos da manifestação, aproveitando a herança xamânica de nosso povo para criar um corpo de ilusão que fosse facilmente compreendido e aceito.

Quantos mistérios estavam perdidos ou ocultos na cultura umbandista, em função de sua história milenar e de sua proposta primeira em fazer um maior número de adeptos num menor tempo possível, o que possibilitou o culto se alastrar entre os humildes, pois deles não se exigia maiores estudos ou entendimento, além do trabalho contínuo na caridade e no amor desinteressado!

É mais que tempo dos homens, agora na Terra, filhos das estrelas que todos somos, voltarem seus olhos para essa história divina de nosso planeta, repleta de sacrifícios dessas entidades maravilhosas, de uma evolução espiritual inimaginável aos nossos escassos cinco sentidos.

Voltarem seus olhos e, além de tentarem entender o que realmente se passa nesse mundo invisível, nos meandros dessa magia cósmica na qual estamos todos inseridos, tentarem imitar esses exemplos de bondade infinita, no limiar dessas novas sub-raças mais espiritualizadas que surgem sobre o solo de nosso magnífico planeta azul, até que esses seres das estrelas possam voltar a nos guiar numa nova civilização.

E se um dia Thamathâe veio em nosso auxílio, para lembrar aos homens a antiga Aumbandhã, é agora chegada a hora daqueles que tem compromisso cármico ativo com a magia, os umbandistas, estudarem, mudarem o paradigma da umbanda passiva, compreenderem as verdades ocultas e se tornarem agentes do entendimento universal, pois a nova missão do Caboclo das Sete Encruzilhadas é trazer, num tempo futuro, todas as pessoas para um culto único e amorável, sem rótulos, como deveria ter sido desde o princípio.

E em nome do mesmo amor, esses mistérios começam a ser resgatados em obras como esta e outras do mesmo autor, que dedicou meio século de sua existência ao estudo e pesquisa dos segredos ocultos da umbanda, através da umbanda esotérica, com a assistência das mesmas entidades que auxiliaram o desenvolvimento do planeta e que, um dia, anunciaram o resgate do antigo culto atlante em terras brasileiras.

Salve Payê – Suman, nosso Pai Santo e mestre sideral! Salve Pai Roger de Oxalá! Nós, da Fraternidade do Grande Coração – Aumbandhã, o saudamos, agradecidos e em prece pela graça e honra de ter nos aceito como seus pequenos pupilos, dando-nos a oportunidade de replantar com ele as sementes perdidas da Umbanda Esotérica, mesmo que apenas carregando humildemente o cesto de onde suas mãos lançam, pródigas, os grãos de sabedoria que um dia vão alimentar muitas pessoas.

Salve a nossa Umbanda!

Campinas, outono de 2004
Maria Teodora R. Guimarães

Introdução

Cansado de procurar em várias partes, de ler e reler compêndios, de peregrinar inutilmente e de perguntar em vão, enfim, cansado de ser peregrino da Verdade, Ivan vai bater em mais aquela porta, com o desânimo e quase a indiferença dos que não encontram resposta às eternas perguntas, dos que ainda batem e insistem porque têm a convicção íntima de existir alhures uma resposta exata, racional e científica. Ivan é jovem ainda, porém sente-se velho nesse peregrinar sem fim, de tenda em tenda, de centro em centro, de livro em livro. Estudou as ciências positivas. Alma mística, mas capaz de sentir as vibrações das esferas superiores, pressentiu o "mais além" e, espírito analítico, ajudado por uma férrea cultura, compreendeu que a matéria e suas leis são "mais alguma coisa" e que no "além", no inatingível, por sobre o espaço e o tempo, expressando este mundo fenomênico de causa e efeito, Deus podia ser encontrado na essência de todas as coisas. Enveredou para dentro de si mesmo e encontrou sua alma e, encontrando-a, assegurou-se precisamente de que a inteligência-ego, liberta da prisão da matéria, pode ser livre e atuar no mundo da ilusão e da carne, nos mundos suprafísicos, privando com outras inteligências--egos, já libertas definitivamente dos laços carnais que as prendiam ao plano.

Foi um lento despertar, uma aprendizagem metódica de si mesmo, esse pródromo de sua mediunidade. Alicerçado pelo seu estudo, pela soma dos grandes conhecimentos armazenados, pela sua convicção nobre, pelo seu propósito de servir, consciente que era da Grande Lei, por uma avidez incomensurável de saber e pelo seu grande amor à Verdade, começou para o nosso jovem Ivan um tormento infinito, um desespero constante que quase aniquilou sua fé e suas mais íntimas convicções.

Percorreu vários centros e não encontrou o que procurava. Seus laços cármicos, porém, o arrastavam, silenciosa, gradativamente para essas umbandas onde uma voz íntima, quase tímida, lhe falava da Verdade, do Amor e da Caridade. Era uma voz que crescia, tumultuava, que transcendia a sua vontade e o impelia implacavelmente, pobre "eu" meditativo e solitário, para as multidões barulhentas e confusas de *gongás* heterogêneos.

Que confusão de ritos, de crendices, de superstições! Quanta vaidade, quanta maledicência, quanta maldade e quantos recalques exteriorizados num quadro amplo de patologia e etiologia duvidosas! Quanto pseudomistério, em ridículos "chefes de terreiro" que nada sabem e encobrem sua ignorância na capa esburacada, ao olhar mais vivo, da liturgia e do pseudoculto! Por aí pululam as incríveis "mirongas" que não resistem a uma pergunta mais bem feita, sempre sem resposta, porque eles ignoram, simplesmente, o básico da Verdade que deviam conhecer.

Isto é "mironga", dizem os falsos *babalaôs*, isto é um mistério que ninguém pode conhecer. Que mistério? Qual foi o verdadeiro Guia, Protetor ou *Orixá* que jamais instituiu tal suspeito "mistério?"

Quanta degradação e quanto de grotesco em nome do suave e meigo Mestre da Galileia!

Ivan chorou. Alma sensível, capaz de vibrar com o belo, o simples e o puro. Esses arremedos espirituais nada tinham da humildade, da pureza, da simplicidade e do amor do Mestre.

Aquela Voz interna, porém, bradava agora silenciosamente sozinha:

— Procura nessa mesma Umbanda humilde e descalça, como o Mestre Jesus, porque nela vais encontrar a tua liber-

Umbanda, Essa Desconhecida

tação! Repara nesses pretos velhos! Mansos e sábios, de corpos cansados e alquebrados. Eles também procuram algo nos homens. Eles continuam a peregrinar de médium em médium, de centro em centro, perseverantes e submissos, querendo encontrar algo que tu também procuras nos corações dos homens. Eles se entristecem ao ver a sua Lei, a Lei Maior de Zâmbi, ser enxovalhada e conspurcada nesses batuques desordenados em que as baixas paixões explodem e nas quais o comércio do "Além" se verifica em seus aspectos mais torpes. Repara como os pretos velhos choram! Repara nesses "caboclos" de passadas mansas e linguajar acanhado! Que mundo de simplicidade em cada gesto, que mundo de sabedoria em cada palavra! Embora mal exteriorizados por esses médiuns e por esses terreiros tão mal organizados e dirigidos, só a beleza do sacrifício de ainda continuarem a se manifestar nessas "três formas" já é um exemplo do que podem ser a perfeição e a lição quotidianas para podermos nos identificar nesse trigrama de sabedoria: Humildade, Pureza e Simplicidade!

Ivan ouviu a Voz. Compreendeu o sentido metafísico e reencetou a sua longa peregrinação...

A Voz, então, guiou seus passos; as leis de afinidade se fizeram sentir e o braço longo do carma o enviou, ele nem mesmo sabe como, para um *gongá* pequeno, humilde e simples, onde um preto velho, mansa e calmamente, "pitava", sentado num banquinho baixo.

Ivan sentiu, então, que era ali, naquele *gongá* pequeno, que sua alma, ávida e aflita, iria encontrar o que há anos buscava. Sentiu as mais sutis vibrações o penetrarem; sentiu a harmonia plena do seu mental; sentiu que se encontrava completamente como que inundado de luz, e o resto... ah! o resto foi a própria verdade.

Pai Velho transfigurou-se, perdeu aquele linguajar acanhado. Sua fala agora era toda sabedoria que jorrou em jatos, em ondas, em cascatas magníficas de verdades supremas...

Umbanda: Sua face

1. A Umbanda crê num Ser Supremo, o Deus único criador de todas as religiões monoteístas. Os Sete *Orishás*[1] são emanações da Divindade, como todos os seres criados.
2. O propósito maior dos seres criados é a Evolução, o progresso rumo à Luz Divina. Isso se dá por meio das vidas sucessivas — a Lei da Reencarnação, o caminho do aperfeiçoamento.
3. Existe uma Lei de Justiça universal, que determina a cada um colher o fruto de suas ações, e que é conhecida como Lei do Carma.
4. A Umbanda se rege pela Lei da Fraternidade Universal: todos os seres são irmãos por terem a mesma origem, e a cada um devemos fa⁻ ⁻ o que gostaríamos que a nós fosse feito.
5. A Umbanda possui uma identidade própria, e não se confunde com outras religiões ou cultos, embora a todos respeite fraternalmente, partilhando alguns princípios com muitos deles.[2]

1 N. A. - Embora o uso corrente no país já tenha consagrado a forma Orixá, e os nomes dos *Orishás* nas formas Oxalá, Oxossi, Xangô, Iemanjá, Iori, Iorimá, que correspondem ao modelo de assimilação vernácula daqueles sons originais, preferimos mantê-los na grafia mais aproximada da forma sânscrita e páli de origem. Por se tratar de nomes próprios, em idioma estrangeiro, mas sobretudo para lembrar as raízes autênticas desses termos, nas culturas em que verdadeiramente foram ensinados, com seu significado original.
2 Umbanda e Catolicismo são diversos, apesar do sincretismo, que teve raízes

6. A Umbanda está a serviço da Lei Divina, e só visa ao Bem. Qualquer ação que não respeite o livre-arbítrio das criaturas, que implique em malefício ou prejuízo de alguém, ou se utilize de magia negativa, não é Umbanda.

7. A Umbanda não realiza, em qualquer hipótese, o sacrifício ritualístico de animais, nem utiliza quaisquer elementos destes em ritos, oferendas ou trabalhos.

8. A Umbanda não preceitua a colocação de despachos ou oferendas em esquinas urbanas, e sua reverência às Forças da Natureza implica em preservação e respeito a todos os ambientes naturais da Terra.

9. Todo o serviço da Umbanda é de caridade, jamais cobrando ou aceitando retribuição de qualquer espécie por atendimento, consultas ou trabalhos. Quem cobra por serviço espiritual não é umbandista.

Um Espírito Amigo

---

históricas.
Umbanda e Espiritismo são diversos, embora ensinem as mesmas Grandes Leis milenares da Evolução, do Carma e da Reencarnação.
Umbanda e Candomblé são diversos, embora ambos realizem o intercâmbio com os Planos Invisíveis

1.
Mediunismo, Rondas e raças-raízes

PAI VELHO: — Louvado seja Nosso Senhor Jesus Cristo, menino. Enfim chegou, Zivan! Pai Velho esperou bastante.

ZIVAN: — *Sua bênção, Pai T...*

PAI VELHO: — Nosso Senhor Jesus Cristo já deu, meu filho.

ZIVAN: — *Pai Velho, o Senhor sabe perfeitamente a que vim. Possa o Senhor do Universo permitir que eu seja esclarecido e conheça a Verdade.*

PAI VELHO: — Sim, Pai Velho vai falar porque a sua sinceridade é autêntica, seus propósitos são nobres e, finalmente, chegou a hora de você saber, de levantar uma ponta do véu. Você não tem ouvido dizer, uma porção de vezes, que os tempos são chegados? Chegou o momento, porque aquele que tiver ouvidos de ouvir, ouvirá.

ZIVAN: — *Obrigado, Pai T.. Espero ter esses ouvidos. Porém, acho melhor começarmos do início. O que é Espiritismo?*

PAI VELHO: — É a doutrina codificada por Allan Kardec, que se baseia na existência dos espíritos e na sua comunicação com os seres encarnados. Geralmente, essa comunicação se faz por meio de um intermediário, ou "ponte", entre um plano e outro, que se chama "médium". *Médium*, portanto, é aquele que liga o plano dos encarnados ao dos desencarnados.

ZIVAN: — *E a comunicação com os espíritos desencarnados, Pai T..., é muito antiga? Os povos primitivos a praticavam?*
PAI VELHO: — Sim, ela é antiquíssima. É do culto dos antepassados que se origina a base de toda religião-culto.

ZIVAN: — *O que é o "culto dos antepassados?"*
PAI VELHO: — É o verdadeiro esforço de união coletiva entre os homens. Pai Velho aqui discorda de que a religião--culto nasça no homem por efeito de seu temor, insegurança e pequenez diante das forças da natureza. Falo aqui da *religião-culto* e não da outra — a Religião — sagrada, divina e revelada, que faz parte da tradição e da própria ciência das primitivas raças. Essas raças adoravam a Deus em sua abstração e o seu próprio modo de ser era religiosidade pura. Quando Pai Velho se refere ao culto dos antepassados quer se referir à religião nascente das massas, depois do período em que o homem caiu completamente na animalidade e na matéria, na quarta raça-raiz da presente Ronda.

ZIVAN: — *Pai T... o senhor falou em raça-raiz. O que é isso?*
PAI VELHO: — Cada ciclo máximo de manifestação cósmica compõe-se de sete Rondas, por meio de um globo de evolução, o que perfaz uma cadeia planetária. Cada Ronda possui sete raças básicas, fundamentais, chamadas de mãe ou raiz. Cada raça, por sua vez, possui sete sub-raças. Assim, na nossa cadeia terrestre, encontramo-nos, presentemente, na quarta Ronda e na quinta sub-raça da quinta raça-raiz.

ZIVAN: — *Jamais ouvi falar nesses dados e julgo não tê-los compreendido. Poderia esclarecer melhor?*
PAI VELHO: — Preste bem atenção ao que vou lhe explicar e verá que é bem fácil e lógica essa divisão de ciclos, compreendendo números tão grandes que assombram, pelas suas cifras, os menos avisados.

Todo tempo se manifesta ciclicamente. Assim, temos o ciclo mínimo, que é o tempo que leva o planeta Terra para dar uma volta completa sobre o seu eixo. É o dia natural, dividido em duas partes: uma com a luz do sol, ou dia propriamente dito, e a outra sem a luz do sol, ou noite. O segundo ciclo é o mês ou as mutações entre as posições relativas entre a Terra e a Lua, ou o período de tempo composto de 28 dias lunares.

O mês, também, como não poderia deixar de ser, divide-se em dia e noite, ou melhor, nos 14 dias em que se vê a Lua e nos restantes 14 dias em que não a vemos. Vem, a seguir, o terceiro ciclo, que é o ano, ou o movimento que leva a Terra para fazer uma volta em torno do sol. Esse movimento é chamado de translação. Também o ano tem um período de dia ou positivo — o verão — e de noite ou negativo — o inverno — com dois períodos intermediários: primavera e outono. O quarto ciclo é o Ano Maior, que consta de 360 anos terrestres. O quinto ciclo é composto de 12 mil anos maiores que vão dar um Ciclo Maior, ou seja, 4.320.000 anos terrestres. O sexto ciclo é composto de 71 ciclos máximos, o que dá um Manvantara,[1] a cujo fim sobrevém um cataclismo geológico que faz mudar completamente a face da Terra. O sétimo ciclo é composto de 14 Manvantaras, que dão um Kalpa.[2] Um determinado número de Kalpas (36.000) compõe o que se denomina de Mahakalpa, ou melhor, um Dia de Brahma, seguido por igual período de repouso chamado Noite de Brahma. É quando o Absoluto inspira e deixa em Si todas as manifestações, deixando-Se ficar em Sua Suprema Unidade.

ZIVAN: — Para maior clareza, poderia elucidar os conceitos de Ronda e Raças- Raizes?

PAI VELHO: — Partindo do que já ficou exposto, a evolução das Raças-Raizes e de toda a vida manifestada se processa por meio daquilo que conhecemos como Esquema de Evolução. Existem, no presente, sete *Esquemas de Evolução* que são, por assim dizer, as sete encarnações dos sete Logos que presidem ou governam esses esquemas. Cada esquema de evolução possui sete cadeias, compostas, cada uma, de sete globos de matéria específica de diversos planos. Assim, cada globo de uma cadeia é composto de matéria de cada plano de manifestação, desde o plano nirvânico até o plano físico ou denso, variando, é claro, de acordo com a evolução de cada cadeia, dentro do esquema. A vaga ou onda de vida, corrente de vida que se dirige para um determinado globo onde se processará a evolução, começa na Cadeia A e perfaz

---

1 Período que engloba as sete raças-raizes e suas sub-raças. Manvantara ("manuantara") quer dizer "entre dois manus": Manu, da raiz sânscrita man (pensar), significa o dirigente, o condutor de uma raça-raiz.
2 Extenso período cósmico.

Umbanda, Essa Desconhecida   31

sete rondas, ou seja, uma Ronda em cada um dos sete globos da cadeia. Portanto, tendo executado uma cadeia de evolução, passa à Cadeia B e, assim, sucessivamente, até atingir o globo G, perfazendo um esquema completo de Evolução.

No caso do nosso planeta, a Terra, encontramo-nos na quarta cadeia, na quarta Ronda e na quinta sub-raça. O processo é o mesmo. A cadeia anterior, Cadeia C, foi a chamada Lunar, da qual hoje em dia a Lua, satélite da Terra, é apenas um cascão morto que tenderá a desintegrar-se no espaço. Quando se exauriram as possibilidades de vida dessa cadeia de evolução, a onda de vida passou para a cadeia seguinte, a terrestre, composta, também, de sete globos, sendo dois constituídos de matéria mental inferior, dois de matéria astral e três de matéria física densa que são Marte, Terra e Mercúrio.

Ora, em cada um desses globos escoam-se sete raças-raizes com suas respectivas sub-raças, num processo ascensional sempre progressivo, que vai do globo um ao sete e da cadeia A a G.

Porém, os quatro reinos, que vocês dividem em mineral, vegetal, animal e humano, também evoluem e, por meio de cada cadeia, há a passagem de um reino para outro. Assim, o que era o reino animal na cadeia anterior à terrestre, ou seja, na cadeia lunar (Cadeia C) é o reino humano na terrestre atual (Cadeia D). Os outros reinos seguem a mesma proporção: o que era reino vegetal na cadeia lunar é o reino animal na terrestre e, ao findar-se a cadeia terrestre, será humano na Cadeia E. Por esse motivo, existe um aforismo esotérico que diz: "aquilo que é mineral será planta; o que é planta será animal; o que é animal será homem."

ZIVAN: — Compreendi perfeitamente. Em cada cadeia anterior à terrestre todos os reinos estavam em estágio atrasado à nossa cadeia. Assim, o que é agora a nossa humanidade, eram os animais da cadeia lunar; o que são os nossos animais, eram os vegetais e, assim, sucessivamente, também, nas cadeias superiores à nossa. Se bem compreendi, podemos esquematizar os ciclos evolutivos da seguinte forma:

Sete sub-raças formam uma raça-raiz.

Sete raças-raizes formam um período mundial.

Sete períodos mundiais formam uma Ronda.

Sete Rondas formam uma Cadeia de Evolução.

Sete Cadeias de Evolução formam um Esquema de Evolução. Meu pensamento está correto?

PAI VELHO: — Perfeitamente. Vejo que entendeu bem as explicações do Pai Velho.

ZIVAN: — Porém, há algo que não entendi bem. Uma, é a questão da Lua como astro morto, cadáver, portanto, de uma cadeia anterior. Outra, é o que está acima da evolução humana, isto é, se os animais chegam ao estado humano, o homem onde chegará?

PAI VELHO: — O caso da Lua é fácil de se explicar. Quando se exaurem as possibilidades de vida de uma cadeia, a onda de vida passa para outra cadeia — Cadeia C, Lunar, para a Cadeia D, Terrestre. Dessa forma, o único globo físico da cadeia anterior (Cadeia C), a Lua, entra em fase de obscuridade. Pela perda de seus líquidos e gases e por um processo de exsudação, o seu tamanho será diminuído. Igualmente, pela perda ou diminuição do seu campo magnético, então reduzidíssimo, essa massa morta será fatalmente atraída para o campo magnético seguinte, em que se processa a evolução de vida, neste caso, a Cadeia D, e, finalmente, para o globo de maior densidade, o planeta Terra. Isso também pode ser representado por uma metáfora bem expressiva: a Lua, sendo mãe da Terra (de onde proveio a vida), vela pelo seu filho, qual mãe extremosa a voltear em torno do berço da criança. Assim, meu filho, o astro-mãe vela seu filho pequeno, a Terra, girando em sua órbita de amor em torno do astro recém-nascido.

Umbanda, Essa Desconhecida

Esquema 2

ESQUEMA DE EVOLUÇÃO

Planos Cósmicos (Manifestação)

ÁTMICO	A G	A ●	A G	A ●	A G	A ●	A G
BÚDICO	B F	B F	B F	● F	B F	● F	B F
MENTAL ABSTRATO	C E	C E	C E	● E	A ●	● F	C E
MENTAL CONCRETO	D ●	D ●	C E	● E	● B F	C ● D	C D
ASTRAL		D ●	● D	D ●	● C		
FÍSICO							

Lua · Marte · Terra · Mercúrio

Também a Terra, na Cadeia E, seguinte, quando se exaurirem todas as possibilidades de vida desta Cadeia D, entrará em obscurecimento, diminuirá de tamanho, será um astro morto e, finalmente, será atraída como satélite do futuro globo físico que se formará de asteróides, ora em condensação, e será o globo físico da cadeia futura, a Cadeia E. Nada foge à regra de evolução. Tudo caminha para ser englobado pelo Criador.

Quanto ao que será o homem, ou melhor, a humanidade na sua senda evolutiva, posso apenas, por ora, revelar alguns caminhos a que ele se destina.

O homem perfeito, o *Adepto*,[3] escolhe seis alternativas por livre vontade:

1. Permanece com a humanidade como cabeça ou dirigente hierárquico;

2. Permanece com a humanidade como *Nirmanakaya*;

3. Reúne-se aos *Devas* ou hostes angélicas;

4. Reúne-se ao próprio Logos, constituindo-se no que podemos chamar o seu "Estado Maior";

5. Prepara o plano da cadeia seguinte, colaborando diretamente nela;

6. Entra no *Nirvana*, naquilo que se conhece como *o Eterno Presente*.

ZIVAN: — O que é Nirmanakaya?

PAI VELHO: — É um espírito superior que, ao invés de seguir a sua evolução em outros planos superiores, permanece no Plano Astral para ajudar a humanidade a progredir, por meio de comunicações com esse plano, por intermédio de um médium ou de Adeptos (Mestres) ou Instrutores.

ZIVAN: — Tudo isso é maravilhoso, uma concepção inteiramente nova para mim. Creio ter entendido suas explicações, Pai T...

PAI VELHO: — Todas as explicações que eu dei com respeito a ciclos, cadeias, rondas e evolução foram para poder falar com precisão sobre as raças diversas e sua evolução espiritual.

Nesta ronda já se escoaram quatro raças-raizes.

---

3 É aquele que recebeu a 5ª Iniciação, tornando-se um Mestre da Sabedoria.

Umbanda, Essa Desconhecida 35

Encontramo-nos, no momento, na quinta sub-raça da quinta raça-mãe ou raça-raiz.

ZIVAN: — *O senhor poderia enumerar essas raças e sub-raças?*

PAI VELHO: — Eu já ia fazê-lo. Da primeira e segunda raças-raizes muito pouco se pode dizer. A primeira raça pode ser chamada de Raça das Sombras e nada mais é do que a projeção dos corpos astrais dos nossos antecessores da cadeira anterior, chamados Pais, ou, na terminologia hindu, Pitris Lunares.

A segunda raça é denominada *Nascidos de Si Mesmos*. De um modo geral, ela não interessa à nossa narrativa; era etérica, sem corpo físico.

A terceira raça foi chamada de *Raça Lemuriana*.

A quarta raça, também chamada *Atlante*, habitou um vasto continente que ocupava quase totalmente o Oceano Atlântico, pois naquela época não existiam a África e a Europa. No seu aspecto atual, o continente africano estava ligado a uma grande parte do Brasil, da América Central e parte sul da América do Norte. Posteriormente, por efeito de cataclismos, um braço de mar se interpôs entre o Brasil e a África. Emergiu das águas quase toda a América Central e delinearam-se os maiores contornos da América do Norte, em sua parte norte. A seguir, com o advento de novas convulsões geológicas, afastou-se mais ainda o continente que formava a Atlântida, reduzido, então, a duas grandes ilhas: Ruta e Daytia. Finalmente, restou dele apenas uma única ilha, à qual Platão se refere como Posseidonis.

Apareceram, nesse período, a Europa, parte da África, bem como as Américas que se delinearam como são atualmente. No ano 9850 a.C. desapareceu sob as águas o que restava do continente atlante, modificando-se novamente o mapa da Europa, África e Ásia.

As sete sub-raças atlantes são as seguintes:

1. Remohal
2. Tlavatli
3. Tolteca (Maias, Quíchuas e Peles-Vermelhas americanos)
4. Turânios primitivos (antigos chineses)
5. Semita original

6. Acadiana
7. Mongólica (Japoneses e Malaios)

A quinta raça-raiz, a atual, é também chamada *Ariana* ou *Ária*. Das suas sete sub-raças, apenas cinco são conhecidas:

1. Indo-Egípcia
2. Ário-Semítica
3. Iraniana
4. Celta
5. Teotônica

As duas últimas sub-raças que ainda estão por vir são as seguintes:

6. Austral-Americana
7. Latino-Americana

Como você vê, o Brasil terá um importante papel nessas sub-raças futuras, pois, na sexta sub-raça, atingirá ele um alto nível de espiritualidade para, na sétima-raça, ser o berço da Raça Azul, a raça dos escolhidos que irão compor a civilização de ouro do planeta Terra.

Os antigos lemurianos apenas começavam a esboçar um corpo físico. Não possuíam mente e, portanto, eram dirigidos pelos Devas, não tendo, dessa forma, autoconsciência, ignorando quase que totalmente o mundo exterior. Era o homem essencialmente interno, sem noção do bem e do mal, do princípio e do fim, por conseguinte, sem conhecimento da vida e da morte, pois passava de um corpo a outro em completo estado de inconsciência. Era como uma vida de sono povoada de sonhos.

As primeiras sub-raças lemurianas eram sem sexo. Entretanto, as últimas sub-raças eram hermafroditas ou andróginas, com duplo sexo, o feminino e o masculino. Com a evolução, essas primitivas raças, pouco a pouco, foram solidificando o seu veículo mental, para eclodir, nas últimas sub-raças, os primórdios dessa mente rudimentar, com o início de um estado autoconsciente. Nasceu a consciência com a mente e, consequentemente, abriu-se um novo caminho para a evolução dessas raças. Se, antes, com a ausência do mental, elas eram dirigidas pelas entidades que supervisionavam o planeta, agora, nessa condição nova, eram os seus próprios dirigentes, não mais guiadas, mas guiando-se a si

Umbanda, Essa Desconhecida   37

mesmas e evoluindo pelos seus próprios passos. Nasceram o bem e o mal, o prazer e a dor. O corpo físico, mais e mais, foi se aperfeiçoando para, na raça futura, separarem-se os sexos, como condição precípua da individualidade. Não são mais um misto de egos agrupados ao seu dirigente afim, mas sim um ego indiviso que já sabe gritar: eu sou, eu quero, eu existo, independente como um foco de força que caminha para um fim. Como você vê, essas primitivas raças viviam em perfeito contato com os mundos suprafísicos e em permanente afinidade natural com as diversas classes de entidades que com eles podiam, a toda hora, estar em comunicação. Era um estado natural, normal e inerente a essas raças. Com o processo evolutivo, esse contato natural foi, pouco a pouco, se perdendo até desaparecer quase que totalmente nos meados da quarta raça atlante. Quanto mais os processos mentais foram se desenvolvendo, tanto mais foi o organismo físico se aprimorando e o espírito afundando na matéria, como condição própria do equilíbrio do homem individualizado.

A condição normal para se manter contato com os mundos suprafísicos, de natural que era, passou a ser rara em alguns, por efeito de encarnações sucessivas. Nasceu a primeira magia. Por um lado, os homens cada vez mais materializados e ainda debaixo de suas condições atávicas de poder exercer ação ilimitada sobre as forças da natureza e os mundos suprafísicos, adoraram-se a si próprios, erguendo grandes estátuas. Usando esses poderes latentes indevidamente, em benefício próprio, caíram irremediavelmente na magia negra que, mais tarde, por efeito de carma, destruiu totalmente a quarta raça. Com o advento do magismo, do qual os atlantes foram mestres incomparáveis, por um poder próprio de equilíbrio, apareceram os primeiros magos brancos, que se esforçavam para combater e se opor à degradação da raça.

O fenômeno da mediunidade propriamente dito ainda não havia aparecido, de vez que o processo de relação entre os mundos físico, material e suprafísico era uma condição inerente a esses povos remotos. Tal fenômeno apareceria bem mais tarde por efeito de carma, quando esses povos, perdida a sua faculdade natural de comunicação, tiveram que lançar mão desse recurso — a mediunidade — para reforçar suas práticas de magia.

Como já aparecessem, nessa raça, seres sem a condição inata interior dos seus antepassados, qual seja a de poder estar em contato direto com os mundos superiores, mas com a nova faculdade inerente ao seu carma evolutivo — a mediunidade — em manifestação, os magos brancos proibiram aos seus adeptos a prática da mediunidade, pois a magia negra também adotou esse novo método de comunicação. A proibição perdurou, como advertência, até a quinta raça, sob a denominação de nigromancia, nome sob o qual, ainda hoje, alguns qualificam toda e qualquer relação que se tenha com os espíritos.

ZIVAN: — *A mediunidade é um processo anormal, contrário à lei e produto da involução do homem?*

PAI VELHO: — Não. A evolução se processa ciclicamente. Quando estudamos o esquema de evolução, dissemos que a onda de vida parte do Plano Átmico, vai ao Búdico, ao Mental Abstrato, ao Mental Concreto, ao Astral e ao Físico. Aí se equilibra e faz a subida no sentido inverso, até atingir, novamente, o Átmico. Assim, também, as raças humanas na sua evolução. Na quarta raça, quando foi perdido o poder semidivino de relação com o mundo supra-sensível e o domínio da magia negra se instalou, o homem se apossou completamente do seu terreno comum — a matéria. Enquanto seus antecessores eram puros e viviam em permanente contato com o divino, não podia haver progresso em sua evolução, por serem eles comandados. Quando o homem se autocomanda, a tendência é de progredir sempre, embora estacione em algumas fases. Essa nova condição, produto de carma e consequência do afundamento total do espírito na matéria, é justamente a mola que impulsionou o homem para diante e serviu para equilibrar os efeitos contrários da deturpação da lei. O mediunismo é apenas um estágio para levar o homem a encontrar, novamente, em suas encarnações futuras, o caminho do Adepto, e conseguir as mesmas faculdades das raças primitivas puras, acrescidas e alicerçadas na experiência, na dor e no amor, atributos evidentes da lei justa, que coordena e dirige para uma finalidade suprema. O mediunismo nasceu

Umbanda, Essa Desconhecida

39

como nigromancia, mas, por equilíbrio e coordenação superior, tornou-se uma prática pura das raças que perderam o seu contato natural com o "céu", mas, em suas reencarnações, trazem a mediunidade como nova especialização para conseguir o elo perdido.

ZIVAN: — *O mediunismo pode ser colocado entre a curva descendente e a ascendente da evolução, como estágio, palavra de ordem ou planificação das grandes entidades regentes do planeta que, ao verem o homem perder suas qualidades divinas, enviam, por meio de revelações de outros planos, o remédio para a humanidade progredir?*

PAI VELHO: — Vejo que compreendeu bem o que eu quis explicar. De fato, isso é verdade.

2.
Entidades espirituais e Plano Astral

ZIVAN: — *Gostaria de saber o que é uma Entidade Espiritual.*

PAI VELHO: — Entidade Espiritual é todo ser desencarnado, consciente do plano evolutivo em que se encontra. Essas entidades podem ser de vários estados evolutivos, desde os mais adiantados aos mais atrasados. Cada um ocupa um plano próprio ou inerente ao seu estado evolutivo.

ZIVAN: — *Poderia citar esses planos?*

PAI VELHO: — São sete os Planos de Manifestação Cósmica:
1. Plano Nirvânico ou Átmico — plano de consciência do Logos;
2. Plano Búdico ou Intuicional — Plano do Espírito Divino;
3. Plano Mental Abstrato — plano dos pensamentos puros;
4. Plano Mental Concreto — plano da mente concreta ou da forma;
5. Plano Astral — mundo dos desejos;
6. Plano etérico — (Plano Físico)
7. Plano denso — (Plano Físico)

Cada um desses planos apresenta sete subplanos em gradações ascendentes de matéria de cada plano.

ZIVAN: — *Esses planos ou mundos encontram-se em algum lugar do espaço ou em camadas superpostas?*

PAI VELHO: — Não. Eles não se encontram em determinado lugar do espaço. São estados de consciência, perceptíveis ou penetráveis, de acordo com o estado evolutivo de cada ser capaz de percebê-los. Esses planos se interpenetram, sim, porém, coexistem num mesmo espaço, ou melhor, fora daquilo conhecido por espaço. Não é um lugar: *é um estado de consciência.*

ZIVAN: — É completamente errônea a nossa crença de que os seres, ao desencarnarem, vão para algum lugar no espaço?

PAI VELHO: — Sim. Primeiro, porque ninguém morre, apenas muda de estado; e segundo, porque o lugar dos desencarnados é aqui mesmo onde você se encontra, variando os graus de percepção ou de condições totais em que cada um se situa. Mal comparando, pode-se dizer que desencarnar é o mesmo que despir um pesado capote. Despojamo-nos de uma peça, mas permanecemos no mesmo lugar em que nos encontrávamos.

ZIVAN: — Quais as entidades que se encontram no Plano Astral?

PAI VELHO: — Existem três grandes classes de entidades no mundo astral:

1. Entidades humanas;
2. Entidades não humanas;
3. Artificiais.

As entidades humanas são:

a. pessoas desencarnadas;
b. sombras;
c. cascões;
d. cascões vitalizados;
e. vampiros;
f. magos negros e seus discípulos;
g. discípulos esperando reencarnação;
h. *Nirmanakayas*;
i. Guias e Protetores.

As entidades não humanas são:

a. essência elemental astral;
b. corpos astrais de animais;
c. espíritos da natureza;
d. *Devas*;
e. *Kamarajás*;
f. Exus.

As entidades artificiais são:
a. elementares formados inconscientemente;
b. elementares formados conscientemente.

Temos, ainda, as pessoas encarnadas que se encontram nesse plano, e que são:
a. pessoas comuns dormindo, em corpo astral;
b. médiuns desdobrados trabalhando;
c. Mestres e discípulos;
d. Magos negros e discípulos.

ZIVAN: — *Como surgiram vários nomes novos para mim na sua explanação, poderia explicar-me, por exemplo, o que é uma sombra?*

PAI VELHO: — Quando a entidade desencarnada termina sua vida astral e passa para o plano mental, deixa um cadáver astral, tal qual o morto no Plano Físico deixa um cadáver físico desintegrando-se. Quando se dá essa "morte astral", o ego deixa aderido a esse cadáver a parte de sua matéria mental mais densa. Essa sombra, então, passa a ter uma existência efêmera, de maior ou menor duração, enquanto persistir aquela matéria mental.

ZIVAN: — *O que são um cascão e um cascão vitalizado?*

PAI VELHO: — O cascão é um cadáver astral já em sua última etapa de desintegração. Quando as últimas partículas do mental o abandonarem, o cascão flutuará nesse plano até se desintegrar completamente.

O cascão vitalizado não é propriamente humano, porém é aqui enquadrado porque a sua aparência exterior é uma dependência da humanidade, tomando a sua forma. O cascão vitalizado é alimentado pelo pensamento e pela vontade humana que o podem tornar vitalizado durante o tempo em

Umbanda, Essa Desconhecida   43

que a ação da vontade e do pensamento atuem sobre ele.

ZIVAN: — E os vampiros, Pai T... estarão eles ligados à fantástica lenda que conhecemos?

PAI VELHO: — Tais entidades são muito raras e existem nos lugares em que se encontram ainda rastros da quarta raça-raiz. Quanto à lenda, posso afirmar que existe relação, porém o assunto foge completamente ao interesse que você possa ter. Em nada influirá no seu progresso espiritual. Pai Velho prefere silenciar.

ZIVAN: — O que é essência elemental astral?

PAI VELHO: — É a afluência do Espírito ou da Força Divina na matéria astral. Essa essência é extremamente sensível ao pensamento humano, respondendo com delicadeza inconcebível, em frações infinitesimais de segundos, às vibrações originadas nela pelo pensamento humano, variando incessantemente de forma, num evolver constante de movimentação.

ZIVAN: — E os espíritos da Natureza, o que são realmente?

PAI VELHO: — Espíritos da Natureza são também chamados espíritos dos elementos, porque regem os elementos básicos conhecidos pelos ocultistas: terra, água, ar e fogo, e neles habitam. Os espíritos da Natureza ou elementais são em número infinito e, embora habitem o mesmo planeta, têm uma evolução completamente independente da humana. Eles se afastam mesmo dos seres humanos por terem aversão às suas emanações. Em casos excepcionais, porém, podem se aproximar e até ajudar os encarnados. Podemos citar como alguns exemplos de espíritos da Natureza: os *silfos* ou *sílfides*, que habitam o elemento ar; as *salamandras*, o elemento fogo; os *gnomos*, a terra, as cavernas ou grutas; as *fadas*, as florestas e o ar; as *ondinas*, as águas.[1]

ZIVAN: — O que são Devas?

PAI VELHO: — O termo Devas vem do sânscrito, e quer dizer "deuses" ou "anjos". É uma classe de entidades imediatamente superior à dos homens, nada tendo a ver com a evolução humana.

---

1 Vide, do autor, *Cyrne - A História de uma Fada*, **EDITORA DO CONHECIMENTO**.

ZIVAN: — *E Kamarajás?*

PAI VELHO: — Os Kamarajás,[2] conforme o nome está dizendo, são os "reis do Astral". Essas entidades atuam nos sete subplanos desse mundo, tendo um completo domínio e conhecimento das entidades que ali existem. Os Kamarajás nunca tiveram encarnação humana e eram entidades que, juntamente com os Nirmanakayas, incorporavam nas práticas puras da primitiva Umbanda. Os Kamarajás, na futura cadeia de evolução, unir-se-ão à humanidade, fazendo então sua evolução juntos.

ZIVAN: — *E entidades artificiais, o que são?*

PAI VELHO: — A essência elemental astral, sendo muito sensível e plástica, é capaz de ser modelada por meio dos impulsos de pensamentos de uma entidade encarnada ou desencarnada. Assim, as entidades artificiais são pensamentos-formas criados individual ou coletivamente.

ZIVAN: — *Poderia esclarecer melhor sobre pensamentos-formas?*

PAI VELHO: — Você já compreendeu que a matéria astral é extremamente sutil e pode, dessa forma, ser modelada ou moldada, respondendo, imediatamente, à emissão de um pensamento qualquer. Por conseguinte, a cada emissão de pensamento, a matéria astral responde com menor ou maior intensidade, dependendo da emissão do pensador.

Ao pensar numa casa, por exemplo, você cria essa imagem no mundo astral, a qual flutua a dois centímetros, mais ou menos, de seus olhos. A casa terá duração relativa à força de emissão do seu pensamento, podendo ser visível por aqueles que possuam clarividência e pelos habitantes do mundo astral que tenham afinidades mentais ou astrais com você. Essa casa passaria a ter existência objetiva astral, constituindo-se naquilo que poderíamos qualificar como *pensamento-forma, artificial,* no mundo astral, se você pudesse alimentá-la com o seu pensamento intenso, bem coordenado e bem dirigido, durante vários anos, várias horas por dia. Assim, também, poderíamos dividir outras formas criadas da

---

2 Nos primórdios da Umbanda, na Atlântida, eles eram denominados de "Encantados". Esse termo ainda é utilizado hoje nos rituais do Candomblé, porém referindo-se aos Orishás.

Umbanda, Essa Desconhecida

seguinte maneira:

a. criadas por uma só pessoa;
b. criadas por outras pessoas, independente da vontade de cada um.

A produção de pensamentos-forma obedece a alguns importantes princípios:

a. *cor* — varia de acordo com a qualidade do pensamento ou da emoção com que foi criado o pensamento-forma;
b. *forma,* propriamente dita — determinada pela natureza do pensamento ou da emoção;
c. *nitidez* — determinada pela precisão do pensamento.

Quanto à forma, você pode depreender que, no estado atual da humanidade, essas formas criadas são, geralmente, monstruosas.

3.
Corpos ou veículos e chacras

ZIVAN: — *O que são corpos ou veículos de consciência? Quantos corpos ou veículos possui o homem?*

PAI VELHO: — O homem possui sete corpos ou veículos de expressão nos diferentes planos da manifestação. Esses sete corpos são reduzidos a três ou mesmo a dois corpos em algumas escolas de iniciação.
Essa constituicão setenária do homem é quase desconhecida no Ocidente. No entanto, povos antigos como os hindus, os caldeus, os egípcios, os hebreus, entre outros, bem como várias escolas filosóficas do Oriente, já estavam de posse desse conhecimento há milênios. Pai Velho vai dar as divisões dos corpos ou veículos para você mesmo verificar que essa realidade pode ser reduzida até a dois corpos, sanando, inclusive, a grande confusão existente a esse respeito.
Os Vedas dividem os corpos ou veículos em:
1. *Átma* — a Vontade do Logos
2. *Anandamayakosha* — Corpo ilusório de perene felicidade
3. *Vijnanamayakosha* — Corpo ilusório do espírito
4. *Manasmayakosha* — Corpo ilusório de Manas ou Mente
5. *Kamamayakosha* — Corpo ilusório de Kama ou desejo
6. *Pranamayakosha* — Corpo ilusório onde circula a energia vital ou prana

7. *Anamayakosha* — Corpo ilusório denso

Os *budistas esotéricos* em:
1. Átman
2. Buddhi
3. Manas Arupa (mental abstrato)
4. Manas Rupa (mental concreto)
5. Kama Sharira (corpo astral)
6. Linga Sharira (corpo etérico ou vital)
7. Sthulo Sharira (corpo denso)

Os *egípcios:*
1. Atmu
2. Putah
3. Sab
4. Akbu
5. Khabá
6. Bha
7. Kha (corpo etérico)

Os *hebreus*:
1. Vechida
2. Shayah
3. Nechamah
4. Ruach
5. Neplesch
6. Kruschagui
7. Gui

Os *rosa-cruzes:*
1. Espírito Divino
2. Espírito de Vida
3. Espírito Humano
4. Mente
5. Corpo de desejos
6. Corpo Vital
7. Corpo Denso

Os *espíritas:*
1. Espírito
2. Perispírito
3. Corpo

Os *gregos*:
1. Nous
2. Psiché
3. Soma

Os *teosofistas* ou Escolas Esotéricas:
1. Átmico
2. Búdico
3. Mental Abstrato —— Corpo Causal
4. Mental Concreto ⎱ Kama-Manas
5. Astral
6. Etérico ou Vital ⎱ Corpo Físico
7. Denso

Os *Cristãos:*
1. Alma
2. Corpo

Tríade Superior		Atmico Búddhico Mental Abstrato	Nous	Espírito	
Quarter-nário Inferior	Kama Manas	Mental Concreto	Psiché	Perispírito	Alma
		Astral			
	Corpo Físico	Etérico ou Vital	Soma		
		Físico		Corpo	Corpo

Esquema 3

Se você ligar as divisões grega, espírita e cristã à divisão da escola teosófica, verificará que a divisão em três corpos é apenas simplificação de uma divisão mais detalhada. Vejamos:

Como se vê, todos expressam a realidade, embora com nomes diferentes, variando nos seus detalhes. Porém, para uma definição mais completa, para um estudo mais amplo, a divisão setenária define melhor o "eu real" e seus veículos, por meio de cada plano de expressão onde o "eu real" pode se expressar.

ZIVAN: — *O que é chacra?*

PAI VELHO: — É palavra sânscrita e significa "roda". Os *chacras* são *centros de força* e estão situados no corpo etérico.

Os principais são em número de sete, existindo outros de menor importância. Sua função principal é redistribuir pelo corpo denso a energia vital ou *prana*. Cada um deles tem outra função específica inerente à sua localização anatômica.

Eis os sete chacras principais, com seus nomes originais sânscritos e localização:

1. Muladhâra: básico ou sagrado, na base da coluna vertebral;
2. Manipura: umbilical, no centro do umbigo;
3. Swadisthâna: esplênico ou do baço;
4. Anâhata: cardíaco ou do coração;

Umbanda, Essa Desconhecida

49

5. Vishuddha: laríngeo ou da laringe;
6. Ajnã: frontal ou entrecílios;
7. Sahashâra: coronário ou do alto da cabeça.

ZIVAN: — *Qual é a função específica de cada um?*

PAI VELHO: — São as seguintes:

1°. *Muladbâra* ou da base da coluna: é o centro de kundalini ou fogo serpentino, o qual, liberto, tanto pode dar a iluminação total — consciência cósmica — como a aniquilação total. Kundalini, desperto sem orientação, pode descer para os chacras inferiores, usados em magia negra, e ter consequências funestas. Bem orientado, vivifica os outros chacras, pondo-os em funcionamento e, dessa forma, dotando dos maiores poderes ocultos aqueles que têm essa felicidade ou adiantamento espiritual. É por esse motivo que kundalini só é despertado na última fase da iniciação por um Mestre experimentado, pois o discípulo já estará preparado para fazer bom uso desses poderes, usando-os exclusivamente para o bem e para os ideais nobres em prol da humanidade.

O símbolo de kundalini na Índia é uma varinha de ferro oca, ou um bambu de sete nós, símbolo que, geralmente, os iluminados carregam consigo.

Pode-se, também, dar-se o caso do kundalini se libertar espontaneamente, o que, aliás, será normal no fim da presente Ronda. Nesse caso, o fenômeno pode produzir algumas dores, seguidas de um ligeiro desfalecimento, quando então kundalini sairá pelo alto da cabeça, perdendo-se no grande depósito da natureza.

A aparência desse chacra é de coloração roxa e alaranjada cor de fogo. Possui quatro raios e vitaliza os órgãos sexuais e o sangue, dando calor ao corpo.

2°. *Swadbisthâna,* esplênico ou do baço: é muito importante, pois recebe glóbulos de vitalidade que são atraídos ao seu centro; aí se desintegram em sete átomos, cada qual carregado com uma das sete vitalidades de prana, que são distribuídas para os outros chacras e para a corrente circulatória. As sete qualidades de prana ou de energia têm as seguintes colorações: violeta, azul, verde, amarelo, laranja, roxo-escuro e roxo-rosado, cada qual com uma região específica para atuar.

A aparência desse chacra é radiante como um sol.

50   Roger Feraudy

Possui seis raios, sendo a sua função primordial vitalizar o corpo denso. Este chacra, bem desenvolvido, possibilita a memória das viagens astrais.

ZIVAN: — O que acontece a quem perde o baço numa intervenção cirúrgica?

PAI VELHO: — Esse chacra está associado ao baço por localização anatômica, porém não é o baço, órgão físico, que atua como distribuidor de prana. Ex.irpando-se o baço físico, não se tira a sua contraparte etérica e essa distribuição continua a se processar, mas não com tanta perfeição. Há pessoas que foram operadas, perderam o baço e continuam vivas. Essa questão de contraparte etérica pode ser observada, também, nas pessoas que amputam um braço ou uma perna e, em determinadas ocasiões, dizem sentir o braço ou a perna que já não existe mais em seu organismo físico. É a contraparte etérica que não pode ser amputada vibrando sobre o organismo somático amputado.

3°. *Manipura* ou do centro do umbigo — plexo solar: sua função principal é dar sensibilidade e tornar possível o conhecimento das influências astrais. É verde com vários matizes de roxo. Vitaliza o plexo solar, o fígado, os intestinos e o abdome em geral. Possui dez raios.

4°. *Anâhata*, cardíaco ou do coração: é o chacra do amor, pois sua função principal é possibilitar a consciência total dos sentimentos alheios. Por esse motivo, os homens associaram o amor ao coração. É de um dourado resplandecente e possui doze raios. Vitaliza o coração.

5°. *Vishuddha* ou laríngeo: sua função é dar a clariaudiência, ou seja, o ouvido etérico e astral. É azul-prateado e brilhante. Possui dezesseis raios.

6°. *Ajnã* ou entrecílios (na base do nariz): único que não recebe prana dos outros chacras. Recebe-o diretamente do "Eu Superior", da Vontade do Logos. Sua função principal é a clarividência. Possui nove raios, sendo metade rosa com bastante amarelo e metade azul púrpura.

7°. *Sahashâra*, coronário ou do alto da cabeça: este chacra dá continuidade de consciência no mundo astral, podendo, dessa forma, permitir a quem o tem desenvolvido passar de um plano a outro em plena posse de suas faculdades conscientes. Possui doze raios no centro e 960 na parte externa. No centro, a sua aparência é branca e dourada brilhante, porém na parte externa os seus efeitos cromáticos são indescritíveis.

Esses chacras têm coloração viva e brilhante e grande movimentação em seus raios, aumentando de tamanho quando desenvolvidos. Quando são subdesenvolvidos, têm o diâmetro de 25 mm; são escuros, opacos e quase imóveis.

ZIVAN: — Ao se referir aos chacras, observei que o senhor falou sobre as cores predominantes em cada um deles e a importância delas como condutoras de energia prânica ou solar para determinados órgãos do corpo denso. Terão essas cores algum poder terapêutico?

PAI VELHO: — Sim, cada região do corpo é vitalizada por uma cor específica, advindo daí sua higidez. A cor é vibração e, entre as gradações do espectro, tem maior ou menor penetração, servindo para este ou aquele uso. Atualmente, em alguns hospitais já se pratica a *cromoterapia*, isto é, a cura pela cor, usando-se luzes de diferentes cores, embora se incida, ainda, num erro fundamental, qual seja o do calor que a luz evidentemente emana. Mas a cor é de grande importância para a cura de determinados males orgânicos e físicos. Para cada tipo de tecido existe uma cor adequada, uma cor ideal, que provoca mesmo uma regeneração celular. Você não ignora que a cor é comprimento de onda e, logicamente, uma forma de energia. Sendo uma forma de energia e o corpo denso, por sua vez, um condensador que absorve e elimina, um circuito perfeito de trocas elétricas, é possível que, em algumas instalações, se possa modificar o circuito e ajustá-lo adequadamente às suas funções específicas.

ZIVAN: — E como poderemos desenvolver os chacras, Pai T...?

PAI VELHO: — Os chacras podem ser desenvolvidos por meio da Iniciação. São vários os métodos e as Escolas, porém todos têm como finalidade libertar o candidato do mundo das ilusões da matéria e da ignorância. Geralmente, essas iniciações são secretas e começam quando "chega a hora". Você nunca ouviu dizer que quando o discípulo está preparado o mestre aparece?

ZIVAN: — Sim, meu Pai. Poderia citar um desses métodos?

PAI VELHO: — Todas as escolas visam a identificar ou unir o candidato à Deidade, despertando, dessa maneira, a consciência cósmica, a consciência total, a iluminação. Como método, posso citar, entre alguns, o Ioga. Ioga quer dizer ligação, união. O Ioga tem vários caminhos para se atingir essa iluminação, desde os exercícios práticos até o estudo mais aprofundado.

ZIVAN: — O que é a consciência cósmica ou a iluminação total?

PAI VELHO: — É a faculdade dada ao iluminado, àquele que atingiu a iniciação por qualquer dos três caminhos que levam a ela: o amor total, o estudo ou sabedoria e o exercício ou o método. O ser assim dotado compreende a intimidade de todas as coisas criadas e de todos os seres, desde a matéria inanimada ao ser mais complexo, e está sempre em íntimo contato com a Grande Inteligência do Universo. Dessa forma, a linguagem de todas as coisas será apenas uma — a universal.

Consciência cósmica é a consciência total.

ZIVAN: — Os chacras não desenvolvidos impedem o contato com os mundos suprafísicos?

PAI VELHO: — Sim. Há também outro motivo importante, que é a existência de uma tela composta de átomos etéricos bastante comprimidos, colocada entre o corpo etérico e o corpo astral, chamada *tela atômica* ou *tela búdica*. Ela impede que esses contatos passem através do corpo etérico e atinjam o corpo denso por meio do cérebro físico e da consciência. É como que um véu ali colocado pela natureza, a fim de que não se tenha consciência nem o menor contato com os habitantes e ocorrências do Plano Astral.

Essa tela de constituição finíssima, porém, pode ser rompida, sobrevindo contatos ou visões que podem ser transitórios ou permanentes, conforme a extensão dessas lesões.

ZIVAN: — E o que pode ocasionar esse rompimento?

PAI VELHO: — Excesso de tóxicos, alcoolismo, tabagismo e excitantes. Aí se explica o "delirium tremens" dos alcoólatras e, também, as alucinações daqueles que usam psicotrópicos. O rompimento da tela atômica pode ocorrer, também, após os excessos de ira violenta, as sensações fortes e mórbidas de tendência animalizada, o abuso e a degradação sexual, sustos violentos, pavor e os desenvolvimentos mediúnicos desordenados.

4. Mediunidade

ZIVAN: — *A mediunidade é um ramo de iniciação?*
PAI VELHO: — Mediunidade não é um ramo de iniciação, pelo contrário, elas são incompatíveis. Quem nasce médium já traz, por efeito do carma, um rompimento congênito em sua tela, que possibilitará, por meio dessa provação, contatos com os mundos suprafísicos e as entidades que nele habitam.

Suponha que numa encarnação passada você teve poderes naturais, inatos, inerentes à sua própria constituição, os quais lhe deram não só consciência dos mundos suprafísicos, mas também poderes mágicos para atuar livremente nos elementos, elementais, elementares e todos os reinos da Natureza. Você teria todos os veículos superiores plenamente desenvolvidos e todos os chacras em perfeito funcionamento, seria clariaudiente, podendo se locomover em qualquer plano sem restrições. Nesse estado, estaria de posse da lei imutável, tendo plena acepção do bem e do mal. Suponhamos que, mesmo com todos os conhecimentos, você usasse esses poderes naturais para benefício próprio. Estaria, automaticamente, fazendo magia negra e contrariando a Lei. Conforme você descambasse para essa prática acumularia carma, que atuaria no seu átomo primordial[1] etérico, ali se fixando definitivamente. Ao desencarnar, você levaria esse átomo

---
1 Átomo primordial é o átomo indestrutível, inerente a cada plano e que está presente em todas as encarnações.

primordial bem como os dos outros planos. Encarnando novamente, já traria um rompimento na sua tela, consequência da última encarnação, gravado no átomo primordial etérico.

Você resgataria o erro por meio da mediunidade, fator probatório ou cármico; por meio da evolução mediúnica poderia ou não fechar esse rompimento para, então, trilhar a próxima etapa do caminho, que é a iniciação consciente.

Assim aconteceu com as primeiras raças, inocentes, puras, semidivinas, que agiam segundo a Lei. Ao usarem seus poderes de forma indevida criaram o carma da mediunidade inconsciente e ao reencarnarem trouxeram essa "faculdade nova", inédita na raça: médiuns. Dessa forma nasceu a mediunidade. Fazendo o melhor uso possível dessa faculdade, usando-a exclusivamente em prol do amor e dos seus semelhantes, o médium pode se libertar desse carma, começando uma nova etapa — o caminho da iniciação.

ZIVAN: — O médium pode alcançar todos os graus de iniciação nessa encarnação?

PAI VELHO: — Não. Como já disse antes, a mediunidade e a iniciação são incompatíveis. Apenas o médium adiantado pode atingir os graus menores; a total iniciação somente na encarnação futura, e isso se ele levou a sua provação cármica a bom termo, ou seja, não usufruindo nada em proveito próprio e sempre usando os seus poderes para fins que visem ao bem geral da humanidade e ao amor ao próximo.

Por esse motivo, o médium tem grandes responsabilidades em relação à sua evolução particular e à das entidades a ele ligadas por laços de afinidade. O médium pode ou não ser de grande utilidade na sociedade. Aquele que falha na sua missão mediúnica geralmente reencarna com provação mais espinhosa, de mais difícil resgate, mas todos se encaminham para o incêndio de luz e amor que é o Senhor do Mundo. A mediunidade pode ser o caminho mais longo para se encontrar a luz e o caminho mais curto para as trevas. Tudo depende do livre-arbítrio de cada um.

ZIVAN: — Quanto tempo demora entre uma encarnação e outra?

PAI VELHO: — Varia muito e, geralmente, se processa

Umbanda, Essa Desconhecida 56

de acordo com a evolução espiritual de cada um. As almas não desenvolvidas reencarnam várias vezes numa mesma sub-raça antes de passarem à seguinte. As evoluídas são de dois tipos fundamentais: as do alto e as do médio nível intelectual. As primeiras reencarnam duas vezes em cada sub-raça, com uma média de 1300 anos desencarnados. Podemos situar nesse grupo os intelectuais, cientistas abnegados, pensadores, homens de ideais, líderes, puros de coração e sentimentos, artistas verdadeiros, enfim, homens que se distinguem nas artes, ciências e religiões.

O outro grupo de almas, o de médio nível intelectual, reencarna mais de duas vezes na mesma sub-raça, passando uma média de 700 anos desencarnado.

Finalmente, temos os *Adeptos*, que não necessitam mais reencarnar, e as *Almas no Caminho*, que reencarnam imediatamente sob a direção de seu Mestre, pois renunciam ao seu período de permanência no mundo celeste.

O que posso adiantar é que egos de grande adiantamento estão reencarnando sucessivamente para provocar um impulso evolutivo na humanidade.

ZIVAN: — *Quais os tipos de mediunidade?*

PAI VELHO: — Os diferentes tipos de mediunidade são:

1. *Mediunidade de Incorporação:* que pode ser inconsciente ou semiconsciente. Não existe incorporação consciente, pois esta modalidade pode ser enquadrada como de IRRADIAÇÃO. Atualmente, com a evolução do movimento de Umbanda, existem cada vez menos aparelhos de incorporação e, por este motivo, os guias e protetores vêm utilizando a mecânica da irradiação e da intuição.

Nos casos raríssimos da incorporação inconsciente, o médium recebe geralmente entidades de grande evolução intelectual e baixa evolução espiritual, por essa razão podem produzir modificações na matéria. É o caso que se observa nessas prodigiosas operações espirituais, sem derramamento de sangue e cicatrizações quase que imediatas. A incorporação inconsciente caracteriza-se pelo embotamento total, quer da zona motora como da zona psíquica, tal como um sono pesado, sem sonhos.

Umbanda, Essa Desconhecida

Na incorporação semiconsciente não desaparece a consciência total, embora as outras faculdades fiquem embotadas, tais como vontade, sabedoria e atividade. É um estado de sonolência em que o aparelho não tem atuação alguma, quer no mental, quer na zona motora. A incorporação semiconsciente propicia ao médium que possa aprender aquilo que a entidade comunicante venha ensinar.

2. *Irradiação:* nesta modalidade há apenas uma vibração na parte física, sem provocar a anulação da zona motora. É a afinidade perfeita entre o mental do médium e da entidade que quer se comunicar.

3. *Intuição:* quase todos são dotados desse tipo de mediunidade, que nada mais é do que a recepção de idéias ou pensamentos das entidades que o médium transforma em palavras.

4. *Psicografia:* pode ser mecânica ou intuitiva. Na *Psicografia Mecânica*, a mão e o antebraço ficam completamente controlados pela entidade que se comunica. Antebraço e mão não são mais comandados pelo médium, mas sim pelo Guia ou Protetor que se comunica. Na psicografia mecânica não é necessário saber ler ou escrever, tampouco prestar atenção ao que se escreve, podendo ao mesmo tempo escrever uma página com a mão direita e outra com a esquerda, falando outro assunto, tudo ao mesmo tempo. A modalidade mais comum é aquilo que se denomina de psicografia intuitiva, onde as idéias enviadas pelas entidades são transformadas em frases escritas.

5. *Materialização:* esses médiuns têm o duplo etérico muito frouxo em relação ao corpo físico denso e o corpo astral, podendo esse veículo ser deslocado quase que totalmente. Graças a esse deslocamento do corpo astral o médium pode produzir uma substância, exsudada por meio das cavidades do corpo físico, chamada ectoplasma, capaz de modelar, dando formas visíveis, a entidades que irão se manifestar sob a luz vermelha ou infravermelha, que favorece a maleabilidade do ectoplasma.

6. *Efeitos Físicos:* é um tipo de mediunidade em que o médium emite vibrações capazes de produzir modificações

na matéria inanimada. Estas, Zivan, são as principais modalidades de mediunidade atualmente empregadas pelas entidades espírituais.

ZIVAN: — Pai T... poderia nos esclarecer como se verifica o mecanismo da incorporação?

PAI VELHO: — A incorporação é conseguida pela posse do mental do aparelho, depois que a entidade que quer se comunicar se apoia no corpo astral, operação que se efetua devido ao deslocamento do duplo etérico, a fim de que o Guia ou Protetor possa atuar na zona psíquica e motora. Existe uma glândula responsável por toda essa operação, a epífise, também conhecida como glândula pineal, que atua como válvula receptora e criadora de um campo magnético, com comprimento de onda idêntico ao da inteligência que se comunica. Na incorporação, o médium cede inteiramente sua máquina física à entidade, nos seus aspectos: vontade, sabedoria e atividade.

Umbanda, Essa Desconhecida

5.
Duplo etérico

ZIVAN: — *O que é duplo etérico?*

PAI VELHO: — É o intermediário ou a ponte de ligação entre o corpo astral e o corpo denso. É por intermédio dele que o homem experimenta as sensações.

O duplo etérico tem ainda outra função importantíssima, que é a distribuição da energia vital — *o prana* — por meio dos centros de forças denominados chacras, para o corpo denso do homem.

É também por meio do duplo etérico que ocorrem os fenômenos das incorporações, da materialização e dos efeitos físicos.

O duplo etérico é composto de matéria mais sutil que a do corpo denso e acompanha os contornos desse corpo a uns cinco milímetros da sua superfície. Tem coloração azul-acinzentada, com grande mobilidade de suas células etéricas, por ser um tecido de grande plasticidade. *Todos os fenômenos da mediunidade são possíveis por meio do duplo etérico.*

ZIVAN: — *O duplo etérico é a duplicata do corpo denso e um veículo de consciência?*

PAI VELHO: — É a duplicata do corpo denso, mas não é veículo de consciência. Sua ação é puramente intermediária, afora a função da distribuição do prana.

ZIVAN: — *Sendo o duplo etérico de matéria mais sutil, pode ele interpenetrar o corpo denso?*

PAI VELHO: — Sim. A matéria física existe em sete estados de gradações, ou seja, seguindo a ordem decrescente de sua sutileza:

1. *Matéria física em estado atômico:* éter cósmico, constituído por átomos primordiais. Esse estado é o meio pelo qual o pensamento pode se transmitir de cérebro a cérebro — a telepatia;
2. *Matéria física em estado subatômico:* estado capaz de conduzir as formas mais sutis de eletricidade;
3. *Matéria física em estado superetérico:* meio condutor da luz;
4. *Matéria física em estado etérico:* meio condutor da corrente elétrica e também do som;
5. *Matéria física em estado gasoso;*
6. *Matéria física em estado líquido;*
7. *Matéria física em estado sólido.*

Sabido isso, constatamos que o corpo etérico é também matéria, embora mais sutil, sendo que os diferentes estados não se dispõem propriamente em camadas superpostas. Em virtude do grande poder de plasticidade e movimento de seus átomos e moléculas, eles se interpenetram constantemente em várias gradações.

Assim, temos:

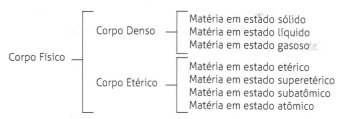

Umbanda, Essa Desconhecida   61

6.
Umbanda: origens

ZIVAN: — *O que é Umbanda?*

PAI VELHO: — UMBANDA quer dizer *luz divina*, ou, ainda, *conjunto das leis divinas*, pois essa palavra significa a própria lei atuante na manifestação do Universo.

ZIVAN: — *Qual a origem da palavra Umbanda?*

PAI VELHO: — Conforme já expliquei, as primeiras raças começaram a usar seus poderes naturais indevidamente. Originou-se, portanto, a magia negra e os homens afundaram-se mais e mais na inconsequência e na maldade.

Não foram todos, porém, os seres que descambaram para essas práticas condenáveis, produtoras evidentes de carma. Nas tradições ocultas, aparecem recusando-se a encarnar nos corpos físicos então existentes, no início da terceira raça-raiz, os seres chamados "de cor alaranjada",[1] provenientes do globo A da Cadeia Lunar. Tais seres se negaram a encarnar, não por maldade, mas por orgulho, por se sentirem mais adiantados ou evoluídos para tomar as formas repulsivas que existiam no início da raça para eles preparada. Tal negativa em povoar a Terra, função determinada pelo Logos, criou um carma que refletiu sobre eles mesmos, porque tiveram, depois, que encarnar em condições piores, adversas, para, posteriormente, por meio de sofrimentos, depurarem completamente suas penas. Foi essa classe de egos chamada os "Senhores da Face Tenebrosa", que reencarnou na Atlântida, tornando-se magos negros.

1 Essa "cor alaranjada" refere-se ao arquétipo daqueles seres.

ZIVAN: — E esses seres reencarnaram em massa?

PAI VELHO: — Gradativamente, nas regiões mais populosas, em maior quantidade nas zonas adrede preparadas para recebê-los. A Sabedoria Oculta do planeta não atua por saltos. Esses processos envolvem milhares de séculos. O tempo, que tanto significa para você, de nada vale ante a eternidade.

ZIVAN: — Como se efetuaram tais encarnações, de modo geral?

PAI VELHO: — Obedeceram a uma planificação geral do próprio Logos, rigorosamente cumprida pelos seres adiantados de cadeias anteriores. Nessa Ronda, as entidades saídas dos globos A, B e C da Cadeia Lunar deram três grandes contingentes nessa época da qual lhe falo:

1°. Cerca de 2 milhões de egos do globo A: os de cor alaranjada, que se negaram a reencarnar, por orgulho;

2°. Cerca de 3 milhões de egos de coloração dourada, procedentes do globo B;

3°. Cerca de 3 milhões de egos de coloração rosada, provenientes do globo C.

Esses conjuntos de egos eram destinados a diferentes paragens para a povoação do globo Terra. Tudo isso aconteceu nos primórdios da raça lemuriana, ou seja, na terceira raça-raiz.

Foi nessa época que "desceram" à Terra os Grandes Senhores de Vênus, que os livros secretos chamam os Senhores da Luz ou da Chama. Essa época é tão recuada no tempo que o seu próprio número assombra.

Os Senhores de Vênus localizaram-se na chamada Ilha Branca e vieram dar um impulso à humanidade, governando-a por intermédio da primeira Fraternidade Branca existente. Até hoje eles constituem o *Governo Oculto do Mundo*.

Aqui existe uma série de símbolos e fatos ocultos, inclusive a localização daquela ilha que, posteriormente, serviu de modelo aos magos brancos da Atlântida para a chamada *Cidade das Portas de Ouro*. Os Senhores da Luz aqui vieram para ajudar os seres humanos a progredir e a dar um novo impulso às primitivas raças no seu caminho evolutivo.

Umbanda, Essa Desconhecida

Naquela época só existia uma língua,[2] mencionada na Bíblia no capítulo sobre a confusão dos idiomas, no simbolismo da Torre de Babel.[3] Esse idioma universal, sagrado, com vibração própria, era chamado de língua dos Devas, denominada pelos hindus de Devanagari — ou língua dos deuses. É encontrada em algumas escrituras com o nome de Adâmico ou Vatan. Cada forma fonética desse idioma é o arquétipo visível de outra forma invisível na Terra, de bons ou maus efeitos. A energia fonética de sua silabação ou pronúncia produzia vibrações de maior ou menor força oculta. Cada uma dessas formas fonéticas era personificada por uma entidade correspondente nos outros planos, a qual era passível de ser vibrada quando esse ou aquele som era pronunciado ou grafado. Era a linguagem das cores e das configurações geométricas próprias que, depois da confusão das línguas, os mestres da Escola Branca guardaram ciosamente, transmitindo-a oralmente ou por meio de seus documentos secretos, de geração em geração.

Quando os povos desbancaram para a magia negra e, por efeito do carma, reencarnaram os "empedernidos do orgulho" em várias partes do globo, como futuros magos da "face sombria", houve, paulatinamente, uma subversão dos poderes sagrados e os dirigentes da Ilha Branca a isso se opuseram começando a velar, a ocultar as coisas sagradas, nascendo daí a tradição esotérica. Silenciosamente, por efeito de equilíbrio, surgiu a magia branca, sagrada. O que antes era propriedade de toda a humanidade, ficou em poder de alguns, como arma poderosa para evitar o caos total. A língua sagrada universal foi também zelosamente guardada. Porém o braço do carma se fez sentir, e quanto mais egos alaranjados reencarnavam mais as línguas se confundiam, mais se povoavam as regiões, a magia negativa aumentava, cresciam o orgulho e a vaidade e cada vez mais se afundava o homem na bestilidade e na matéria. Surgiu, como equilíbrio da lei do carma, a mediunidade e, então, a grosso modo, três correntes começaram a agir na raça atlante: os magos negros, os

---

2 "E era toda a Terra de uma mesma língua e de uma mesma fala..." (Gênese, 11:1).
3 "Por isso se chamou o seu nome Babel, porquanto ali confundiu o Senhor a língua de toda a Terra e dali os espalhou o Senhor sobre a face da Terra." (Gênese, 11:9).

magos brancos, depositários dos ensinamentos divinos, e a classe nova de médiuns que oscilava de um lado e de outro. A magia negra venceu a primeira batalha e lá pelo ano 150.000 a.C., a *Cidade das Portas de Ouro* caiu em poder da magia negra e dos seus magos que a dominaram durante algum tempo. O Governo Oculto do Mundo, porém, fez desabar sobre a civilização atlante tremenda catástrofe que destruiu grande parte do seu continente. Mudou-se a face do planeta e continentes foram tragados pelas águas enquanto outros se levantavam no seio delas, pois uma rova raça — a quinta — tinha que começar a se aperfeiçoar.

Esses acontecimentos não foram bruscos nem instantâneos: evoluíram lentamente. Quando a Ilha Sagrada caiu em poder dos magos negros, vários magos brancos refugiaram-se em regiões diferentes, tornando-se eles os precursores ou cabeças de civilizações que, posteriormente, floresceriam sob seus comandos. Uns partiram para a África do Norte, citada por alguns historiadores, embora sem precisarem qual região. Aí floresceu a Grande Etiópia, não a atual. Outros foram para as Américas, notadamente a parte sul da América do Norte, a América Central, e grande parte meridional da América do Sul. Finalmente, outros partiram para a nascente Europa, que compreendia, também, grande parte da Ásia, para instruir a raça Ária ou Ariana, que já começava, há alguns séculos, a ensaiar os seus primeiros passos. As tradições citam alguns nomes desses Mestres, os quais chegaram até a civilização atual algo desfigurados pela lenda ou pelo mito.

Quando se processaram todos esses acontecimentos, quando a língua sagrada se perdeu, ficando apenas na posse dos magos brancos, quando apareceu a mediunidade como fator novo, produto de carma, surgiu a Umbanda, que era o conhecimento divino, o conjunto das leis divinas que regem o mundo fenomênico, que os magos manipulavam para combater os poderes da magia negra. A mediunidade, criada para redimir dos erros passados os seres dotados dessa faculdade, sofreu a ação e o impulso dos dirigentes dos planos superiores.

Duas classes de entidades, então, passaram a agir na esfera astral, ajudando e contribuindo para a evolução dos primeiros "aparelhos", bem como equilibrando no

Umbanda, Essa Desconhecida   65

plano os entrechoques da magia. Essas entidades foram os *Nirmanakayas* e os *Kamarajás*. A ação delas provocou um impulso que redundou numa associação, não no Plano Físico, mas no Plano Astral, entre os médiuns e os magos brancos, os quais, por sua vez, passaram, também, a ter contato com essas entidades, não por meio da mediunidade, mas por intermédio de seus poderes naturais, passando a plasmar, pela ação da vontade, egrégoras ou formas mentais benéficas, empregadas no combate geral à magia negra. Tal associação deu origem, inevitavelmente, a uma ordem de magos menores, conhecedores, até certo ponto, da Lei Divina. Nas suas atuações primordiais obedeciam eles a certos princípios ou regras que redundaram em um ritual que foi a primitiva Umbanda.

ZIVAN: — *Nem todos foram atraídos para os magos brancos, não é verdade?*

PAI VELHO: — Sim, o ser, embora médium, dirigido por entidades afins ou pensamentos, é livre e, como "ser livre", fez a sua escolha.

ZIVAN: — *Qual foi a origem da palavra Umbanda?*

PAI VELHO: — Conforme já expliquei, essa palavra pertencia ao idioma sagrado; portanto, é uma palavra vibrada, equilibrada nas vibrações da quarta e quinta raças, revelada, sendo seu som e sua grafia a tradução mágica do próprio fenômeno de Deus em manifestação. Por conseguinte, o seu nome traduz todas as leis gerais que governam o cosmo, pelo simbolismo da forma e o mecanismo do UM que se transmuta em MUITOS. O seu próprio som é magia, magia divina, que cria todos os universos físicos manifestados. Assim, a palavra UMBANDA, seu som e grafia, dentro da língua dos deuses, engloba todo o conhecimento possível dentro da Lei.

É a própria Lei.

Chegou, finalmente, o momento de descerrar o véu de Ísis, e aqueles que estiverem preparados espiritualmente para compreender a verdade terão a primazia de retirar os últimos véus que ainda encobrem a face da dama velada.

Sem mais sombra de dúvida, sabemos não ser a África, mas o continente atlante o berço do ritual sagrado dito agora

Umbanda, usado e praticado pelos magos vermelhos desse continente. Esses magos brancos foram veículos do carma, ou melhor, seus intermediários, pois, como instrumentos dos Senhores do Carma, os Lipikas, puderam interpretar a Divina Revelação e atuar contra a magia negra, evoluindo e modificando o carma dos primeiros médiuns, que atuavam nas suas hostes, nesse movimento sagrado que foi a primitiva Umbanda.

Como dissemos, *Divina Revelação*, pois o nome do ritual não foi criado pelo homem, nem pelos magos brancos da Atlântida, mas sim expressava a própria Lei Divina em ação, e cada letra e cada som, cor ou figura geométrica, consequência dessa Lei, era o próprio conjunto de "sons mágicos", o Verbo, a linguagem dos deuses, o Devanagari — a língua sagrada dos dirigentes do planeta.

Por conseguinte, era uma palavra impronunciável, como verificaremos nas páginas seguintes, de grande potência vibratória.

Pitágoras, o grande Mestre Iniciado, ensinava que o som tinha um efeito altamente benéfico ou maléfico sobre os seres vivos, e, citando o exemplo da música, dizia que esses sons harmônicos eram forças criadoras.

Essa Revelação Divina não quer significar uma revelação dada por um deus antropomórfico, mas sim, uma linguagem e um sistema de ciências, comunicada a essas primeiras humanidades por uma outra humanidade mais avançada e evoluída, tão elevada e sublime que torna-se divina aos olhos desses primeiros magos brancos. Em outras palavras, por uma humanidade de outras esferas, adiantados de outras cadeias de evolução e, para esses povos primitivos, deuses superiores.[4]

Num futuro distante, a alguns bilhões ou trilhões de anos, também os Egos divinos desta humanidade, aqueles eleitos entre as multidões, que passarão para outros globos de evolução, não poderão ser os Instrutores Divinos, os Dirigentes de uma nova humanidade em outro esquema de evolução?

Serão, evidentemente, esses Egos que irão orientar e

---

4 Instrutores e Mestres oriundos de outras constelações.

dar as bases de uma ciência e uma Lei a essas nascentes humanidades. Serão também, para esses seres, deuses e divindades superiores.

São os "Senhores da Chama", os adiantados da cadeia de Vênus, os precursores dessa ciência milenar, dessa Lei Divina, a Imutável Lei do Verbo, implantada depois no continente atlante pelos magos da raça vermelha, dando início ao culto sagrado da Umbanda.

Esse idioma sagrado, chamado pelos hindus de Devanagari — língua dos deuses — é encontrado em alguns manuscritos arcaicos como idioma Adâmico ou Vatan, idioma esse que é a raiz do Páli e do Sânscrito.

Esse idioma universal, sagrado, com vibração própria, em que cada forma fonética é o arquétipo visível de outra forma invisível na Terra, produzia, pela sua potência ou vibração, bons ou maus efeitos. Sua energia fonética, em sua silabação ou pronúncia, produzia efeitos de maior ou menor força oculta. Cada uma dessas formas fonéticas era personificada por uma entidade correspondente nos outros planos, a qual era passível de ser vibrada, atuada, quando esse ou aquele som era pronunciado ou mesmo grafado. Era uma língua de cores e figuras geométricas, que os magos brancos guardaram ciosamente, ocultando-a dos profanos e usando-a para fins mágicos no combate à magia negra.

O alfabeto Vatan ou Adâmico, que resume a própria Ciência do Verbo, possui vinte e duas letras, sendo três básicas, sete evolutivas, planetárias ou vogais (que são falantes por si mesmas), e doze involutivas ou consoantes (mudas, impronunciáveis).

3 básicas — A, S, TH;

7 evolutivas (falantes) — B, G, D, C, N, TS, SH;

12 involutivas (mudas) — E, V, Z, H, T, Y, L, M, W, P, K, R.

Todas as letras têm correspondência com o sânscrito e o hebraico, bem como com os signos astrológicos, exceto a primeira letra A, a do meio S, e a do fim do alfabeto, TH.

A reunião de duas ou mais letras para formar as palavras obedecia a uma ciência — Ciência do Verbo — assim como a música obedece às leis da harmonia, a Física e a Química às leis de vibrações moleculares, a Astronomia, as Matemáticas, a Aritmética à lei dos números e o número às leis divinas.

Essas letras do alfabeto Vatan (Adâmico ou Devanagari) se escrevem de baixo para cima, significando a homenagem à origem de onde partiu essa ciência, do alto, do céu, e suas letras agrupam-se formando imagens morfológicas ou falantes.

Os Brahamanes dizem remontar esse alfabeto às primeiras raças humanas e cada letra corresponde a uma função cosmológica, a uma força fenomênica, a uma potência sideral, a um dos Elohim (milícias celestes), a uma cor e a um número, base das vibrações de qualquer sistema solar. Logo, esse alfabeto, esses sons, esse idioma, não foram criados ao acaso pelo homem, mas pelos Devas superiores que usaram diferentes sons básicos para exprimir um fenômeno manifestado.

O alfabeto Vatan é baseado nas únicas cinco formas fundamentais da geometria, que outrora eram chamadas formas morfológicas, porque essas formas falavam e tinham um som próprio. São elas: o ponto, a linha, a circunferência, o triângulo e o quadrado.

Significavam:

ADAM — Adão; AVA — Eva; ADAMA — Lei, regra.

Trata-se da Lei, que era a base de uma Academia dos primitivos magos brancos, representada pelo termo Adam. Essa Academia, sem sombra de dúvida, foi o primeiro templo para a prática da Jmbanda milenar. Ava (Eva) representava a natureza, o eterno feminino, e Adama a regra a ser seguida, a ser conduzida em todos os trabalhos. A Lei.

As três letras básicas: A, S, TH:

A = É o diâmetro;

S = Os pontos centrais de dois hemisférios;

TH = A circunferência desdobrada nesses dois hemisférios.

É o mesmo AUM védico, de onde partiram os sinais alfabéticos das línguas primitivas, como o Zend e o Páli. É a

(ADAM-EVA-MA) = Lei

Umbanda, Essa Desconhecida   69

palavra mística impronunciável e o termo mais sagrado da quinta raça-raiz, seu mantra.

AUM (A - S - TH) é a Tríplice Potência Divina constitutiva de um Universo manifestado.

O círculo significa o infinito, o Deus Absoluto, Transcendente e Imanifestado.

O ponto central significa sua diferenciação, o estado relativo Dele Mesmo, o Pai, o mesmo que um Logos Solar.

O diâmetro, sua manifestação, sua relação, que é dada pela Lei de PI-RAM. A Lei de Pi (3,1416), a relação do raio para com a circunferência, relação essa que não foi encontrada pelos matemáticos modernos, mas sim pelos primitivos magos que a receberam da Ciência do Verbo.

O raio ou diâmetro do círculo é a manifestação do Absoluto por meio do Verbo (AUM - A, S, TH), sua relação com o Universo manifestado. Pi, 3,1416, é também o número dos Elohim, potências criadoras da forma, que são em número de 31.416.

A Lei do Cosmo, ou PI-RAM, era executada, ou melhor, revelada pela seguinte operação cabalística:

22 (as 22 letras do alfabeto Vatan) dividido por 7 (as sete hierarquias criadoras, entre as quais estavam incluídos os Elohim), dava:

3,1428. Suprimindo o 3 básico (a Tríplice Potência Divina, não divisível) teríamos: 0,1428 X 22 = 3,1416, valor de Pi ou a Lei (PI-RAM), o Logos, o Pai, a Potência Criadora em manifestação.

3 = a base de toda trilogia;

7 = as formas fenomênicas, os 7 planos cósmicos;

22 = as letras do Vatan.

Por outro lado, no número da Lei (PI-RAM) temos:

3 = Tríplice Potência (Pai-Mãe-Filho);

1416 = 1 + 4 + 1 + 6 = 12 (os doze signos zodiacais, as doze Hierarquias Criadoras).

E ainda:

12 = 1 + 2 = 3; o Universo trino manifestado. O que está em cima (Tríplice Potência Divina) é como o que está embaixo (Universo trino — matéria, energia, mente). 3 e 3. (três e três).

Quando o Verbo Criador, AUM (a Palavra — A, S TH do Vatan) é posto em movimento, unido à Lei (PI-RAM) aparece o Triângulo Divino, a intenção Divina, de vez que Pi (a Lei) é representado, gráfica e morfologicamente, por um triângulo equilátero no Vatan, os três Logos Criadores.

Como consequência, aparece o quadrado da forma. O quaternário inferior, a raiz da matéria. A matéria em potência — o Filho Divino.

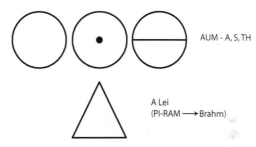

Nesse movimento primordial, temos o Pai (Brahm ou PIRAM), a energia (Espírito Santo — AUM) e o Filho (a matéria em potência, a Ideação Cósmica).

O triângulo (Tríada Superior) e o quadrado (quaternário da forma) completam as duas figuras geométricas que faltavam para completar as cinco básicas, que são a expressão geométrica do alfabeto Vatan. O ponto, a linha, o círculo, o triângulo e o quadrado.

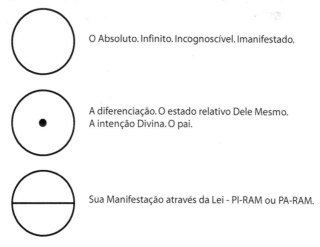

Já podemos agora, com a soma dessas novas revelações, entender que a palavra Umbanda era a palavra sagrada, somente em algumas ocasiões especiais pronunciada secretamente pelo sumo sacerdote e que representava o mistério da passagem do Deus Imanifestado para Manifestado, repetimos. Esse primeiro estágio, representado pelas três letras básicas — A, S, TH, — AUM —, define os três poderes da manifestação: Criação, Transformação, Conservação. É o Verbo Divino, a Palavra, o som (AUM) que unido à Lei (PI-RAM) dá a palavra sagrada — AUMPIRAM, dando, finalmente, AUMPRAM, que, por sucessivas corruptelas, veio a dar UMBANDA.

O termo BRAHM (Bram) ou BRAHMA é consequente corruptela de PI-RAM ou PRAM (P RAM).

Brahma ou Brahm, uma das três potências da Trindade. O sustentáculo. Brahma, deu Abrahão, que é o princípio sociológico, a Religião do Verbo, da Lei de PI-RAM. A grande Criação pela palavra. Porém, se suprimirmos as vogais falantes, teremos o nome real, feito apenas de consoantes mudas; logo, impronunciável — sem som.

BRHM

Seu valor numérico seria: B = 2; R = 200; H = 8; M = 40.

2 + 200 + 8 + 40 = 250 = 2 + 5 = 7

Os sete planos cósmicos, os sete Logoi[5] Planetários Cósmicos, decorrência desse primeiro movimento.

Todas as teogonias representavam o ato da Criação por um triângulo equilátero, onde o mundo Divino, a Intenção Divina latente, a Ideação Cósmica, era expressado por três letras básicas, compondo o vocábulo AUM (A, S, TH). Esse vocábulo, pela sua pronúncia exata, dá um som mágico capaz de identificar quem o emite com os poderes cósmicos.

O *Triângulo Divino*, que é a energia em estado potencial, movimenta-se por intermédio do Verbo, a Palavra Divina, o som mágico AUM (A, S, TH). O Absoluto — O *Imanifestado* — toma um estado relativo com o Universo, isto é, *Deus em manifestação* — BRAM ou RAM — que projeta de si mesmo dois estados opostos, duais. Um é a energia — Fohat — capaz de entrar em movimento (o Espírito Santo) e o outro é o

---

5 Logoi - Plural grego de Logos.

Espaço Virgem — Koilon — que, devido à sua imobilidade, pode deixar que o movimento relativo se efetue. Um é o estado ativo ou positivo; o outro, o estado passivo ou negativo. A eterna e inseparável dualidade Universal.

Essa primeira fase pode ser expressa da seguinte maneira:

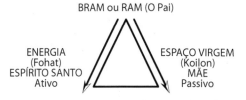

A segunda fase é a da Criação propriamente dita, pois que nessa primeira fase enunciada há apenas a Intenção Divina do Pai Bram ou Ram.

A Energia Divina, pela ação do Verbo (AUM — A, S, TH), penetra o Espaço Virgem (A Mãe), ou seja, ao começar a se movimentar — e movimento é igual à energia em manifestação — faz aparecer o Filho.

Essa fase pode ser expressa desta forma:

O movimento de Brahm ou Ram, por intermédio do Verbo Aum, cria o Filho, a raiz da matéria, que é o UNIVERSO ARQUÉTIPO IDEAL.

E que Lei é essa, precisa e perfeita, razão de ser da Manifestação?

É a Lei Suprema, a Lei Divina, o processo criador em ação.

Aum-Pram, a Luz Divina.

Toda essa operação, que se constitui na Grande Lei — Lei de PI-RAM — razão de ser das manifestações e que rege todos os fenômenos, presente e atuante em todos os planos cósmicos, era conhecida pelos magos vermelhos da Atlântida como AUM-PiRAM — AUM-PRAM ou ainda Aumpram, a Divina Palavra Revelada.

Vejamos agora a correspondência numérica da Palavra Sagrada:

AUM: A = 1; M = 40.

40 + 1 = 41 e 4 + 1 = 5.

Pi RAMA ou RAM: P = 80; R = 200; A = 1; M = 40; A = 1.

80 + 200 + 1+ 40 + 1 = 322 onde 3 + 2 + 2 = 7.

Ou 41 (AUM) + 322 (Pi-RAM) = 363 onde 3 + 6 + 3 = 12.

e 1 + 2 = 3.

Ou ainda: 5 (AUM) + 7 (Pi-RAM) = 12 e 1 + 2 = 3.

A trindade novamente. A tríplice potência do Logos Manifestado. O Verbo AUM expresso pela Lei (PiRAM ou RAMA).

A numerologia vem outra vez em nosso auxílio, mostrando a perfeição da Ciência do Verbo:

A, S, TH (AUM): A = 1; S = 60; TH = 400.

1 + 60 + 400 = 461 onde 4 + 6 + 1 = 11 e 1+ 1 = 2.

As sete vogais, evolutivas ou falantes: B, G, D, C, N, RS, SH (Devata — PiRAM ou BRAHM).

B = 2; G = 3; D = 4; C = 20; N 50; TS = 90; SH = 300;

2 + 3 + 4 + 20 + 50 + 90 + 300 = 469 onde

4 + 6 + 9 = 19 e

1+ 9 = 10.

AUM = 2 e PiRAM = 10 onde 2 + 10 = 12 e 1+ 2 = 3.

Ou 461 (AUM) + 469 (PiRAM) = 930 onde

9 + 3 = 12 e 1+ 2 = 3.

Três (3) é portanto o número sagrado da milenar AUMPRAM, e expressa a Tríplice Potência Divina em atividade, que por sua vez dá como seu modelo arquetípico ou morfológico, dentro da ciência do Verbo, as três formas básicas de exteriorização. Por essa razão, dentro da Lei Sagrada, iremos encontrar o Triângulo da Forma, reflexo da Lei, plasmado no mundo astral pelos Orishás, que se constitui nas três vibrações básicas pelas quais se manifestam os guias e protetores:

1. Vibração dos Instrutores — caboclos;

2. Vibração dos magos — pretos velhos;

3. Vibração dos "nascidos de novo", os puros — crianças.

A grafia geométrica da *Lei Divina* (*Aumpram*) seria:

Ou ainda, no idioma adâmico ou devanagari:

Que se escreve de baixo para cima, em louvor ao alto, ao céu, aos deuses poderosos que a criaram.

E de onde surge a idéia corrente de que a Umbanda é originária da África, trazida para o Brasil pelos negros escravos? A antiga Etiópia, não essa moderna, mas aquela que os historiadores, arqueólogos e antropólogos procuram até hoje, situava-se no perdido continente atlante. Antes do desaparecimento desse continente, houve várias migrações para as partes mais distantes do globo; era costume entre esses povos antigos dar o mesmo nome, à nova região para onde migravam, do seu país de origem. Os etíopes, depositários da tradição milenar dos magos vermelhos, continuaram a praticar o culto puro no continente para onde migraram, a África, que foi através dos séculos se deturpando até o período que conhecemos do continente negro, que trouxe, totalmente modificada e deturpada, essa Umbanda primitiva para o Brasil. O fenômeno da miscigenação e o sincretismo religioso fizeram o resto; daí resultou um culto que nada mais tinha do original.

Quando aparece a chamada "terceira revelação", ordenada e codificada por Allan Kardec, o princípio, a semente de uma "nova verdade", que tinha como principal finalidade desvendar aos homens o mistério dos planos superiores, os dirigentes do planeta acham por bem plasmar de novo no mundo astral o "triângulo fluídico sagrado das três vibrações básicas", o modelo arquétipo da milenar Umbanda.

Congregam os espíritos desencarnados em graus de Guias e Protetores — aqueles que já haviam "queimado" seu carma e estavam libertos do ciclo das encarnações —, e iniciam no Brasil, pátria e centro da espiritualidade universal, o movimento chamado UMBANDA para congregar no menor espaço de tempo o maior número possível de adeptos.

A Umbanda nasce como necessidade para combater o ateísmo e trazer novos atrativos, com um culto novo, popular, que atinge diretamente as massas carentes e sequiosas de encontrar um amparo, um lenitivo para suas dores e males. Um culto que possa substituir as religiões oficiais, áridas e sem maiores interesses para a grande maioria.

Como movimento novo, aparentemente desordenado, aceita o sincretismo como maneira mais fácil para atrair adeptos. Pouco a pouco, os dirigentes do planeta vão separando o joio do trigo e lentamente, aproveitando os intelectos mais abertos, os campos melhores semeados pelas sementes da cultura, vão administrando os conhecimentos. Revelando as Verdades eternas e aproximando vagarosamente a Umbanda da Lei Divina Universal. Começam a aparecer pequenos núcleos de Umbanda Esotérica, e o véu de Ísis, lentamente, vai sendo arrancado, para mostrar por inteiro sua augusta face.

Nasce a Umbanda no Brasil como necessidade, copiando o modelo milenar, envereda pela magia, combatendo frontalmente a magia negra, evolui para a Umbanda Cerimonial e começa a instruir os aparelhos capazes de compreender a Grande Lei. Finalmente atinge o estado, ou melhor, o estágio do esoterismo — Umbanda Esotérica — e ensina que as seitas religiosas, criações humanas, passam e modificam-se, desaparecendo na poeira dos tempos, mas que a Lei Imutável do Universo permanece inalterada através dos ciclos de manifestação, reafirmando as palavras do Grande Mestre:

... e haverá um só rebanho para um só pastor.

ZIVAN: — Será a AUMPRAM a palavra sagrada perdida de que tantos falam as escrituras?

PAI VELHO: — No sentido alegórico, sim. Aquilo a que se referem as escrituras diz respeito a um símbolo que foi desfigurado e materializado no seu sentido puramente humano.

Todas as grandes religiões e cultos que aparecem depois do desaparecimento da Atlântida tiveram o seu "nome sagrado", o qual era sigilosamente guardado e apenas pronunciado pelo Grão-Sacerdote em algumas ocasiões do ano. Porém, todos esses nomes nada mais eram do que deturpações antropomorfizadas de um símbolo puramente metafísico, que os grandes magos da antiguidade usavam para interpretar os acontecimentos cíclicos do ato da manifestação. Compreendeu bem, Zivan?

ZIVAN: — Mais ou menos, meu Pai. Quer dizer que a

grande maioria da religiões, ou melhor, todos os cultos que conhecemos com variados nomes usam essa base metafísica, abstrata, puramente simbólica, como uma forma material, para figurar seus deuses ou divindades?

PAI VELHO: — Sim. Não foi só o homem que "caiu na matéria". Também seus mitos e concepções filosóficas. O Sagrado, o Divino, tornou-se puramente humano. Aquilo que não tinha forma adotava uma, numa procissão interminável de deuses com barba, sem barba, de túnica, sem túnica etc. O sentido poético, lírico e sublime dos povos antigos declinou para o mais torpe materialismo. Tudo é uma questão de interpretação e não basta ler a letra morta das escrituras. É preciso "ler além da letra", no seu sentido oculto e abstrato.

ZIVAN: — Compreendo, mas será que o senhor pode citar outros exemplos, para esclarecer melhor essa concepção metafísica?

PAI VELHO: — Todas as religiões modernas têm, na sua constituição-base, o fenômeno de Deus em manifestação por meio do Triângulo que representa a Trindade. Isso você vai encontrar entre os egípcios, caldeus, persas, hindus, chineses, cristãos, na própria Bíblia, no Evangelho de São João, no seu capítulo 1: *"No princípio era o Verbo, e o Verbo estava com Deus e o Verbo era Deus. E o Verbo se fez carne e habitou entre nós"*.

ZIVAN: — Mas isso não se refere à vinda de Nosso Senhor Jesus Cristo?

PAI VELHO: — Não. Essa frase, atribuída ao evangelista, tem raizes num passado bem remoto. É o próprio ato da manifestação, aquilo que era conhecido simbolicamente como *"o sacrifício cosmogônico do Pai"* (Bram) por meio do Filho — a raiz da matéria. Poderíamos definir esse simbolismo, conhecido das primeiras raças, assim: "No princípio era o Verbo AUM — o Triângulo Divino, Pai-Energia-Espaço, e AUM estava no próprio equilíbrio estável. Porque AUM era a própria essência do Absoluto. Mas AUM movimentou-se, a energia penetrou o espaço e apareceu o Filho, a matéria, que se fez carne e habitou entre nós — o mundo fenomênico; o mundo de matéria nasceu e nele vivemos". Compreendeu?

Umbanda, Essa Desconhecida

ZIVAN: — *Agora compreendo como um símbolo místico, puramente metafísico, deu origem à forma, ao limitado e, sem dúvida, à base geral de todas as religiões-cultos existentes. Está certo?*

PAI VELHO: — Certo, meu filho.

ZIVAN: — *Porém, o senhor disse que essa palavra era vibrada, revelada e que a entonação de suas sílabas provocava determinada vibração. Poderia explicar isso?*

PAI VELHO: — A palavra sagrada AUMPRAM é vibrada. Possui 7 letras, cada qual com sua forma geométrica, seu som próprio, sua cor e, em sua síntese, explica o mistério oculto de Deus em manifestação. Evidentemente, a grafia e o som originais não são os atuais. Cada letra do idioma sagrado tinha um valor numérico. Assim, o homem era representado pelo número 1. Se se acrescentasse uma cabeça ao número 1, ficaria um P, símbolo da potência criadora ou da paternidade. Se nesse P se colocasse uma perna, R, teríamos um homem em movimento. Evidentemente, se Pai Velho citou as letras usadas atualmente e não os símbolos originais foi para você ter uma idéia ligeira do sentido desse idioma e das variações possíveis pela simples colocação de um traço ou de uma pequena variante.

Vamos analisar inicialmente as três primeiras letras AUM. Sua grafia sagrada, no devanagari, é:

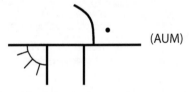

Esse conjunto de três letras tinha uma pronúncia adequada e constituía-se na Essência do Supremo. Graficamente, podia ser assim expressa:

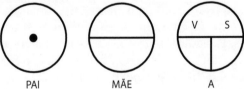

O Pai, que aparece como um ponto, é a primeira diferenciação no Espaço Potencial, no Espaço Abstrato. O Ponto que vibra em duas direções é a *Mãe Imaculada e Divina* — o Espaço Virgem, mas em estado potencial. O ponto que, por vibração, sai em três direções é o estado potencial de equilíbrio, manifestando, em cada ponto de contato com o círculo, os seus três aspectos de consciência: *Vontade, Sabedoria e Atividade*.

São os três aspectos de AUM contidos no Triângulo Primordial — Pai-Energia-Mãe — que ainda expressam, por meio de suas três letras, os três aspectos do *Primeiro Movimento de Manifestação:*
A — Criação
U — Transformação
M — Conservação

AUM-TAT-SAT é o tríplice nome do Absoluto, sendo:
AUM — O Eterno Poder Supremo.
TAT — A Unidade indicando que tudo está eternamente Nele.
SAT — O Sacrifício de Si Mesmo, ou seja, o Sacrifício Cosmogônico do Pai, por meio do Filho.

ZIVAN: — *Não será desse último gráfico que se origina a "TAU" ou a cruz sagrada dos egípcios?*
PAI VELHO: — Sem dúvida, e essa mesma Tau, ┬ , você pode ver entre os budistas. Inicialmente, ela foi o símbolo da terceira raça-raiz — a Lemuriana — a primeira raça separada em sexos. Posteriormente, foi a cruz da iniciação para, depois, se converter na cruz do sacrifício do "Filho do Homem" no Gólgota.
Vamos prosseguir. AUM poderia ser escrito, graficamente, assim:

Qualquer dessas formas identificaria a primeira etapa, ou melhor, as três letras sagradas.[6] Mas, passemos ao *Primeiro Movimento*, ou seja, a *Energia* penetrando o *Espaço* para fazer surgir o Filho, a raiz da matéria.

É a palavra AUM em movimento, o Verbo em ação — BRAM. Gráfica ou ideograficamente, pela escrita sagrada, esse movimento do Verbo, a palavra AUMPRAM, que cria o Filho (a raiz da matéria) e vai dar origem aos universos manifestados, é representado pelo *Divino Tetraedro*, a *Tetrakyts*, também chamado "quaternário cósmico".

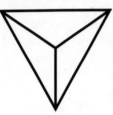

O Ponto sai em três direções, equilibrado nos três estados ou Gunas: Ritmo, Movimento e Inércia. Quando há desequilíbrio do Ritmo, que faz o Ponto (o Pai) vibrar em equilíbrio nas três direções, a Energia penetra o Espaço e a Guna Movimento entra em ação preponderante, o que faz responder a Inércia em sua proporção e, então, a consciência do Filho volta-se sobre si mesma, dando como consequência o Divino Tetraedro, arquetípico do quaternário inferior, perfazendo o total de sete planos da manifestação cósmica (três no ternário superior e quatro no quaternário inferior).

AUMPRAM pode, portanto, definitivamente, ser grafado assim:

---

6 N. do Médium - Graficamente, estão aí representados os números 1, a Unidade, o Uno Indivisível; 2, o seu reflexo; 3, o produto de 1 + 2, ou seja, o Filho.

O movimento de Bram, representado pelo Divino Tetraedro, irá constituir todas as formas básicas da matéria, desde o movimento espiralar dos átomos ao movimento dos astros, das constelações e nebulosas, do homem e dos sistemas galáxicos. Isso pode se fundamentar, Zivan, nos chamados "Cinco Sólidos de Platão". Pai Velho vai explicar. Já vimos que o Divino Tetraedro é composto de quatro superfícies e quatro ângulos. O quaternário cósmico, que no mundo da forma é a figura geométrica denominada tetraedro, o qual, por suas combinações, formará as quatro figuras tridimensionais sólidas que conhecemos: o cubo, o octaedro, o dodecaedro e o icosaedro. Juntamente com o tetraedro constituem eles os cinco sólidos ideais ou platônicos.

Todos esses cinco sólidos são desdobramentos do tetraedro. Assim, dois tetraedros formam o cubo e o octaedro; cinco tetraedros, o dodecaedro e o icosaedro.

O Tetraedro é, assim, o Tam-mattra[7] ou o arquétipo, pois o número certo de ângulos e superfícies criadas por suas combinações dará as direções das construções de todos os elementos químicos, ou seja, a direção da construção da rede intrínseca atômica, à qual obedecem os 92 elementos simples de que é constituída a matéria. São as linhas de força, atuantes, precisas e sábias, que ordenam as combinações e repulsões das moléculas em qualquer estrutura atômica ou molecular. A combinação das figuras arquetípicas obedece à numerologia sagrada dentro dos princípios imutáveis da natureza, o número sete. Dois tetraedros e cinco tetraedros representam o número total da manifestação, o número sete, que é simbolizado por um triângulo (o 3) e um quadrado (o 4). Isso também pode ser verificado pela soma das superfícies dos cinco sólidos ideais que darão o número cinco:

2 Tetraedros { Cubo, Octaedro

5 Tetraedros { Dodecaedro, Icosaedro

4, o quaternário da forma, e 1, o ternário superior. Assim:

Tetraedro 4

Cubo 6

Octaedro 8

---

7 "Tam-mattra" literalmente significa "a medida daquele" e pode ser traduzida como "a medida vibratória que Deus infunde nos átomos primordiais. (*A Libertação pelo Ioga*, Caio Miranda, 2ª Edição).

Dodecaedro 12
Icosaedro 20

Somando, cabalisticamente, os números das superfícies teremos: 4 + 6 + 8 + 12 + 20 = 50 = 5. Viu como é simples? Então BRAM pode ser grafado assim, no idioma vatânico:

No seu movimento completo — AUMPRAM — podemos grafar desta forma:

Por aí você pode ver como a palavra sagrada de sete letras, que hoje você conhece como Umbanda, tinha um significado altamente filosófico, místico e vibrado, compreendendo, em sua síntese, a própria revelação da Lei e da Manifestação.

Por essa palavra, você pode entender o significado real das misteriosas palavras do Mestre Jesus: *"Eu sou o Caminho, a Verdade e a Vida. Só se pode ir ao Pai através de Mim"*.

ZIVAN: — O senhor falou em tam-mattra, e nas cores dessas letras sagradas. Poderia explicar melhor?

PAI VELHO: — Tam-mattra é a vibração íntima dos átomos permanentes ou primordiais. Dá-se o nome de Tattwa às ondulações vibratórias presididas pelo Tam-mattra. Tattwa, portanto, pode ser definido como a vibração das forças sutis da natureza. Essas ondulações são em número de sete, partindo da mais sutil para a mais pesada:

Essas figuras são as trajetórias ou linhas de força dos átomos, conforme o tam-mattra que os anima. São os tattwas que impressionam os seus sentidos e não a grosseira vibração da

1. ADY   2. ANUPADAKA   3. AKASHA

4. TEJAS   5. VAYU   6. APAS

7. PRÍVITI

matéria, como os cientistas terrenos pensam.

A luz é vibração de Tejas e é por isso que a sua retina copia essa forma para melhor receber essa impressão. O éter, por meio do qual você tem sua audição, é vibração de Akasha. Daí sua orelha também copiar esse desenho para poder melhor captar o som. Apas, sua boca, e assim sucessivamente. Tudo é vibração na natureza, tendo sua raiz no movimento que, ao afetar a matéria, é simplesmente vibração. A vida é movimento, a consciência é movimento. Quando ele é regular e rítmico diz-se que é vida; quando irregular, diz-se que é morte. Todo o Universo manifestado é um grande movimento, um perfeito movimento de vibrações variadas.

Daí você entender que as sete letras da palavra sagrada ou AUMPRAM deram, por sua vibração, várias formas que puderam ser grafadas. Você agora pode compreender melhor que essas formas foram figuras geométricas que, simbolicamente, os povos da antiguidade grafaram em seus documentos secretos.

Quanto à cor, sabendo-se que cada letra possui uma vibração própria e sendo a cor também uma vibração, é fácil compreender tal afirmativa.

Essas cores são as sete principais do espectro solar. No triângulo primordial — AUM — está o branco, sua cor principal. Dentro do triângulo, ou melhor, fazendo parte dele, temos três cores básicas: azul, vermelho e amarelo. Da combinação dessas três cores básicas surgirão o verde, o roxo, o alaranjado e uma outra coloração que contém os matizes das sete cores principais.

7.
Orishás: definição e origem

ZIVAN: — *Como se divide a AUMPRAM?*

PAI VELHO: — A Umbanda se divide em sete linhas, cada uma presidida ou dirigida por um dos sete Orishás.

ZIVAN: — *Os que são Orishás?*

PAI VELHO: — A palavra Orishá quer dizer *"Luz do Senhor"* ou *"Mensageiro do Senhor"*. É também uma corruptela da sua forma original Purushá.

Purushá é a relação entre o universo criado e o Pai Bram. É o sacrifício cosmogônico do Pai por meio do Filho. A matéria é um reflexo do Pai através da energia e do espaço, porém, esse reflexo continua existindo na matéria por ele criada. É o Purushá Universal que irá formar os purushás múltiplos.

Ao aparecer a matéria, ela se torna inseparável do Purushá, formando a chamada dualidade universal: espírito e matéria.

Todas as religiões, inclusive a Kabala, dizem que Deus, em Sua essência, é desconhecido, só passível de ser compreendido e estudado por meio de Suas transformações ou emanações.

São as dez palavras que se reduzem a sete, os números e as emanações da Luz Celeste. São os Purushás conhecidos como os Sete Prajâpatis, os Construtores do Universo físico emanados do Filho, também conhecido em Teosofia como o Primeiro Logos. São seis no hinduísmo, todos feitos da essência do sétimo. Entre os egípcios encontramos os sete deuses misteriosos; entre os judeus, os sete sephiroths e na Teosofia, os sete Logos, ou Logoi.[1]

Você vê que são vários os nomes para a mesma coisa. Porém, o certo é que podemos chamá-los de as *Sete Emanações de Luz procedentes do Pai Bram por meio do Filho*. Ao redor da Trindade Primária, da Luz que emana Dele encontramos os *Sete Construtores — Purushás —* as Hierarquias Criadoras.

Por serem reflexos, cada qual ordena uma série menor de construtores, cada qual com uma cor vibratória específica e um dos sete planetas sagrados correspondente. São as Sete Emanações do Triângulo Primordial que deram a corruptela que hoje você conhece como Orishá:

Purushá

Urushá

Orushá

Orishá

ZIVAN: — Os nomes desses Orishás estão contidos dentro da própria palavra AUMPRAM?

PAI VELHO: — Estão, porém esses nomes sagrados foram totalmente perdidos, restando deles hoje apenas

---

1 "(...) cada um dos sete Raios Primordiais que constituem o Logos Manifestado é por sua vez sétuplo. Assim como as sete cores do espectro solar correspondem aos Sete Raios, ou Hierarquias, por sua vez cada Raio ou Hierarquia também tem sete divisões correspondentes à mesma série de cores. Nesse caso, a cor peculiar de uma Hierarquia particular predomina em intensidade sobre o conjunto das demais.

Podemos simbolizar estas Hierarquias como círculos concêntricos de cores espectrais. Cada Hierarquia pode ser representada por uma série de sete círculos concêntricos, em que cada círculo representa uma cor pela ordem da escala cromática. Porém, em cada um desses círculos — 'rodas' — haverá um círculo cuja cor é mais brilhante e intensa que a dos outros seis; e a 'roda' terá, por conseguinte, uma aura (uma franja, como dizem os físicos) dessa cor predominante e característica da Hierarquia. Cada uma dessas Hierarquias proporciona a essência (a alma), e é a 'Construtora' de um dos sete reinos da natureza: três elementais, mineral, vegetal, animal e do homem espiritual. Ainda, cada Hierarquia proporciona a aura de um dos sete princípios humanos, com sua cor peculiar. De outro modo, como cada uma delas governa em um dos planetas sagrados, se compreenderá facilmente a origem da Astrologia que, quando merece esse nome, tem fundamento estritamente científico.

A escola oriental representa as Sete Hierarquias, ou Potestades, por uma 'roda' de sete círculos concêntricos, cujas respectivas cores são as sete do espectro. Chamai-as Arcanjos, se quiserdes; ou Espíritos Planetários, ou Regentes dos sete planetas sagrados, como nós o fazemos. Em todo caso, os círculos concêntricos simbolizam as rodas de Ezequiel, segundo alguns cabalistas ocidentais, e aos 'Construtores', ou Prajâpatis, segundo nós os chamamos." (H. P. Blavatsky - *A Doutrina Secreta* - Vol. II).

uma corruptela. Inicialmente, eles nem eram mencionados. Depois, de acordo com as suas vibrações, foram adotando um nome que sofreu várias deturpações.

ZIVAN: — O idioma sagrado que o senhor chama de adâmico tem alguma ligação com o sânscrito?

PAI VELHO: — Sim, pois essa língua sagrada e universal é a raiz de todos os idiomas.

Quando sobreveio a primeira submersão da Grande Atlântida, uma grande civilização, denominada de etíopes, já dominava, há alguns séculos, parte do continente africano e, posteriormente, a Europa e parte da Ásia recém-saída das águas. Essa raça negra era depositária dos conhecimentos dos atlantes e, por muitos séculos, dominou o mundo. Quando a raça branca, denominada ária ou ariana, começou a sair das florestas da Europa, esbarrou nessa grande civilização. Inicialmente, como é óbvio, os árias foram dominados pela cultura e pela força, assimilando, inevitavelmente, quase que a totalidade do que uma nação poderosa lhes poderia dar. Porém, não era dos desígnios da planificação dos governantes cósmicos que a raça branca nascente fosse escrava e, então, dois fatos importantes aconteceram: a mistura e a miscigenação das duas raças e a luta aberta entre a civilização que nascia e a que já estava em seu apogeu. Quando se verificou o grande êxodo da raça branca, chefiado por Rama, rumo à Índia, apareceram, em diversas oportunidades, vários fatores que contribuíram para a conquista, a dominação, a assimilação de outras tradições, ritos, mitos, idiomas, associação e mesclagem com os outros povos da raça amarela, igualmente depositária da tradição atlante.

Os contatos com as raças mais civilizadas deram origem, consequentemente, como idioma básico, ao que podemos denominar de raiz do sânscrito, com suas corruptelas evidentes e suas modificações através dos tempos. Porém, entre os iniciados, entre os magos dessa raça que tinham contato entre si, pouca modificação houve e essa mesma modificação é a que encontramos até hoje nas palavras citadas anteriormente.

É dos magos da antiga Etiópia, depositários da cabala atlante, que nos vêm os termos da sagrada palavra Aumpram.

O que prova essa correspondência, primeiro com os atlantes e depois com os hindus, são dois fatos importantes que Pai Velho vai relatar.

Os homens sábios ou santos da Índia Védica eram também chamados de *Serpentes da Sabedoria* ou *Nagas*. Na Etiópia, eram os *Dragões da Sabedoria* ou *Nagôs*. A corruptela é evidente — Naga-Nagô — e até hoje esse nome persiste na moderna África como nome de ritual, que é encontrado também aqui no Brasil com o mesmo nome.[2]

O segundo fato que prova a ligação com os atlantes é a divindade do panteão africano, *Olodun* ou *Olurun*, que tem correspondência com o deus do mar Poseidon, adorado e reverenciado pela quarta raça atlante.

As consequentes corruptelas surgiram porque essas tradições eram transmitidas oralmente e, por conseguinte, se deturparam em virtude da peculiaridade de fonação de cada raça, que variava de acordo com a região. Isto acontece, também, no Brasil, onde, em cada região, o povo fala de uma maneira diferente. Naquele tempo, sendo a escrita ideográfica e simbólica, até os documentos sofreram variações.

---

2 N. do Autor - Ritual Nagô, do candomblé, conhecido como "candomblé nagô" ou "gegênagô".

Umbanda, Essa Desconhecida

8.
As linhas de umbanda

ZIVAN: — *Quantos Orishás possui a Umbanda?*
PAI VELHO: — Possui sete Orishás. Cada qual preside uma linha e daí podemos concluir que a Umbanda possui sete linhas.

ZIVAN: — *Quais são essas linhas?*
PAI VELHO: — São: *Oshalá, Ogum, Oshosi, Shangô, Yemanjá, Yori e Yorimá.* Exceto *Yori* e *Yorimá*, os demais são corruptelas dos nomes originais.

ZIVAN: — *Poderia citar os nomes originais?*
PAI VELHO: — Oshalá ou Orishalá — corruptela de *Purushalhá,* composta de duas palavras: *Purushá* e *Lha.*

A palavra LHA é um termo sagrado que servia para designar um espírito celestial, um ser supremo. Tal palavra compreende todas as hierarquias de seres celestes. Por conseguinte, *Purushalhá* significa a *"imanência de Deus"* presente na manifestação por intermédio da hierarquia de seres celestes.

Como já vimos anteriormente, os seis Purushás são a própria essência do sétimo; assim, *Purushalhá* é a própria personificação do Logos Solar. *É a linha do Cristo Solar.*

Você pode notar um fato bastante interessante, pois é no final dessa palavra que os árabes primitivos, do início da quinta raça-raiz, tiraram o nome da sua divindade, Alá.

Cada um dos Orishás tem correspondência com um chacra, um dia da semana, um metal, um planeta, uma figura geométrica (tattwa), um dos elementos e várias classes de elementais e elementares.

Nesta linha, este Orishá tem correspondência com o chacra coronário ou do alto da cabeça; sua cor fluídica é o branco; seu metal correspondente é o ouro; seu dia da semana é o domingo; seu planeta regente é o Sol. Atua nos sete elementos, bem como nos cinco sólidos perfeitos (sólidos de Platão).

Purushalhá
Urushá-Lhá
Orisha-Lhá
Orisha-Lá
Oshalá

Na linha de Oshalá, vamos encontrar um grande agrupamento de *Nirmanakayas*, comumente chamado de Linha do Oriente. Esse agrupamento é constituído por entidades orientais, que voluntariamente atuam no mundo astral, dirigindo-se aos povos ocidentais, integrados no triângulo fluídico da milenar Aumpram, para apressar sua evolução por meio do conhecimento e das escrituras sagradas, de que são grandes conhecedores.

Um grande Mestre, um excelso Choan, é responsável por esse agrupamento, tendo 14 Mestres Instrutores a assessorá-lo. Esses 14 Mestres atuam em vários círculos de pensamento e em vários agrupamentos ecléticos e seus trabalhos maravilhosos já vêm surtinho um grande efeito.

Ogum é corruptela de *Agni* e *Aum*. Agni era o fogo sagrado dos pré-vedas e dos vedas, obtido pelas cerimônias especiais, cultuado em todos os lares como o fogo da salvação: o glorioso salvador Agni. Portanto, a corruptela *Ogum* significa "*o fogo da salvação e da glória.*"

Agni-Aum
Agnium
Agnum
Agaum
Ogum

Ogum é o Orishá que tem correspondência com o plexo solar; seu dia da semana é terça-feira; sua cor fluídica é o vermelho vivo; seu metal é o ferro e seu planeta regente é Marte. Atua no elemento fogo.

ZIVAN: — Por que esse Orishá é considerado como das demandas, das lutas e da guerra?

PAI VELHO: — Porque o fogo, sendo o salvador, ajuda o homem a vencer a luta contra o frio e a escuridão, visto que ao mesmo tempo que ele aquece também ilumina. No sentido místico, o fogo da salvação ajuda o homem a vencer a batalha contra os princípios inferiores, a vencer a besta que existe no próprio homem. É a grande batalha da personalidade e os instintos bestiais contra o eu superior e aquilo de divino que existe em cada ser.

Oshosi é corruptela do nome mais oculto dos sete Orishás. Seu nome é tirado das seis vibrações e do grande círculo que compõe o ideograma simbólico da grafia da trindade primordial. Significa ação envolvente ou, esotericamente, o "caçador de almas". Talvez venha daí sua associação à caça ou à proteção da caça nas florestas.

Este Orishá atua no chacra esplênico ou do centro do baço; seu dia da semana é sexta-feira; sua cor fluídica é o azul; seu planeta regente é Vênus, seu metal é o cobre e atua no elemento ar.

Shangô, corruptela de *Sham e Naga*. A grafia certa entre os atlantes deveria ter sido *Shamnaga,* depois Nagô — *Dragão da Sabedoria*, um Iniciado.

Sham — o equilíbrio cármico.

É, portanto, o Orishá da balança cármica, o comandante das almas.

Shamnaga ou Nagô
Shamnagô
Sham-Agô
Shangô

Este Orishá atua no chacra cardíaco; seu dia da semana

é quinta-feira; seu metal é o estanho; sua cor fluídica é o verde brilhante; seu planeta regente é Júpiter. Prepondera sobre as quatro classes de espíritos da natureza, principalmente os gnomos e as ondinas. Tem grande poder de penetração no subsolo do planeta, nas montanhas e pedreiras (mundo mineral).

Dentro dessa Linha, encontramos um grande agrupamento de entidades, impropriamente chamado de *"Linha das Almas"*.

São entidades em nível de protetores, que foram grandes magos e se especializaram dentro da Umbanda e nos trabalhos de magia branca, combatendo frontalmente a magia negra.

São raríssimos os médiuns que possuem ou incorporam essas entidades, que se apresentam na forma de velhos (não confundir com a Linha de Yorimá), e são exímios magistas, conhecendo todos os segredos da Cabala (Ka-Ba-La), da alquimia e astrologia.

Yemanjá: na mais remota antiguidade era este Orishá simbolizado apenas pelo sinal $\wedge\!/\!/\!/$ que representa o eterno feminino da natureza, representado pelas ondulações das águas do mar. Eram, evidentemente, as águas do abismo, do caos, dado pelo versículo do Gênese: "e o Espírito de Deus se movia sobre as águas". Este signo $\wedge\!/\!/\!/$ que originou o M corrente sempre serviu para designar a palavra Mãe, a portadora da vida. No Egito, *Mut*; no latim, *Mater* etc.

Yemanjá tem sua corruptela da forma original — *Anamaya*.

Ana, do caldeu, céu ou luz astral, o mesmo sentido de "anima mundi".

Mâyâ, do sânscrito, ilusão, o universo físico.

A forma original etiópica, derivada dos atlantes, deve ter sido Anmaya, significando:

An = mãe / Mâyâ = ilusão

A "Mãe Ilusão". An, no semítico, formou *Aem* (mãe) ou *Aemmaya*.

Anamaya e Aemmaya
Aemmaja

Umbanda, Essa Desconhecida

Aemmanja
Emmanja
Emanja
Iemanja
Yemanjá

Yemanjá representa o eterno feminino da natureza, a "mãe do mundo". Este Orishá está sempre presente na vida manifestada, pois ele é seu intermediário entre um plano e outro. É o portador da vida. A sua maior afinidade está com todas as mães do mundo. Por ser a doadora da vida, *Yemanjá* está associada ao mar, e a água sempre foi o símbolo da maternidade. No sentido metafísico é o mar primordial, as águas do caos impregnadas pelo espírito de Deus. No Cristianismo, o Messias está relacionado com a água e o signo zodiacal Piscis ou Peixes. *Miham*, em sânscrito (a letra M novamente), o primeiro avatar ou encarnação de Vishnu, é representado sob a forma de um peixe.

Isso tudo, Zivan, são símbolos da matriz do Universo, a doce e suave Yemanjá, a Mãe do Mundo, sempre presente e atuante — o eterno feminino da Natureza.

Este Orishá atua no chacra frontal, sua cor fluídica é o amarelo-pálido; seu dia da semana é segunda feira; seu elemento é a água; seu planeta regente é a Lua; seu metal é a prata, suas figuras geométricas são a reta (ou linha) e o círculo.

Yori — É a única palavra vibrada originalmente, juntamente com a da sétima linha. Embora sua grafia original não fosse essa, significa "relação com a Lei Divina".

De sua forma original Yori, derivam-se as palavras YUGUI e YOGUI. Pronuncia-se *iúgui* e é o mesmo que religião, do latim *religare* que significa unir.

Yori
Yugui
Yogui

Yugui é o verbo sânscrito e significa *unir*, ligar. Por isso o Ioga é a ciência da união. Por ser unida com a Lei de Deus ("relação — união — com a Lei Divina"), nas cerimônias da Iniciação, "nascido de novo", ou seja, livre de suas paixões carnais, puro, recém-nascido, foi essa linha, por esse motivo, associada às Crianças, ou melhor, aos espíritos com formas ou roupagens fluídicas infantis.

Porém, essa Criança é no sentido simbólico altamente metafísico. É a linha d) *Adepto*, do *Iniciado*, dos *Nirmanakayas*.

Yori é, portanto, a linha da pureza e do amor. Sua cor fluídica é o alaranjado; seu dia da semana é a quarta-feira; seu metal é o mercúrio; seu elemento é o ar; seu chacra respectivo é o laríngeo e seu planeta gerente é Mercúrio.

Yorimá — Outro nome original, vibrado e revelado, composto de duas palavras: YORI e MÁ.

Yori — União com a Lei Divina.

Má — Letra sagrada (M) que significa o binário em ação, a própria manifestação, sua lei.

Assim, Yorimá significa "Lei Divina em Ação" ou, ainda, "a essência da lei em ação".

É também chamada a *Linha dos Pretos velhos*, ou, simplesmente, "*dos Velhos*". É a linha dos magos velhos da Kabala, da magia, das sete ciências ocultas. Seu planeta é Saturno (o pai do Tempo); seu dia da semana é o sábado; seu metal é o chumbo; sua cor fluídica é o violeta; seu chacra correspondente é o da base da coluna. O elemento que manipula é o fogo, atuando, também, nos cinco sólidos perfeitos.

Também nessa linha, encontramos um agrupamento denominado impropriamente de "*Linha das Almas*". São pretos velhos e pretas velhas em nível de Protetor, que foram em encarnações passadas grandes magos e cabalistas.

Os nomes dos Orishás, que eram conhecidos por meio de sua vibração, cor, signo zodiacal influente, planeta principal em que atuavam e grafia mágica dentro do idioma sagrado, tinham outra significação simbólica. Uma dizia respeito à história da própria manifestação do Deus Absoluto e a outra à correspondência com os degraus da Iniciação que o candidato devia trilhar.

Umbanda, Essa Desconhecida

ZIVAN: — *Inicialmente, estava a Umbanda ligada à Iniciação?*

PAI VELHO: — Sim, quando o culto era puro (Aumpram) e o contato com os Purushás não era feito pela mediunidade e sim pelos poderes naturais dos magos. Houve, também, uma "queda" na Aumpram e, embora ela continuasse essencialmente no sentido da magia branca, seus mistérios maiores foram velados, seus nomes foram se perdendo, modificando-se ou deturpando-se e quando, mais tarde, os Nirmanakayas e os Kamarajás resolveram incorporá-la aos portadores da nova modalidade de comunicação com os mundos supra-sensíveis — os médiuns — a Aumpram transformou-se em Umbanda. Entendeu?

ZIVAN: — *Sim, meu Pai. Quer dizer que hoje em dia não existe mais Umbanda?*

PAI VELHO: — Não no seu sentido puro e original, embora as entidades que hoje militam nessa modalidade obedeçam a certas correntes e a certas vibrações que a aproximam da original.

ZIVAN: — *O senhor falou que os nomes dos Orishás expressavam a história cósmica da manifestação. Poderia explicar melhor?*

PAI VELHO: — Pelo que Pai Velho vai explicar, você mesmo verificará que os nomes dos Orishás não são absolutamente os que hoje se conhecem. O seu significado é transcendental, profundamente metafísico, contando a história da própria criação e seus construtores.

Tomemos o triângulo primordial — Aum — com o Pai, o Espírito Santo e a Mãe, ou Bram, a Energia e o Espaço Virgem. Temos aí, quando se procede ao primeiro movimento, três Orishás (Purushás) ou as relações com o universo que vai se manifestar: *Pai — Oshalá —* que está sempre em relação com a manifestação, e os outros seis serão de sua própria essência; *Energia* (o fogo sagrado) — *Ogum —* e o Espaço Virgem — *Yemanjá.*

A — *Pai* (em todos os idiomas arcaicos a letra A ou primeira letra designa o patriarca, o Pai) Oxalá — Imanência de Deus na manifestação.

94   Roger Feraudy

U — *Energia* (Espírito Santo - Fogo Sagrado).
M — *Espaço Virgem* - a Mãe do Mundo, do Universo que se vai formar em seu seio - Yemanjá.

A segunda etapa é o nascimento do Filho — YORI — a raiz da matéria, por intermédio do Pai, do Espírito Santo e da Mãe, a relação com a Lei Divina ou a relação com o Triângulo Primordial.

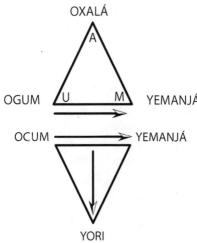

Processa-se, pela ação envolvente — *Oshosi* — o mistério da passagem do mundo arquetípico, para o mundo fenomênico, manifestado, ilusório. A passagem do Imanifestado para o Manifestado. Este mundo de causalidade, envolvido pela ação circular, é presidido pela balança cármica — *Shangô* — e sua lei imutável de causa e efeito. A Lei Divina está portanto em ação: Yorimá.

Isto, aplicado aos degraus da Iniciação, dá: aqueles que vivem ou começam a pressentir a ação envolvente atuante no plano, ou seja, que tenham a intuição de que Deus está presente no Universo pelo "caçador de almas" — *Oshosi* — ou, como disse o Mestre Jesus, "pelos pescadores de almas".

Aquele que começa a pressentir isso está no Caminho e, estando no Caminho, começa a compreender que tudo no Universo Manifestado é regido por uma lei sábia, de redistribuição, que governa o fenômeno dos renascimentos, a lei do equilíbrio, da harmonia, do carma — *Shangô*. Conhecido isso pelo iniciante, ele passa a ser uno com o Filho. Vendo em tudo ele mesmo, passa a amar o seu próximo como a si mesmo — *Yori*.

Atingindo esse ponto, ele já é Iniciado e alcança a iluminação total, pois atinge a compreensão do Triângulo Primordial ou a identificação com todas as coisas criadas, já que a sua própria essência é como a da Mãe e do Pai, ou a unificação com todas as coisas (Ogum-Yemanjá-Oshalá). Ele, então, é harmonia com a lei, ou melhor, é a própria lei atuante — *Yorimá*.

ZIVAN: — *Os santos católicos identificados com os Orishás têm com eles alguma ligação?*

PAI VELHO: — Nenhuma. Os Orishás da Umbanda milenar não podem ser esses santos que, praticamente, viveram na época atual, ou melhor, que reencarnaram na própria sub--raça em que nos encontramos atualmente.[1]
São João Batista — Ano 12 a.C.
São Jorge — Ano 280 a.C.
São Sebastião — Ano 250 d.C.
São Jerônimo — Ano 350 d.C.

ZIVAN: — *Como se deu essa associação?*

PAI VELHO: — Os negros escravos, quando vieram para o Brasil, traziam fragmentos da primitiva AUMPRAM, passada de geração a geração, porém já totalmente deturpada no seu sentido místico, impessoal e metafísico. Ao chegarem aqui, não tinham eles autorização para praticar os seus cultos e adorar as suas divindades. Então, um estratagema surgiu. Dizia o escravo que aquelas divindades, seus Orishás, eram santos católicos; apenas o seu nome mudava, por ser o nome africano deste ou daquele santo. Assim, diziam eles, Ogum é São Jorge ou São Sebastião, como é chamado nos Estados do Norte do Brasil; Shangô é São Jerônimo; Yemanjá é a Virgem Maria etc.

ZIVAN: — *Por que, na maioria dos centros, vemos imagens de santos católicos?*

PAI VELHO: — Apenas para haver maior identificação entre os consulentes e as entidades que ali trabalham. A espécie humana ainda não pode compreender Deus e as suas

1 N. do Médium - A humanidade atual encontra-se na 5ª sub-raça — a Teutônica — da 5ª raça-mãe ou raiz, a raça ariana.

leis de forma abstrata, adorando-O em sua essência pura, sem representações-forma. Por esse motivo, a fixação e a concentração são mais fáceis com as imagens. A figura ajuda muito a direção de um pensamento; há melhor atenção, coisa que se dispersaria facilmente numa simples abstração. De outra forma, se nós substituíssemos as imagens pelos elementos correspondentes aos sete Orishás, induziremos à crença, errônea evidentemente, do fetichismo. Os próprios consulentes, ignorando que essas representações dos Orishás (favas, raizes, sementes, metais etc.) são também meros símbolos e como ainda precisam de formas, e só podem representar o divino dentro da limitação da matéria, logicamente achariam muito mais poético e estético adorar a estátua do que a pedra ou as raizes. *O remédio deve ser sempre dado de acordo com o doente. Isso é regra infalível.*

É essencial que demos os nomes, nas diferentes Linhas, das entidades em grau de Guias e que se situam como Chefes de Legião:

Linha de Oshalá: caboclos Aymoré, Guaracy, Ubiratan, Urubatão da Guia, Tabajara, Tupy e Guarany.

Linha de Ogum: Ogum Matinata, Beira-Mar, Yara, De Lei, Rompe-Mato, Megê, De Malê.

Linha de Oshosi: cabocla Jurema e caboclos Araribóia, Cobra Coral, Arranca-Toco, Tupyara, Arruda, Pena Branca.

Linha de Shangô: Shangô Sete Montanhas, Sete Pedreiras, Pedra Preta, Kaô, Agodô, Pedra Branca, Sete Cachoeiras.

Linha de Yemanjá: caboclas Indaiá, Nanã Buruquê, Estrela do Mar, Yara, Oxum, Inhasan, Sereia do Mar.

Linha de Yorı: Damião, Cosminho, Doum, Yari, Tupãzinho, Ori, Yariri.

Linha de Yorimá: Pai Joaquim, Pai Benedito, Pai Tomé, Pai Congo de Aruanda (Rei Congo), Pai José de Aruanda, Pai João, Vovó Maria Conga.

Umbanda, Essa Desconhecida

As linhas de Umbanda e seus Orishás

Orishá	Chacra	Dia da Semana	Metal	Cor Fluídica	Planeta Regente	Figura Geométrica (Tattwa)		Observações
Oshalá	Coronário	Domingo	Ouro	Branco	Sol	Losango	Sete elementos e Prana	
Ogum	Umbilical ou Solar	Terça-feira	Ferro	Alaranjado-vivo	Marte	Triângulo Equilátero	Fogo	
Oshosi	Esplênico	Sexta-feira	Cobre	Azul	Vênus	Círculo	Ar	
Shangô	Cardíaco	Quinta-feira	Estanho	Verde	Júpiter	Quadrado	Espíritos da natureza, especialmente ondinas e gnomos. Terra.	Grande poder de penetração no subsolo do planeta, nas montanhas e pedreiras (mundo mineral)
Yemanjá	Frontal	Segunda-feira	Prata	Amarelo-pálido	Lua	Reta (ou linha)	Água	
Yori	Laríngeo	Quarta-feira	Mercúrio (azougue)	Vermelho	Mercúrio	Círculo com o ponto	Éter	
Yorimá	Sagrado	Sábado	Chumbo	Violeta	Saturno	O círculo com o diâmetro	Manas	

9.
Linha, legião e falange

ZIVAN: — *O que significam Linha, Legião e Falange?*

PAI VELHO: — São os agrupamentos das entidades dentro de suas características vibratórias e na faixa de atuação de cada um dos sete Orishás ou Vibrações Originais.

Tudo está relacionado com a numerologia sagrada, pois o número de Orishás, Chefes de Legiões (Orishás menores), Guias e Protetores se reduz a dez. O dez é o número perfeito pois representa a Eternidade e o mistério da Imanência de Deus. É o número do ciclo perfeito, sendo representado por um círculo com um ponto no centro. O ponto simboliza Deus ou a Unidade Infinita, o princípio de todas as coisas, o Pai de todos os números, e o círculo, o Universo Manifestado.

No mistério da Imanência de Deus, o 10 pode ser assim interpretado: o 1 (um) nasceu do espírito e o 10 (dez) da matéria. A Unidade (1) fez o dez (10), e o dez (10) a Unidade (1), ou seja, Deus na natureza e a natureza em Deus.

Vamos, então, ver como os Orishás, Guias e Protetores estão contidos na unidade e no dez, em Deus e no Universo. Temos sete Orishás ou sete Vibrações Originais, a saber:

1. *Oshalá*
2. *Ogum*
3. *Oshosi*
4. *Shangô*
5. *Yemanjá*
6. *Yori*
7. *Yorimá*

Cada um dos Orishás dá sete Orishás Menores ou Chefes de Legião. Assim, temos:

7 x 7= 49 Chefes de Legião.

Os Chefes de Legião, *geralmente não incorporantes*, fazem, cada um, mais sete com o mesmo nome, que são os Guias-Chefes de Falanges. Portanto, 49 x 7 = 343. Guias que, por sua vez, irão dar, cada um, sete Protetores, perfazendo um total de 2.401, isto é, 343 x 7 = 2.401. Vamos, agora, reduzir todos esses números cabalisticamente para encontrar o 10 sagrado:

7
$$49 = 4 + 9 = 13 = 1 + 3 = 4.$$
$$343 = 3 + 4 + 3 = 10 = 1.$$
$$2401 = 2 + 4 + 1 = 7.$$
Somados os resultados:
$$7 + 4 + 1 + 7 = 19 = 1 + 9 = 10.$$

Dez, portanto, é também o número sagrado da Umbanda. É o número da relação que exprime a fórmula simbólica de Deus e Universo, no qual os Orishás, Guias e Protetores seriam as aparências múltiplas da Grande Unidade em sua manifestação setenária.

ZIVAN: — *Qual é a diferença entre Orishá, Guia e Protetor?*

PAI VELHO: — Os sete Orishás são as próprias emanações do Logos atuante na manifestação do universo. Suas vibrações, grupadas em número de sete para cada Orishá, fazem e coordenam 49 Chefes de Legião. Por sua vez, os Chefes de Legião, também chamados Orishás Menores, não incorporantes, auxiliares diretos dos Orishás, guardam suas características próprias, vibrações fluídicas, cores, atuam nesse ou naquele elemento, presidem e ordenam certa classe de elementais e são ligados a um som ou nota musical mágica, a um determinado planeta.

Os Chefes de Legião coordenam e administram os 343 Guias, intermediários a eles subordinados, cada qual com vibração específica. Esses Guias atuam no Plano Astral, formando o que se denomina *"corpo de ilusão"*, pois, em virtude da sua grande evolução, não possuem mais forma, criando esse "corpo" como uma necessidade para maior identificação com o plano Terra. Sob sua orientação, os 343 Guias coordenam e administram 2.401 Protetores, entidades que ainda conservam o corpo astral de sua última encarnação. Porém, por razões simbólicas, ocultas e altamente metafísicas, tanto os Guias como os Protetores obedecem ao Divino Triângulo vibrando naquilo que conhecemos como as "três formas".

ZIVAN: —Poderia explicar o que é "corpo de ilusão" e como é o mecanismo de sua formação?

PAI VELHO: — A entidade, na qualidade de Guia, já atingiu um estado evolutivo que lhe permite atingir estados superiores em outras esferas, uma vez que já está fora do chamado *ciclo de encarnações* ou de encadeamento ao globo de evolução Terra. Há muito que já não possuem mais um corpo astral, sendo o seu envoltório ou veículo mais denso o corpo mental abstrato. Tais entidades são conhecidas como *Nirmanakayas*, na terminologia hindu, isto é, aqueles que preferiram continuar ajudando os seres encarnados em vez de penetrar no gozo superior de esferas mais puras — o Nirvana. Porém, para poder se expressar ou se comunicar no Plano Físico, precisam de um corpo. Atuando, então, do mental abstrato ao concreto e daí para o astral, reúnem elementos desses planos e criam um corpo ilusório que lhes permite a identificação no plano denso. Porém, Zivan, esse corpo de ilusão somente tem existência enquanto a entidade que o tomou vibrar no mental concreto e no astral. Uma vez cessada a comunicação, automaticamente o corpo de ilusão é destruído, porque não há mais razão para a sua existência.

ZIVAN: — Por que o Guia não deixa essa forma ou corpo criado no astral para dela se servir em cada comunicação, evitando assim ter que criar e destruir sucessivamente novos corpos de ilusão?

PAI VELHO: — Sabia que você perguntaria isso, porém a explicação é lógica. Ele cria e depois destrói o corpo de ilusão para não deixar um "cascão" ou "cadáver astral" que poderia ser aproveitado e vitalizado por um mago negro que, assim, criaria uma entidade maligna para ser usada para seus próprios fins.

101   Roger Feraudy

ZIVAN: — O senhor falou das "três formas", isto é, caboclo, preto velho e criança. Gostaria que o senhor explicasse por que as entidades de Umbanda se manifestam nessas três formas.

PAI VELHO: — Há várias razões para a manifestação nas chamadas *"três formas"*: caboclo, preto velho e criança. Essas razões são de ordem simbólica, mística e metafísica. A origem de ordem simbólica é que cada uma dessas formas se refere a um atributo:

Caboclos: Simplicidade
Pretos velhos: Humildade
Crianças: Pureza
Simplicidade, Pureza e Humildade são os três modos desse simbolismo em que atuam os Guias e Protetores.

A razão de ordem mística são os dois triângulos que se enlaçam e a máxima oculta de que *"o que está em cima é igual ao que está embaixo"*.

Assim, no Triângulo Primordial temos: Vontade, Sabedoria e Atividade e, no seu reflexo, a Simplicidade, a Pureza e a Humildade. Como a Umbanda trabalha no mundo astral, está ela associada, misticamente, ao chamado Triângulo da Forma. Todas as entidades que se manifestam na Umbanda, embora não sejam desse plano, ficam, algumas vezes, misticamente associadas à forma que obedece a esse trigrama: Simplicidade, Pureza e Humildade.

Porém, quando definimos o que são Orishá, Guia e Protetor, não queremos dizer que eles sejam absolutamente caboclo, criança ou preto velho. Por ordem simbólica, um caboclo ou um índio pode expressar a simplicidade; um preto velho, a humildade e uma criança, a pureza. O triângulo da forma também pode nos dar um trigrama, ou três modos de ser de uma vibração, porém, ainda não entra no âmago da questão. Mesmo porque o símbolo é o disfarce de uma realidade e o místico é, geralmente, a exaltação desses próprios símbolos.

A razão está por trás do simbolismo, ou melhor, é a causa do simbolismo e é isso, justamente, que o Pai Velho vai explicar.

Na primitiva *Aumpram* toda manifestação obedecia ao Triângulo Primordial em seus três atributos. Inicialmente, duas classes de entidades manifestaram-se na Aumpram: os

Nirmanakayas e os *Kamarajás*. Assim como cada um dos sete Orishás atua, por intermédio dos seus enviados, em um chacra do corpo etérico, obedecendo à trindade da forma na manifestação, aquelas entidades vibraram em três chacras diferentes dando, como consequência, três formas distintas de vibração, copiando, embaixo, os atributos de cima:

1. *Vibração dos Anciãos*: por meio do chacra da base da coluna;
2. *Vibração dos Instrutores:* por meio do plexo solar;
3. *Vibração dos Puros:* por meio do chacra laríngeo.

A Vibração dos *Anciãos* era assim chamada porque os fluidos vibravam no chacra na base da coluna e provocavam uma irradiação pela coluna vertebral, obrigando o aparelho a se curvar. Kundalini, uma vez avivado, provocava no aparelho uma lassidão que se exteriorizava na voz pausada, cansada, dando o aspecto geral peculiar de um velho.

Os leigos, evidentemente, associaram a entidade que assim se manifestava a um ancião. Hoje em dia, na Umbanda atual, a associação se faz com um preto velho, ligado ao carma dos povos da raça negra.

A *Vibração dos Instrutores,* por se efetuar por meio do plexo solar, provocava a posição ereta, desempenada, sempre atuante de baixo para cima, o que dava mais a impressão de um guerreiro, inclusive pelos arrancos bruscos causados pela irradiação nesse chacra. Tal atitude fortaleceu, posteriormente, a associação com o guerreiro indígena brasileiro.

A *Vibração dos Puros* atuava no chacra laríngeo. A voz, então, afinava, tornava-se mais pura, musical, de aparência infantil. Os magos primitivos sabiam que essa vibração era a mais usada pelos *Nirmanakayas;* daí eles também a chamarem de "vibração das crianças". O termo "criança" é aqui usado no sentido *iniciático,* isto é, aquele que nasce de novo, ou melhor, que renasce para a vida do espírito depois de iniciado, pois venceu a luta contra a personalidade. É o nascimento consciente daquele que encontrou o Caminho e venceu — tal qual na lenda de São Jorge — a besta, o dragão de suas paixões animais.

Por isso essa vibração é chamada "das crianças", não

Umbanda, Essa Desconhecida

de espíritos infantis, mas de *"crianças puras que estão além do bem e do mal"*.

Com a evolução das raças esses mistérios foram-se perdendo. Cada vez mais essas verdades foram sendo veladas e hoje é o que se vê por aí: pretos velhos e índios botocudos em profusão, criados pelo pensamento dos pseudomédiuns, tão grosseiros e ridículos quanto eles e tão materializados que, por um triz, não se tornam visíveis com seus absurdos colares de contas, penas e arcos de brinquedo. Umbanda é coisa muito séria. Ela tem uma finalidade, visa a um fim, que não é só tocar tambor, pular e gritar desordenadamente.

Chegou a hora dos verdadeiros "filhos de fé" começarem a sacudir os "edifícios bolorentos" até não ficar "pedra sobre pedra".

ZIVAN: — *Então, conclui-se que na Umbanda só trabalham, efetivamente, essas entidades das sete Linhas, mais os Exus, em número fixo, não podendo ser alterado jamais?*

PAI VELHO: — Existe efetivamente uma estrutura numérica mágica, cabalística, da Umbanda, formada por entidades em número fixo e imutável.

Mas, adicionalmente, ela tem acolhido, ao longo de sua atuação de caridade, como não podia deixar de ser, um contingente de espíritos que passaram a atuar numa condição que podemos denominar de "Auxiliares", se quisermos dar uma idéia de sua posição.

Geralmente egressos das falanges das Sombras, inclusive ex-magos negros, foram resgatados e desejaram integrar-se ao serviço da Luz na egrégora da Umbanda. Depois de instruídos em locais próprios do Astral, passam a trabalhar sob as ordens diretas de um Guia, Protetor ou Exu. Esses Auxiliares, atuando diretamente na execução das tarefas designadas, seja por um preto velho, caboclo ou exu, às vezes utilizam, por extensão, o nome destes — uma espécie de "sigla de trabalho". Mas é bom que se tenha em mente a verdadeira natureza e origem desses Auxiliares.

Eles, evoluindo permanentemente, no futuro poderão, se desejarem e forem credenciados, vir a ser "promovidos" e ocupar o posto de um Protetor que tenha sido, por sua vez, elevado a Guia.

ZIVAN: — E com relação aos Orishás femininos, o que o senhor poderia dizer?

PAI VELHO: — Excluindo Yemanjá, Orishá feminino, o eterno feminino da natureza, que você já sabe ser um dos sete grandes Orishás, vamos encontrar sete Orishás, ditos menores, correspondentes a cada vibração original. A dualidade no Universo Manifestado é uma constante, sendo o binário o equilíbrio da Unidade.

Assim teríamos:

1. *Oshalá — Oshum*
2. *Ogum — Obá*
3. *Oshosi — Ossãe*
4. *Xangô — Inhasã*
5. *Yemanjá — Obaluayê*
6. *Yori — Yariri Nanâ*
7. *Yorimá — Nanã Buruquê*

ZIVAN: — Mas, Pai T..., é crença geral que Obaluayê, ou Seu Omulu, é um Exu, comandante ou chefe do Povo do Cemitério.

PAI VELHO: — Com relação a Obaluayê, apenas posso dizer agora que essa entidade se constitui no que chamamos de um véu oculto da Umbanda. Tem relação com o que os magos, os verdadeiros Babalorishás, chamam de oitavo Orishá.

Para *Yemanjá*, Orishá maior feminino, temos um Orishá masculino, *Obaluayê*, o oculto oitavo Orishá, e Pai Velho só pode descerrar uma pequena parte desse simbolismo.

Seu nome original, sem as vogais falantes do idioma devanagari seria BLY, portanto impronunciável. Essas três letras significam:

B — Luz refletida (a Palavra, o Verbo)
L — Divindade (Deva)
Y — O santo sacrifício.

Seu nome significaria — BLY — com as vogais falantes Balay e, atualmente, devido às corruptelas sofridas:

oBALuAYê — *A luz refletida do verbo, da divindade, no ato de sacrificar-se.*

Umbanda, Essa Desconhecida

Esse Orishá oculto da Umbanda comanda todo o Carma ativo acumulado por magia, redistribuindo-o.

Sua cor fluídica é o roxo violáceo, seu dia da semana segunda-feira, seu planeta regente é a Lua, seu metal é a prata e o chacra onde atua é denominado *Lalna* e fica situado no centro do osso frontal, localização etérica, é claro. Este chacra possui doze raios ou pétalas e quando posto em funcionamento, além de desenvolver a glândula pineal, atua como receptor e transmissor de pensamentos concretos, mente a mente. Uma das formas de telepatia.

Ainda existe outro chacra, denominado "chacra do Mestre", que possui oito raios ou pétalas douradas. Na língua dos deuses é denominado *Vibuti* e fica situado logo abaixo do chacra cardíaco. Esse chacra, quando desenvolvido, é que possibilita a comunicação e o contacto entre Mestre e discípulo. Quando é vibrado pelas grandes entidades do plano mental, aumenta as irradiações desses Guias, como também, em alto grau, as intuições.

Quanto a Omulu ou Omulum, nada tem a ver com Obaluayê, e tampouco o Povo do Cemitério tem a ver com a Umbanda.

10.
Desenvolvimento mediúnico, planos mediúnicos e posições vibradas

ZIVAN: — Poderia citar qual o melhor método para o desenvolvimento, a fim de se conseguir perfeita incorporação?

PAI VELHO: — O verdadeiro e eficaz desenvolvimento é condicionar e depois harmonizar o aparelho receptor na sua vibração original. Para isso o chefe espiritual deve saber:
1. Data e hora do nascimento do médium;
2. Signo solar do médium;
3. Signo ascendente;
4. Orishá correspondente ou vibração original;
5. Os três planos de manifestação do médium;
6. As afinidades cármicas entre as entidades e o aparelho;
7. Posição apropriada para captar vibrações;
8. Ponto cantado, vibrado, apropriado;
9. Promover o equilíbrio entre as duas vibrações, a da entidade e a do médium.

Esses nove preceitos básicos compõem a base para se conseguir uma boa incorporação, racional, metódica e rápida.

Entretanto, tal não acontece quando essas noções ou não são conhecidas ou são desprezadas. Você pode observar isso nas pessoas que frequentam tendas há anos: rodam, rodam, sentem fluidos, vibrações, mas são incapazes de receber a sua entidade. Isso no caso de terem de fato mediunidade. O mais comum é ver pessoas que não têm nenhuma serem submetidas a "desenvolvimentos". O resultado é que, não sendo médiuns de incorporação, acabam sendo vítimas do animismo, da farsa ou da mistificação, consciente ou inconsciente, dependendo das qualidades morais desses "desenvolvidos".

A primeira coisa que um chefe espiritual de qualquer centro ou tenda deve verificar é se o pretendente ao desenvolvimento é realmente médium, se a sua mediunidade é de incorporação, de irradiação, de psicografia, de intuição, e então encaminhá-lo na sua real identificação. O pseudo-aforismo de que *todos nós somos médiuns, portanto todos podem receber espíritos, convenientemente desenvolvidos, é completamente falso*. *A modalidade de mediunidade de incorporação com carma de Umbanda não é muito comum, ao contrário dessa quantidade enorme que se observa. Mediunidade de incorporação é provação raríssima e nem todos a possuem.*

Conhecidas essas nove regras básicas, o médium vestido com roupa simples de algodão, nunca tecido de seda ou de cetim, pois distorcem as vibrações, produzindo mesmo uma barreira, de pés descalços, para descarregar pela sola dos pés todo o excesso de irradiação recebida, de frente para o ponto cardeal correspondente à sua vibração original, concentrado na sua irradiação afim, auxiliado pelo chefe espiritual que, com a ajuda das mãos, harmoniza as vibrações do aparelho com as da entidade que quer se comunicar, ajudado, ainda, pelo ponto cantado, vibrado na tônica própria do Orishá, está apto a receber as suas entidades espirituais no tempo mínimo requerido para uma harmonia plena.

Tudo é muito simples, sem serem necessárias as exibições, pulos, gritos e correrias que mais parecem "circo-de-cavalinhos" do que um ambiente de recolhimento e de prece, onde Instrutores dos outros planos vêm ministrar suas lições.

Existem, ainda, sete posições vibradas aos Orishás que podem ser de grande utilidade no desenvolvimento racional, quando bem praticadas.

ZIVAN: — *O senhor falou nos três planos de manifestação. O que é isso?*

PAI VELHO: — Cada aparelho de Umbanda, além da Vibração Original, dada pelo dia do seu nascimento, o signo solar, possui mais três planos de manifestação das entidades, que o médium irá desenvolver.

Os planos são:

108   Roger Feraudy

1º. Plano: do *Orishá*;
2º. Plano: do *Guia;*
3º. Plano: do *Protetor.*

O *1º Plano ou do Orishá,* que é indicado pelo signo Ascendente, é o dos médiuns que estão saindo fora da esfera do mecanismo mediúnico, ou seja, os que estão esgotando carma ativo de várias encarnações. É denominado Plano do Orishá porque recebe influência de entidades do plano mental inferior que podem orientar os médiuns para que atinjam o grau de *Discípulo no Caminho.*

O *2º Plano ou do Guia,* dado pelo signo do Meio-Céu; já é mais comum, embora ainda raro. Aí se nota o mediunismo mais refinado, quer ativo quer passivo, porém preso ao mecanismo de causa e efeito. Mas o médium pode dele se libertar e encontrar o Caminho.

O *3º Plano ou do Protetor,* indicado pelo signo do Fundo do Céu, é o mais comum. Aqui o carma é ativo, variando apenas de grau ou modalidade mediúnica: incorporação, psicografia, intuição etc. A mediunidade ainda está sujeita a choques antigos e o aparelho está completamente encadeado nessas esferas, tendo ainda que cumprir algumas encarnações com essa propriedade.

Por tudo isso que Pai Velho explicou, você pode observar que são feitas muitas "cabeças" e muito "babalaô", mas pouquíssimos são os aparelhos positivos capazes de captar mensagens do Astral Superior.

ZIVAN: — Quais são as Posições Vibradas que o senhor mencionou?

PAI VELHO: — São sete as posições vibradas, uma para cada Orishá. Porém, podemos reduzi-las a três, uma para cada forma de vibração. São elas:

1. *Posição da vibração de caboclos* — De pé, com as pernas unidas, braço esquerdo levemente fletido, levantado para o alto, de mão aberta espalmada, com a face para a frente, o braço direito dobrado, com a mão apoiada sobre o plexo solar, com os dedos abertos, fazendo ligeira pressão. O corpo do médium voltado de frente para o ponto cardeal norte.

2. *Posição da vibração de Yorimá* (Pretos Velhos) —

Umbanda, Essa Desconhecida   109

Sentado, as pernas cruzadas, os braços com as mãos abertas nos joelhos, com as palmas para cima, torso ereto, voltado o médium para o ponto cardeal leste.

3. *Posição da vibração de Yori* (Crianças) — Sentado, os pés e joelhos unidos e as mãos espalmadas com os braços na altura do tronco. Torso ereto, de frente para o ponto cardeal oeste.

Existe ainda a Posição Vibrada para Correntes Fluídicas, que é o semicírculo com todos os médiuns em pé, de mãos dadas, podendo ele ser aberto ou fechado, dependendo da classe de corrente que se queira produzir.

Finalmente, temos a Posição Vibrada de Oshalá, feita com o joelho direito em terra, braços abertos semifletidos ao longo do corpo com as palmas para frente.

Conhecendo-se essas posições, pode-se absorver com grande facilidade e intensidade as vibrações dos Orishás, Guias e Protetores.

ZIVAN: — Noto que a posição das mãos e dos pés tem grande importância, bem como a direção a um ponto cardeal. Por que?

PAI VELHO: — Evidentemente, essas posições são apenas auxiliares, ou seja, ajudam melhor a captar determinadas vibrações, fazendo-as correr no sentido de certas linhas de forças que irão se refletir sobre o corpo físico.

Mal comparando, as mãos são as "antenas" que ajudam a captar essas vibrações para que as verdadeiras "válvulas" receptoras — a epífise e os corpos etérico e astral — executem a sua função em grau maior de sintonia. Como o homem é um dínamo capaz de ser carregado e descarregado, os pés fazem o efeito de "fio terra", eliminando o excesso de carga suportada. Quanto à direção indicada pelos pontos cardeais, ela diz respeito à corrente cósmica que se efetua nessa ou naquela direção e também porque cada Orishá obedece a essa corrente.

ZIVAN: — É esse o verdadeiro motivo por que os aparelhos de Umbanda trabalham descalços? O motivo real é a fixação e eliminação dos fluidos?

PAI VELHO: — Exato, meu filho.

ZIVAN: — Qual a verdadeira razão do uso da roupa branca?

PAI VELHO: — Em primeiro lugar, todo aparelho deve possuir uma roupa branca adequada e que sirva apenas para esse fim. Um dos motivos é que a roupa fica imaculada, sem as vibrações mundanas de que as roupas comuns ficam impregnadas. Assim, a roupa usada apenas para as cerimônias passa a se constituir num ponto vibratório, carregada que fica com as vibrações provenientes do seu uso, o que precipita, num verdadeiro processo mental identificável, a aproximação das entidades desse aparelho. É um ponto de fixação que predispõe o mental à passividade e só o fato de vestir essa roupa já indica a quem a veste, por associação, a idéia e as condições para o perfeito entrosamento com as suas práticas e seu cerimonial.

A razão da cor, Zivan, é simplesmente porque, esotericamente, o branco contém as sete cores fundamentais do espectro. Assim, o aparelho pode vibrar em qualquer das sete cores fundamentais, sem preponderância de nenhuma delas.

Do ponto de vista simbólico, o branco representa pureza, dando, também, uma uniformidade ao conjunto, uma aparência geral de simplicidade, o que não se conseguiria com uma variedade de cores.

Umbanda, Essa Desconhecida

11.
Características mediúnicas

ZIVAN: — *Obedecendo ao Triângulo da Forma, dentro da Umbanda, cada entidade tem uma característica própria ao se manifestar. Por quê?*

PAI VELHO: — Porque obedecem à vibração própria de cada linha. Para cada um dos sete Orishás Regentes, os seus enviados se expressam nas suas roupagens fluídicas de maneira característica.

ZIVAN: — *Quais são essas características de incorporação em cada uma dessas linhas?*

PAI VELHO: — Cada uma das irradiações dos sete Orishás atua em um chacra específico do corpo etérico, irradiação essa que, por seu teor vibratório, irá ocasionar diferentes singularidades no aparelho receptor, com variações decorrentes deste ou daquele chacra vibrado e dessa ou daquela entidade atuante que pertença, também, a essa ou aquela vibração original.

Inicialmente, vejamos a *vibração de caboclo*, que abrange as linhas de *Oshalá, Oshosi, Ogum, Shangô e Yemanjá.*

Oshalá: essas entidades incorporam suavemente, com vibrações pelas costas e nuca do aparelho. O chacra vibrado é o coronário, o que faz com que o aparelho curve ligeiramente a cabeça. As entidades dessa Linha falam pouquíssimo e quando o fazem o seu linguajar é perfeito e correto. Não gostam de dar consultas e suas incorporações são para esclarecimento de pontos de doutrina. Raramente usam a chamada "chefia de cabeça" e não gostam de se manifestar após as nove horas da noite, só o fazendo em raríssimos casos.

Oshosi: essas entidades vibram por meio do chacra esplênico, produzindo suas vibrações nas pernas, de baixo para cima, e no tronco dos seus aparelhos, o que produz um movimento de rotação sem ser violento nem brusco. Tais entidades são suaves, porém diretas, gostam de dar consultas e são mestres na arte de curar por meio de profundos conhecimentos das ervas e sua terapêutica. Falam pausado, geralmente caminham muito, caracterizando-se pelos seus assobios e estalar de dedos, e emitem o som "okê", que é um mantra.

Ogum: atuam no chacra umbilical ou plexo solar. Suas vibrações são geralmente bruscas e violentas, provocando no médium movimentos de arranco característicos. Ao se incorporarem emitem sons estridentes, abertos, gritados na vogal "ê", o que sem dúvida é um som mágico, um "mantra" de fixação e de movimentação na precipitação de certas camadas. A postura dos Oguns é sempre ereta, imponente e desempenada, graças à irradiação de cima para baixo, provocada pela imantação do plexo solar, no sentido do tronco e do busto, o que provoca um movimento de descontração para fora, que observamos no movimento do braço esticado com o dedo em riste do médium incorporado com essas entidades.

Shangô: essas entidades caracterizam-se pelo modo brusco de suas incorporações, seguidas pelo som semi-agudo na vogal "ô", que emitem amiúde quando "firmadas" nos seus aparelhos. O chacra vibrado é o "cardíaco", o que se faz sentir pelo movimento dos punhos dos Shangôs de encontro a essa região, fixando, dessa forma e por esse gesto, os seus fluidos nos chacras de seus aparelhos. Raramente falam ou dão consultas, porém deslocam as mais sutis vibrações em seus trabalhos. Além do movimento característico de bater com os punhos fechados na altura do chacra cardíaco do seu instrumento para fixar vibrações, os Shangôs sempre se curvam em humilde reverência quando se apresentam. Isso é, indubitavelmente, a consequência do chacra em que atuam,

Umbanda, Essa Desconhecida

o cardíaco, que se reflete no amor enorme e na humildade suprema de suas reverências.

Yemanjá: esta linha é também conhecida como a do *"povo da água"*, ou *"povo do mar"*. Caracterizam-se suas vibrações pela sensação de frio e arrepios pelos braços, tronco, costas, nuca e cabelos, principalmente, seguida pelo girar rápido porque, no momento em que o aparelho é tomado pela entidade, há perda do centro de gravidade, tal a força vibratória deslocada e produzida em seus médiuns. O chacra vibrado é o frontal, o que provoca uma ativação maior nas glândulas lacrimais, fazendo com que o aparelho chore, por vezes, copiosamente. Este chacra ativado dá reflexos na região cervical produzindo sons, evidentemente "mantras", não raro de grande beleza, que o vulgo, comumente, atribui a um canto ou lamento, sem dúvida pela associação do mar ao canto das sereias.

As entidades desta Linha raramente dão consultas e quando o fazem sua voz tem nuanças profundas de sons indescritíveis, claros e cristalinos. Têm conhecimentos profundos e grande vibração.

As Linhas de *Yori* (crianças) e *Yorimá* (pretos velhos) já foram definidas quando tratamos das três formas básicas da Umbanda.

Posso, entretanto, dizer que a vibração de Yori, a mais rara, não é, absolutamente, esse "circo-de-cavalinhos" que você observa amiudadas vezes. A vibração das crianças caracteriza-se por sua pureza, por sua beleza de inocência simbólica, jamais pelas "patacoadas" grosseiras e até mesmo malévolas que querem atribuir a essa Linha. É muito comum se ouvir dizer: "Eu gosto de consultar as crianças, pois elas não têm 'papas na língua' e dizem tudo!"

Isso é o maior dos absurdos! Ou então: "Aquela criança falou o que não devia e agora está presa, não pode baixar". Quanta incoerência!... A Linha dos Puros, dos Iniciados, transformada em linha de garotos travessos e irresponsáveis, não muito puros e não muito sábios, usados para fins ilícitos com o beneplácito de um caboclo ou de um preto velho, no caso também não muito responsáveis, que depois os "prendem" e não os deixam mais "baixar!"

Na maioria das vezes não são crianças, são "quiumbas" ou espíritos zombeteiros, obsessores, que vêm perturbar as reuniões, ou, quando não, Exus Pagãos que são confundidos pelos mais "sabidos" com a mais pura das vibrações, a de Yori. Nesta linha, o chacra vibrado é o "laríngeo", daí a voz do médium se afinar, tornar-se clara, de aparência infantil. Suas vibrações são suaves e gostam de consultar sentados no chão, manipulando coisas doces ou que contenham açúcar.

ZIVAN: — *Por que os caboclos assobiam?*

PAI VELHO: — Evidentemente, o caboclo quando assobia não é para chamar os seus irmãos "botocudos" para virem trabalhar com ele. Pensar dessa forma seria o maior dos absurdos, pressupor que os Guias e Protetores necessitam de apitos, assobio ou gritos para convocar os seus irmãos.

O assobio é um "mantra", um som mágico capaz de produzir determinadas vibrações ou de provocar uma precipitação em certas camadas, ordenando certas classes de espíritos da natureza ou entidades afins à sua vibração-som.

ZIVAN: — *Por que os caboclos estalam os dedos, produzindo o som peculiar de castanholas?*

PAI VELHO: — Cada Orishá está ligado magneticamente a um dos sete planetas sagrados. O planeta que rege a vibração dos caboclos é Vênus e é aí, nesse planeta, que encontramos a razão oculta. Conforme não desconhecem aqueles que se dedicam ao estudo da quiromancia, a mão apresenta em sua parte junto ao pulso uma elevação que é denominada "Monte de Vênus". O caboclo, ao estalar o dedo, está fixando vibrações nesse monte regido pelo seu planeta regente.

Serve, pois, esse movimento característico das castanholas do caboclo, como uma fixação vibratória para restabelecer, inclusive, a harmonia entre a sua vibração e a do aparelho, redundando num equilíbrio perfeito.

ZIVAN: — *Por que o caboclo Arranca-Toco, em sua manifestação, se apresenta com um dos calcanhares levantado, como se fora manco?*

PAI VELHO: — Isso advém da conclusão absurda de se associar o caboclo Arranca-Toco com São Sebastião, santo

Umbanda, Essa Desconhecida   115

católico que, como você sabe, morreu flechado tendo uma das setas atravessado um de seus pés. Como a grande maioria dos médiuns ainda pensa que Oshosi é São Sebastião, uma transfiguração do caboclo Arranca-Toco, é opinião deles que todo Oshosi deve trazer em sua manifestação o estigma do pé ferido pelas setas romanas. Tal concepção é defeito do desenvolvimento do médium, um processo subconsciente de imitação e uma pressuposição falsa que redundou nessas conclusões todas. Um processo anímico, evidentemente.

12.
Carma e suas relações com o mediunismo

ZIVAN: — *As entidades que se manifestam nas três formas básicas, caboclos, pretos velhos e crianças, são as mesmas que se manifestam no Kardecismo?*

PAI VELHO: — Para Pai Velho explicar com detalhes tem que fazer uma grande divagação sobre o assunto. Preste, pois, bastante atenção, que vou contrariar um pouco muita gente sabida que anda por aí.

Desde que os magos da sabedoria ocultaram os conhecimentos milenares que faziam parte integrante das primeiras raças, depois de aparecer a "faculdade nova" — a mediunidade — como resgate cármico, os Grandes Dirigentes do Planeta resolveram entregar a ação da evolução diretamente aos *"Senhores do Carma"*, os *"Lípikas"* ou *"Registradores"*, que atuam nas causas e efeitos, ordenando, coordenando e redistribuindo-os em todos os planos.

O esquema geral de atuação na esfera do planeta obedece a essa forma básica: todos os seres evolucionam para atingir uma meta. Pelo seu próprio esforço, o ser chegará ao conhecimento da divindade em si mesmo, da Lei Suprema, advindo daí sua união com a Deidade. Assim, o plano geral obedecia à regra básica de que o homem teria que adquirir outra vez os conhecimentos perdidos, inatos nas raças semi-divinas, não mais por revelação, mas sim pela sua experiência própria.

Quando tais acontecimentos se dão, o carma, lei justa de redistribuição, faz a sua ação ativa no plano, separando, de um lado, os "sem carma"[1] e, de outro, os de "carma probatório". Nasce a mediunidade como o primeiro degrau para se atingir um fim. Com a sua expansão, a mediunidade dividiu-se em duas partes: uma dirigida pelos magos brancos da milenar Aumpram, outra, a nigromancia, a serviço dos magos negros.

Os magos brancos da *Aumpram* continuaram a manter contato com os Nirmanakayas e os *Kamarajás*, nunca com os desencarnados. Pouco a pouco, porém, a própria *Aumpram* vai acumulando carma, por suas dissensões e corrupções, acabando por ser absorvida na grande corrente evolutiva, perdendo completamente o seu sentido original.

Enquanto a evolução se processava, os "Lípikas" trabalhavam e quando chegou o momento, aproveitando os efeitos cármicos ativos ou passivos, lançaram novamente esses seres na matéria para guiar a evolução num sentido, o da libertação, aproveitando o próprio carma do mediunismo passado. De acordo com as afinidades passadas, foram grupadas classes de espíritos de grande evolução espiritual em duas camadas: uma atuante na esfera ativa e outra na esfera passiva. A classe da esfera ativa foi distribuída como os sacrificadores para atuar nos entrechoques cármicos de maior penetração, e a da esfera passiva para atuar onde esses entrechoques não fossem tão violentos. Assim, uma das classes tem como ação a parte pior do trabalho, pois vai lutar contra a ignorância, a intolerância, a materialidade, a concupiscência etc. Por ter o carma mais ativo, têm esses espíritos, também, um poder de penetração maior, por conseguinte, um rebanho maior para cuidar. Seus métodos são "sui generis", pois precisam penetrar mais, solapar pela base os alicerces, fortalecendo uma doutrina de pioneiros que irá dar frutos num futuro próximo. Está criada a Umbanda; ela é feita nos moldes milenares, um arremedo singelo, aproveitando os materiais de que dispunham os "Senhores do Carma". Sua ação é mais pesada, pois o carma primordial foi mais ativo, congrega maior número de fiéis, obedecendo àquela regra

---

1 N. do Médium - Carma mediúnico, evidentemente.

infalível de que existe muito mais mal e imperfeição do que bem. É uma escola primária onde se plantam sementes de espiritualidade, na terra-semente da raça futura de grandes iniciados. É por isso, Zivan, que foi o Brasil a terra escolhida para ressuscitar a *Aumpram* — o conjunto das Leis Divinas.

ZIVAN: — Poderia esclarecer melhor a respeito de carma ativo e passivo?

PAI VELHO: — A mediunidade aparece como efeito de carma, mas, como carma gera carma, esse mediunismo sofreu uma expansão que veio dar origem a outras causas e efeitos.

A mediunidade associou-se à magia e a evolução desse mediunismo liberou o que se chama de carma ativo. Ativo, na falta de melhor termo, no sentido de ativar certas forças da natureza, provocando um movimento rápido, incessante, de causa e efeito, com grande progressão. O outro tipo, carma passivo, limitou-se à passividade ante as forças naturais, caminhando para a comunicação entre os dois planos, evoluindo ou para a evocação pura e simples das inteligências desencarnadas, ou para a mais baixa nigromancia encantatória.

As entidades que se comunicam atualmente obedecem aos laços cármicos dos aparelhos, por afinidade, ligando-se à esfera ativa ou à passiva, conforme o caso, e ao plano geral estabelecido pelos dirigentes do planeta. Quando as somas de carmas ativos e passivos se queimarem e acabarem, então, juntamente com as demais seitas e religiões, que também nada mais são do que produto de carma, haverá *"um só rebanho para um só Pastor"*

Essas duas esferas, a ativa e a passiva, trabalham em harmonia, aproveitando a evolução de cada médium e o carma evolutivo de cada um. Uma acelera o amor, a outra, o intelecto. Uma veste a roupagem fluídica da forma simples, da forma acanhada que pode penetrar melhor nas crianças que ainda são os homens, outra veste as roupas diáfanas dos imponderados. Porém, ambas usam o mesmo recurso, visam ao mesmo fim, qual seja, preparar os "egos" para o primeiro vislumbre do Cristo Interno, do Caminho, para que no futuro esta comunicação entre os planos seja outra vez racional, consciente, sem o recurso do mediunismo, normal e inata em

Umbanda, Essa Desconhecida

toda a humanidade, que será novamente semidivina até a união final com o Grande Pai. Por isso Ele disse, Zivan:

Quando chegar o fim dos tempos, Eu derramarei o meu espírito sobre vós todos e então também todos profetizarão e profetizarão moços e profetizarão velhos...

ZIVAN: — Quer dizer que essas esferas passiva e ativa são as responsáveis pela divisão de Kardecismo e Umbanda?

PAI VELHO: — Sim, o que prova que a manifestação de ambos é de espíritos que tiveram encarnação terrena, só diferindo no plano geral de atuação, pois uma atua no carma ativo e outra no passivo.

ZIVAN: — Existe diferença na evolução dos aparelhos de Umbanda e do Kardecismo?

PAI VELHO: — Não. Todos os seres encarnados são produto de carma. As esferas atuantes no ativo ou no passivo apressam, da mesma forma, a evolução. O ser, sendo livre, escolhe o que melhor lhe convém para a sua atividade no plano, de acordo com as leis de afinidade. Por vezes, atuar na Umbanda significa mais progresso que retrocesso, porque as condições mediúnicas são piores, a provação será sempre mais pesada, mais árdua. Por sua vez, as entidades que atuam nessas duas esferas têm o mesmo grau de adiantamento, sendo, também, a sua escolha livre, condicionada às suas afinidades.

O Kardecismo, Zivan, é Jesus ensinando, e Umbanda é Jesus trabalhando![2]

---

2 Nota do Médium - A propósito deste fato, mostrando que não existe a menor diferença entre o trabalho mediúnico de Umbanda e Kardecismo, o autor participou, anos atrás, de um trabalho que veio confirmar essa assertiva.
Seus vizinhos na cidade do Rio de Janeiro trabalhavam em um centro de Umbanda, Tenda Mirim, ela como médium e seu marido como cambono. Em determinado dia, sua filha única, então com quatro anos de idade, teve uma febre altíssima. Depois de chamarem um médico, que não soube diagnosticar a origem dessa febre e como aumentava progressivamente, o marido pediu à mulher que recebesse o seu guia espiritual, caboclo Mata Virgem, chamando-me para auxiliar nesse trabalho. O caboclo Mata Virgem apresentou-se e mandou que o marido do seu aparelho tomasse nota de cinco ervas para fazer um chá que, segundo a entidade, resolveria o problema.
O vizinho, então, ponderou:
— Acredito que o senhor seja o seu Mata Virgem e que o chá irá curar a minha filha; porém, na Terra existem leis a que tenho que prestar contas. Sei que isso não acontecerá, mas se minha filha não ficar boa com seu chá ou mesmo morrer, o que direi às autoridades: que foi seu Mata Virgem quem mandou a menina

tomar o chá?!?
O caboclo atirou o charuto que fumava no chão, adotou uma posição ereta e, calmo, disse em linguagem escorreita:

— Dê o chá que estou mandando — e elevando a voz —, doutor Bezerra de Menezes!

Umbanda, Essa Desconhecida

13.
Umbanda: generalidades

ZIVAN: — Então não existe mais Aumpram?

PAI VELHO: — Na sua forma pura, não. A Umbanda atual é cópia da primitiva, porém evoluirá para a sua pureza original quando assim aprouver aos Senhores do Carma.

ZIVAN: — Existem muitos tipos de Umbanda? O número de médiuns de incorporação é muito grande?

PAI VELHO: — Não. A própria Umbanda atual é sagrada e condiciona-se aos planos dos dirigentes do planeta; é um processo lento, de elaboração precisa.

O verdadeiro médium de incorporação é raro. Os centros onde se desenvolve a positiva e eficiente manifestação são poucos.

ZIVAN: — Por que as Entidades permitem abusos na Umbanda?

PAI VELHO: — Quando o discípulo está preparado o Mestre aparece. Nem todos atingiram esse estado, nem todos podem ou têm capacidade para compreender a verdade. As próprias manifestações, produto de animismo, vaidades pessoais, baixa magia ou mistificações, são poderosas escolas de aprendizagem onde se entrechocam carmas e servem, também, para purificações. Porque aquele que ali vai, embora ainda muito atrasado espiritualmente, leva alguma fé ou rudimentos de confiança e pode, dessa forma, se beneficiar ou ter ali, algumas vezes, o seu ponto de partida para lugares melhores ou para uma crença nascente. Tudo é necessário, meu filho, pois sobe-se cada degrau à custa de sacrifícios, penas e dores. Não pode haver imposição na doação do amor: aquele que chega vem por seus próprios passos, carregado de tristeza e sofrimento, mas sempre com esperança.

ZIVAN: — *A Umbanda progredirá gradativamente até chegar à AUMPRAM pela sublimação de todo o carma?*

PAI VELHO: — Perfeitamente. Tudo no Universo caminha para um determinado fim, que é alcançado pela Evolução. Esta, ordenada por *Inteligências*, segue uma planificação. As Inteligências comandam certas classes de espíritos desencarnados dentro do aspecto tríplice da lei, o triângulo da forma. Escolheram, para isso, um local no globo que seria a terra da sétima raça-raiz. Para aí encaminharam os pioneiros que, pela sua constituição e afinidades cármicas, sentiram a atuação e influência desses espíritos desencarnados, ordenados na faixa vibratória dessas Inteligências. Pouco a pouco, as Inteligências responsáveis por esse movimento deram forma e estrutura aos dois tipos de carma básico: ativo e passivo. A atuação nessas esferas desenvolveu-se aproveitando por um lado espíritos afins à implantação de uma doutrina evangélica e por outro o desenvolvimento do triângulo primordial da forma. Como a finalidade dessas Inteligências é conduzir o homem ao estado primitivo de comunicação consciente com os mundos suprafísicos e o completo conhecimento da Lei Divina, plasmaram no mundo astral a imagem ideal da velhíssima Aumpram para levar o rebanho humano a um só Pastor.

As Inteligências aproveitaram, pois, o próprio carma local escolhido, o Brasil, e plasmaram as três formas primitivas, metafísicas, nas três formas materiais — caboclos, crianças e pretos velhos — a fim de que, por intermédio delas, chegassem novamente à primitiva forma por evolução.

Aproveitando a verdade oculta, "*o que está embaixo é como o que está em cima*",[1] as Inteligências esperam que este novo movimento — a Umbanda — chegue, por evolução, ao seu modelo arquetípico.

Os espíritos desencarnados atuam no Plano Astral obedecendo a um esquema geral elaborado pelas Inteligências, o qual, pouco a pouco, levará o homem às verdades imutáveis,

---

1 "Princípio da Analogia", de Hermes Trismegisto.

Umbanda, Essa Desconhecida

numa modificação que tenderá à forma original — *Aumpram.* Daí a libertação total do carma ativo ou passivo, para que a humanidade possa atingir a Iniciação em massa, caminho único para a felicidade e o amor. O esquema atual, no qual as entidades atuam, é, portanto, um meio e não um fim; uma evolução que conduz a uma meta já previamente determinada.

ZIVAN: — As formas de Caboclo, Preto velho e Criança, adotadas pela Umbanda, são um aproveitamento das três formas originais?

PAI VELHO: — Sim. Você pode comprovar o que foi explicado como carma do Brasil. Os escravos negros e os índios remanescentes de uma civilização remotíssima foram aproveitados pelas Grandes Inteligências para se expressarem nas duas das três formas de manifestação: pretos velhos e caboclos ou índios.

ZIVAN: — Qual é a finalidade da Umbanda?

PAI VELHO: — A primeira etapa foi a cimentação da fé num culto simples. Foi o trabalho de levar à massa inculta os rudimentos da fé, da caridade e do amor. Esse foi o trabalho na órbita dos Protetores, aproveitados na forma ou roupagem fluídica de pretos velhos, caboclos e crianças (mais raramente). As Inteligências trouxeram a verdade até o plano onde eles se situam e podem compreendê-la e ensiná-la. Isso foi de grande importância, pois a massa não ficou privada de uma doutrina fácil e compreensível. O consulente sentia que a entidade "falava" a sua língua, era quase como ele. Esse foi o papel dos Protetores, os grandes semeadores das sementes da fé, do amor e da caridade.

A segunda etapa é a explanação dessas verdades, a orientação real, mostrando o Caminho que conduz ao Pai. É a etapa do Guia. São mensagens que recebem certos médiuns, novas orientações que seguem alguns centros, idéias novas, métodos mais puros, mais lógicos e menos supersticiosos.

É o trabalho que está se realizando atualmente, mostrando aos que têm o dom de líderes onde se encontra a verdade, qual a real orientação da Umbanda, o seu estágio atual, de onde ela evolui e para onde irá. O trabalho dos Guias prosseguirá paulatinamente, com avanços e retrocessos, até se firmar num culto lógico, racional, não sectário, para então ter início o trabalho da terceira etapa, o trabalho dos Orishás. Eles que, fortuitamente, vêm hoje orientar a tarefa dos Guias terão futuramente campo propício para o trabalho quotidiano e para estabelecer outra vez o culto dos deuses entre os homens. Torno a repetir, meu filho: *haverá um só rebanho para um só Pastor.*[2]

---

2 Essas considerações do Pai Velho datam do ano de 1955 e foram proféticas, pois tudo o que declarou nessa época já ocorreram ou vêm acontecendo.

Umbanda, Essa Desconhecida

14.
A Lei da Pemba

ZIVAN: — *O que é a pemba e para que serve?*

PAI VELHO: — Pemba era um giz de fabricação especial, obtido por meio de um rito ou cerimônia. Passava de geração a geração e servia para grafar determinados sinais cabalísticos ou mágicos, com as mais diferentes significações, os quais variavam desde o nome da entidade que os firmava até às ordens astrais, envolvendo as mais diversas classes de entidades. De modo geral, porém, os sinais riscados pela pemba eram para uso de magia.

ZIVAN: — *Qual é o verdadeiro valor oculto, ou de imantação, da pemba?*

PAI VELHO: — Nenhum, pois o valor e a finalidade não estão no giz, e sim nos sinais grafados. O giz comum serve perfeitamente para o fim a que se destina; é inclusive mais barato e econômico.

A grande quantidade de pembas preconizadas para esse ou aquele fim é pura especulação comercial, sem o mínimo valor cerimonial ou oculto. Risca-se ponto demais, com pembas ditas da Angola, do Congo, da Costa e de Moçambique. Os pontos autênticos das verdadeiras entidades são raros.

Sabendo que a magia não está na pemba e sim nos sinais que a entidade firmou, vamos apreciar o assunto em seus menores detalhes.

O ponto riscado, ou a grafia do Orishá, é uma ordem escrita a uma série de entidades, desde os espíritos da natureza aos Exus e até a espíritos sensíveis às figuras geométricas. O ponto completo obedece a sete sinais positivos que o identificam:

1. A que vibração primordial-forma pertence a entidade: caboclo, preto velho ou criança;
2. A que linha pertence, dentro das sete fundamentais;
3. Falange ou subfalange, bem como o grau hierárquico dentro dos três planos de manifestação: Plano do Orishá, do Guia ou do Protetor;
4. Planeta regente e signo zodiacal;
5. Cor fluídica esotérica;
6. Elemento que manipula, figura geométrica, corrente cósmica e metal correspondente;
7. Entidade que comanda, quer as chamadas naturais ou artificiais.

Além desses sinais positivos, existem os negativos, ocultos. O ponto riscado é a própria história da entidade e dos auxiliares que a acompanham em seus trabalhos. É por ele que também podem ser efetuadas todas as fixações de magia, as ordens a uma série infindável de espíritos, obede-cidas religiosamente. Traçado de pemba é coisa muito séria e pode, inclusive, pela leviandade de se riscar pontos sem o menor conhecimento, desencadear as mais imprevisíveis forças, às vezes com consequências irremediáveis.

Obedecem os Pontos Riscados à Vibração Original, também denominada Flecha, que é baseada na linha, figura geométrica que vai de um ponto a outro, ou melhor, liga dois pontos e representa o equilíbrio da dualidade.

O ponto é que gera as linhas. Sendo só (o ponto), a unida-de não pode produzir; para isso é necessário que se oponha a si mesmo (o outro ponto), que se desdobre; assim, se obtêm dois (os dois pontos ligados por uma linha), o número biná-rio. Um é ativo, dois é passivo. Um é Deus, dois é a natureza. Um é o Ser, dois é o reflexo. Um é a Energia Absoluta, dois é a oposição, a divisão. Dois é o reflexo da Unidade, assim, a natureza é o reflexo de Deus.

Logo, a *Flecha*, a Vibração Original, os dois pontos uni-dos pela Linha, ⟶ são o reflexo da escrita Divina, a Grafia

Umbanda, Essa Desconhecida

do Orishá, sempre orientada para cima, para o alto, para o céu, em louvor e respeito às divindades que a ensinaram aos homens.

Por sua vez, os Pontos Riscados são todos baseados na Ciência dos Tattwas, que traduz o mistério da Integração e Desintegração do Universo. A questão dos pontos é tão importante que todos têm nas palmas das mãos o selo dos Orishás responsáveis pelos destinos de cada um, como dizem os estudiosos da Quiromancia.

ZIVAN: — Poderia dar maiores detalhes sobre o assunto?

PAI VELHO: — Em tempos imemoriais, quando os magos negros criavam formas mentais usadas para seus próprios fins, defrontaram-se os magos brancos e seus adeptos com um problema sério. Qual seria a verdadeira entidade e qual o mistificador? Os "Nirmanakayas" e os "Kamarajás" mostraram a esses primeiros magos da Aumpram os misteriosos sinais que todos trazem impressos na palma das mãos. Cada ser encarnado nasce sob a influência de um gênio planetário, um signo zodiacal, um Orishá regente, uma cor fluídica, um som próprio, uma orientação na corrente cósmica, sendo vibrado um dos chacras principais por esses auxiliares invisíveis. Daí cada mão apresentar uma particularidade diferente, podendo-se ler o destino, a história passada e futura dessas linhas e sinais grafados ali encontrados. Essas linhas representam tudo isso e cada Orishá põe o seu selo impresso, escrita sagrada e ordens na mão de cada um de seus filhos.

Foi então que as verdadeiras entidades começaram a riscar os seus pontos e os magos brancos passaram a distinguir, quando em dúvida, as reais entidades das falsas. De posse desses conhecimentos, as formas mentais e entidades artificiais criadas pelos feiticeiros negros ficavam subjugadas, inofensivas, e dirigidas pelos pontos firmados dentro da escritura sagrada dos Orishás.

ZIVAN: — Qual é a relação entre as linhas da mão e esses pontos?

PAI VELHO: — A mão é o órgão do tato, o primeiro órgão de reconhecimento do mundo exterior que apareceu nas primeiras rondas. Assim sendo, é lá que aparece o selo do Orishá.

A mão executa a obra, é o auxiliar, o artífice da vontade que pensa e idealiza. É a ação. O Orishá é a causa, sua grafia e o órgão onde se encontra expresso, o efeito.

As linhas das mãos, por suas combinações, constituem linhas de forças ocultas onde está ordenada toda a matéria nos sete planos do cosmo, subordinadas aos sete regentes do planeta e seus auxiliares.

Com o passar dos tempos, esses sinais e seu real significado quase se perderam para sempre. Foram novamente evocados pelos antigos Cavaleiros Templários e daí sua semelhança com alguns de seus emblemas.

ZIVAN: — *Por que as entidades usam pemba de várias cores?*

PAI VELHO: — A pemba de cor é usada apenas para o cerimonial a fim de que os ideogramas e pontos sejam executados dentro da vibração-cor de cada um dos Orishás. Porém, o seu valor é puramente simbólico e ritualístico. Os pontos riscados são todos baseados nos tattwas.

Mas vamos verificar o que se passa na intimidade do átomo primordial do subplano atômico, sob a ação de prana, possibilitando a reunião desses átomos a outros, condensando-se cada vez mais para formar a enorme variedade de matéria, que constitui o inteiro Cosmo. Dessa forma, poderemos explicar detalhadamente o que é um Tam-mattra e o Tattwa.

O átomo primordial possui três elementos básicos: um próton central, que tem, girando numa órbita elíptica, um elétron. O terceiro elemento é o nêutron, que aparece desde o momento em que o átomo é eletrificado por Fohat. Quando o elétron inicia o seu giro vertiginoso, aparece o próton, que é um equilibrante elétrico. Surge daí uma nova energia de força inteiramente mecânica, impedindo que a força centrífuga do elétron o afaste do seu centro, o que desequilibraria todo o sistema construído pela Vida do Segundo Logos, caso isso acontecesse. Aparece então o terceiro componente, o nêutron, cuja missão é também ser um equilibrante mecânico. A força centrífuga gerada pela atividade orbitária do elétron é neutralizada pelo nêutron, que assim mantém equilibrado o sistema.

Umbanda, Essa Desconhecida

129

Estamos agora em condições de compreender bem o que seja o Tam-mattra. O nêutron, em sua trajetória, acompanha o giro do elétron colocando-se entre este e o próton. Porém, a cada giro do elétron, o nêutron chega quase que infinitesimamente atrasado em relação ao elétron, o que obriga o próton, para manter o equilíbrio, a tomar várias posições dentro do sistema atômico. Nessas posições tomadas pelo próton ele arrasta todo o sistema, variando as posições tanto dos elétrons como dos nêutrons. Todo o átomo vibra então no espaço, e essa vibração sutilíssima, conhecida como Tam-mattra, é justamente originada pela vibração do campo elétrico produzido pela vibração da distância eletrônica, pela variação de intensidade da força centrífuga pela inércia dos nêutrons, advindo não somente uma variante de forças, mas também um conjunto de variantes energéticas, que faz com que o próton descreva no espaço determinados movimentos característicos. Os movimentos do próton, essas sutis vibrações, descrevem sete figuras geométricas diversas, pois o nêutron é também de sete espécies diferentes.

Quando se processa a atuação da energia cósmica (Prana) em qualquer uma das sete vibrações sutis no interior do sistema atômico, é criada uma ondulação vibratória denominada Tattwa, propagada no espaço por um dos Tammattras correspondentes.

São os Tattwas, mais uma vez afirmamos, que impressionam a nossa retina e não a vibração da matéria densa do plano físico. Isso pode ser bem evidenciado ao observarmos a relação entre as formas geométricas dos Tattwas e os nossos sentidos físicos. Vejamos:

Pritivi: A sensação do olfato, a forma quadrada de nossas fossas nasais, assim construídas para captar melhor essa sensação. Quadrado.

Apas: A sensação do gosto, a forma de nossa boca. Meialua horizontal.

Vayu: A sensação do tato, a forma de nossa mão com os dedos unidos. Hexágono.

Tejas: A luz, a vibração luminosa, a forma de nossa retina triangular. Triângulo equilátero.

Akasha: A vibração do éter, o som, a forma do pavilhão

de nossa orelha. Meia-lua vertical com as pontas viradas para a esquerda.

Os Tattwas *Anupadaka* e *Ady* ainda não podem ser pressentidos pelo homem atual, embora, já no presente momento, a intuição esteja se desenvolvendo em alguns, a qual é ondulação de Anupadaka, traduzida no espírito humano como a qualidade referida.

Prítivi	Quadrado	Elemento terra	Shangô
Apas	Meia-lua horizontal	Elemento água	Yemanjá
Vayu	Hexágono	Elemento ar	Oshosi
Tejas	Triângulo equilátero	Elemento fogo	Ogum
Akasha	Meia-lua vertical esquerda	Elemento éter	Yori
Anupadaka	Meia-lua vertical direita	Elemento manas	Yorimá
Ady	Losango	Elemento prana	Oshalá

Todos esses conhecimentos se coadunam com as últimas descobertas da ciência com respeito ao som, à cor e à teoria da simetria do Universo; afirmam os cientistas, a geometria e as figuras geométricas têm uma importância fundamental na organização dos seres vivos e do próprio Universo.

Essas ondulações vibratórias, Tattwas, dão origem aos sete estados de matéria assim distribuídos:

1. *Prítivi:* matéria em estado sólido;
2. *Apas:* matéria em estado líquido;
3. *Vayu*: matéria em estado gasoso;
4. *Tejas:* matéria em estado etérico;
5. *Akasha*: matéria em estado supereterico;
6. *Anupadaka*: matéria em estado subatômico;
7. *Ady:* matéria em estado atômico.

Como não poderia deixar de ser, os Tattwas, base dos Pontos Riscados, estão intimamente associados a cada um dos 7 Orishás.

Do desenvolvimento da linha, teremos os três elementos básicos da identificação do Ponto Riscado:

1. A *Flecha* — identifica a vibração-forma da entidade;
2. A *Raiz* — identifica o origem, a Linha a que pertence

Umbanda, Essa Desconhecida

a entidade;
3. A *Chave* — o elemento que a entidade manipula.

Vamos dar alguns pequenos exemplos, de vez que a grafia completa é interdita aos profanos. Podemos apenas esclarecer que o Ponto completo obedece a sete sinais positivos que o identificam. Esses sinais positivos indicam:
1. *Vibração-forma* a que pertence a entidade: caboclo, preto velho ou criança;
2. *Linha* a que pertence, dentro das sete existentes;
3. *Falange* ou *subfalange*, bem como o grau hierárquico dentro dos três planos de manifestação: Plano de Orishá menor (Chefe de Legião), do Guia ou do Protetor.
4. *Planeta regente e signo zodiacal*;
5. *Cor fluídica esotérica*;
6. *Elemento* que manipula, *Tattwa, corrente cósmica e metal* correspondente;
7. *Entidades* que comanda, quer as chamadas naturais, quer as artificiais.

Além dos sete sinais positivos, existem os negativos, que são, por motivos óbvios, ocultos.

Vibração-forma: chama-se também a *Flecha* e é sempre grafada de baixo para cima, em homenagem, louvor e glória às entidades do plano superior.

Caboclos   Pretos Velhos   Criança

Vibração Original: a Linha a que pertence, dentro das sete existentes. É também chamada a RAIZ, ou seja, sua origem.

Oshalá   Ogum   Oshóssi   Shangô   Yemanjá   Yori   Yorimá

Grau Hierárquico: também chamado a Chave, dentro

dos três planos de manifestação: Plano de Orishá menor (chefe de legião), plano do Guia (chefe de falange), plano do Protetor e ainda chefe de subfalange ou agrupamento.

A Chave é sempre colocada acima e à direita da Flecha.

O Chefe de Legião grafa acima da Flecha o sinal característico da sua Vibração Original. Esse sinal, chave na alta Magia Branca cerimonial, possui um grande poder vibratório e congrega e comanda, quando riscado, uma série infindável de entidades naturais (espíritos da natureza e Devas menores) e artificiais. Esses sinais característicos são:

Linha de Oshalá: o ponto
Linha de Ogum: o triângulo equilátero
Linha de Oshosi: o círculo
Linha de Shangô: o quadrado
Linha de Yemanjá: o diâmetro
Linha de Yori: o círculo com o ponto central
Linha de Yorimá: o círculo com o diâmetro.

Exemplo: Entidades da Linha de Ogum, plano Guia, no grau de Chefe de Legião:

Os Chefes de Falange e Subfalange colocam o sinal característico abaixo da Flecha. O planeta regente e o signo zodiacal são sempre grafados à direita da Flecha.

Símbolos gráficos dos Planetas Regentes (Planetas Sagrados):

Símbolos gráficos dos signos zodiacais:

O Planeta Regente e o Signo Zodiacal são grafados abai-

xo e ao lado direito da Flecha.
Exemplo:

Caboclo da Linha de Oshalá, plano Guia, no grau de chefe de legião.

Ainda podemos citar alguns outros símbolos gráficos:

 Chave de Abertura na alta magia positiva. Colocada acima e à direita da flecha.

 Chave das entidades naturais. Colocada abaixo e à esquerda da flecha.

 Signo da Magia Branca. Colocado acima e à direita da Flecha.

 Chave das entidades artificiais. Colocada abaixo e à esquerda da flecha.

 Triângulo de força cósmica. Colocado acima da Flecha.

 Sinal dos quatro elementos. Sempre junto com o sinal da Magia Branca

Signos dos Elementos básicos da natureza:

A Vibração Original, comumente chamada de Pai de Cabeça, ou ainda, anjo de guarda, é sempre dada pelo signo solar da data do nascimento do médium. Pelas tábuas egípcias teríamos:

A chamada Mãe de Cabeça, ou vibração feminina, também tem uma relação com os sete Orishás. Na Umbanda, são chamados de Orishás Menores:

Linha de Oxalá — Oshum;
Linha de Ogum — Obá;
Linha de Oshosi — Ossãe;
Linha de Shangô — Inhasan;
Linha de Yori — Yariri Nanã;
Linha de Yorimá — Nanã Buruquê.

Para Yemanjá, Orishá maior feminino, temos um Orishá masculino — Obaluayê, e se constitui num véu oculto, pois diz respeito ao misterioso oitavo Orishá.

Obaluayê, o Orishá oposto a Yemanjá, Orishá feminino,

de 21/03 a 20/04	Áries	Ogum
de 21/04 a 20/05	Touro	Oshosi
de 21/05 a 20/06	Gêmeos	Yori
de 21/06 a 20/07	Câncer	Yemanjá
de 21/07 a 20/08	Leão	Oshalá
de 21/08 a 20/09	Virgem	Yori
de 21/09 a 20/10	Libra	Oshosi
de 21/10 a 20/11	Escorpião	Ogum
de 21/11 a 20/12	Sagitário	Shangô
de 21/12 a 20/01	Capricórnio	Yorimá
de 21/01 a 20/02	Aquário	Yorimá
de 21/02 a 20/03	Peixes	Shangô

também é um Orishá maior masculino.

O cerimonial de Umbanda Esotérica é muito simples. O chamado Gongá, ou altar das cerimônias, poderá conter uma imagem do santo padroeiro da comunidade, porém não obrigatoriamente. O certo seria uma prateleira coberta de pano branco ou pintada nessa cor, com sete castiçais para as velas que simbolicamente representariam os sete Orishás. Um copo com água, jarras para flores em número ímpar e uma tábua de madeira, formato quadrado, para nela serem grafadas com pemba as ordens de trabalho, dentro da grafia dos Orishás.

Na parte inferior uma grande prateleira, abaixo da primeira, dita Otá, fechada por cortina branca, os assentamentos mágicos próprios a cada Vibração Original.

Na entrada do local de trabalho, sala, barracão etc., o assentamento para o Agente Mágico universal, dito Exu Guardião do aparelho dirigente.

Depois de acesas as velas e feita a defumação, que deve ser de flores solares secas, casca de alho ou incenso, benjoim e mirra, e nunca defumadores comprados prontos, ditos completos ou em tabletes, pois já foram manipulados comercialmente e perderam todas as suas propriedades efetivas, canta-se um hino de Oshalá ou então uma prece apropriada.

Os médiuns, vestidos de branco, farão uma corrente, dando-se as mãos e pedindo ao Senhor do Universo paz, sin-

Umbanda, Essa Desconhecida

ceridade de propósitos e ajuda a todos os necessitados.

Feito isso, começam-se os trabalhos ou desenvolvimentos.

Os desenvolvimentos são todos baseados nas chamadas Posições Vibradas e nos sons mágicos, mantras de cada Vibração Original.

O final da reunião será sempre com uma palestra ou aula do Guia responsável pelo agrupamento.

Relembrando:

1. Acender as velas e fazer os assentamentos mágicos;
2. Defumação:
   a. do local de trabalho;
   b. dos médiuns;
   c. dos assistentes.

Após a defumação, coloca-se o recipiente de barro na porta de entrada, deixando-o queimar até o fim.

3. Hino de Oshalá ou prece apropriada;
4. Corrente fechada, dando-se os médiuns as mãos e pedindo ajuda e amor para todos os seres;
5. Desenvolvimento e trabalhos;
6. Aula e palestra;
7. Encerramento.

No desenvolvimento mediúnico, além da nota vibrada específica, existem as chamadas Posições Vibradas, correspondentes a cada Orishá.

POSIÇÃO VIBRADA PARA CORRENTES FLUÍDICAS:

Deve sempre ser feita com número ímpar de médiuns, alternando, se possível, um homem e uma mulher. Os médiuns, ou membros da corrente, de pé, mãos dadas, farão a concentração. Essa corrente pode ser aberta ou fechada. Aberta, para fins de beneficiamento a uma ou mais pessoas ausentes. Nesse caso, as duas extremidades da corrente devem ser alternadas, ou seja, terminando de um lado por um homem e do outro por uma mulher. O positivo e o negativo em equilíbrio. Se for fechada, será para fins espirituais, visando à própria corrente ou problemas de ordem geral, tais como: amor universal, limpeza da crosta terrestre, limpeza de campo magnético etc.

136   Roger Feraudy

As flores e ervas também são positivas ou negativas. As positivas são as solares e as negativas são lunares.

Flores positivas, solares ou masculinas: cravos, jasmins, flor de trombeta, girassol, lírios de cachoeira, flor de maracujá e lírios diversos.

Flores negativas, lunares ou femininas: rosas, dálias, orquídeas, crisântemos, copos-de-leite.

Flores neutras: violetas.

Para uma melhor orientação, daremos as ervas específicas de cada um dos sete Orishás:

Oshalá: arruda, folha de laranja, hortelã, erva-cidreira, folha de girassol.

Yemanjá: folha de lágrimas-de-nossa-senhora, folhas de rosa branca, folhas de trevo, chapéu-de-couro, folha de vitória régia.

Yori: manjericão, erva-abre-caminho, folhas de amoreira, alfazema, capim-pé-de-galinha.

Shangô: folhas de limoeiro, folhas de café, folhas de mangueira, erva-de-xangô, erva-lírio.

Ogum: espada-de-ogum, lança-de-ogum, comigo-ninguém-pode, folhas de jurubeba, folhas de romã.

Oshosi: funcho, folhas de aroeira, grama-barbante, gervão-roxo, malva-rosa.

Yorimá: guiné-piu-piu, folhas de eucalipto, folhas de tamarindo, folhas de bananeira, cambará.

Umbanda, Essa Desconhecida

15.
Pontos cantados

ZIVAN: — *O que é Ponto Cantado e o que significa?*

PAI VELHO: — Sendo tudo vibração no Universo, evidentemente, tudo possui um som próprio. E a prova disso está no *devanagari* — a língua dos deuses — baseada no som vibratório de todas as coisas, animadas e inanimadas, que existem no Universo. Nessa língua, raiz do sânscrito, cada letra do alfabeto tinha um som próprio, dentro do princípio vibratório exato que originou os livros sagrados dos Vedas, hinos mágicos que são repetidos pelos sacerdotes como *mantras*.

O ponto cantado está baseado nesses sons vibratórios mágicos que são também mantras de harmonia entre o som vibratório da entidade e o produzido pelo canto sagrado, ou seja, o ponto cantado.

Os pontos cantados são verdadeiros sons místicos que põem em movimento certas ondas vibratórias e produzem, assim, maior afinidade entre os planos da matéria e do espírito. Dentro da magia do som há uma verdadeira eufonia, um perfeito e completo acorde entre as vibrações das entidades e a dos seus aparelhos.

Os pontos cantados eram característicos das três formas de vibração original:

1. Dos *Pretos velhos*: sons arrastados, cavos, muito repetidos, como essas conhecidas melopéias orientais. Produziam uma vibração triste, ritmada, como se fossem sons cansados;

2. Dos *Caboclos*: ritmo vivo que copiava mesmo os ins-

trumentos de percussão, com estridências, evidentemente para produzir deslocamentos nos campos magnéticos, quer do médium, quer dos consulentes;

3. Das *Crian ças*: alegres, vivos, todos em escala aguda, em altissonâncias tais que, por vezes, atingiam oitavas quase inaudíveis. Esses sons mais pareciam campainhas sonoras. Os pontos cantados visavam a um fim, tinham significação própria e ainda serviam para harmonizar vibrações com as existentes na natureza.

Quando se efetua a incorporação de uma entidade, além do ponto cantado, emite ela um som característico que é um "mantra" próprio de cada vibração original: o som arrastado dos pretos velhos, aberto em "ê" e "i" dos Oguns, gutural dos Oshosis, a aparê ι de risadinha das crianças e a estridência no som "ô" dos Shangôs. Tudo isso é vibração-som, é magia vibratória.

ZIVAN: — *Então, quando essas entidades incorporam e emitem esses sons, têm elas por finalidade manter a sua vibração constante no aparelho?*

PAI VELHO: — Sim, e também para manter a vibração do aparelho em harmonia com a da entidade. Além disso, ela está vibrando no mesmo diapasão vibratório com outras classes de entidades, espíritos da natureza e mesmo elementais que por ela são coordenados e dirigidos em suas manifestações.

ZIVAN: — *Quer dizer, então, que esses pontos cantados que se escutam por aí não são verdadeiros pontos?*

PAI VELHO: — É exato. Hoje na Umbanda não se escutam pontos, mas sim hinos apropriados para as manifestações, hinos compostos pelos homens e não pelas entidades que se comunicam.

Tudo evolui, Zivan. Chegará o dia em que todos os agrupamentos usarão de novo os verdadeiros pontos cantados dos Guias e Protetores.

Umbanda, Essa Desconhecida

16.
Banhos e ervas

ZIVAN: — Gostaria que o senhor falasse a respeito dos banhos de ervas, sua finalidade, seu uso, e como devem ser tomados.

PAI VELHO: — Os banhos de ervas já eram usados pelos povos antigos com as mais variadas finalidades.
Têm dois objetivos principais:
1. Eliminar vibrações negativas: *banho de descarga*;
2. Adquirir vibrações positivas: *banho de fixação*.

O banho de descarga serve para limpar o campo magnético e eliminar certos cascões e larvas astrais que se fixam magneticamente nas auras fazendo, assim, uma limpeza total das baixas vibrações.

O banho de fixação serve para fixar no campo magnético todas as correntes benéficas vibratórias.

O banho de descarga deve ser tomado do pescoço para baixo, nunca se molhando a cabeça; o de fixação de vibrações, no corpo inteiro, inclusive a cabeça.

As ervas apropriadas *devem ser frescas, verdes, nunca secas ou compradas no mercado, pois já perderam todas as suas propriedades vibratórias positivas.*

É também de muita importância que, nos banhos de descarga, os pés estejam em contato com a terra ou, em sua impossibilidade, sobre o carvão vegetal para proporcionar a descarga conveniente pelas plantas dos pés. Não só a descarga é processada adequadamente, como também propicia-se a estabilização completa da corrente dos polos ar e terra: cabeça e pés.

Após o banho, o corpo não deve ser enxuto para maior captação ou eliminação, conforme o caso, das vibrações que se deseja incorporar ou eliminar. Deve-se usar roupa totalmente limpa após esses banhos.

As ervas usadas devem ser juntadas e jogadas fora do local do banho, de preferência em lugares de água corrente, rios ou mar.

As ervas, no seu preparo, não devem ser cozidas. O fogo deve ser desligado quando a água atingir o estado de ebulição. Juntam-se as ervas, abafando-se o recipiente, para depois serem usadas com o máximo de suas propriedades.

Agora, Zivan, vem o ponto principal sobre os banhos de ervas. *Para cada vibração original há uma erva específica, que pode ser positiva ou negativa, solar ou lunar conforme o caso.*

O signo zodiacal dá a vibração original a que pertence a pessoa em relação ao dia do seu nascimento:

Signos Positivos ou Masculinos: Áries, Gêmeos, Leão, Libra, Sagitário e Aquário.

Signos Negativos ou Femininos: Touro, Câncer, Virgem, Escorpião, Capricórnio e Peixes.

Temos que considerar, também, os dias da semana como masculinos e femininos, portanto, positivos e negativos, assim:

Dias Positivos ou Masculinos: terças, quintas e sábados.

Dias Negativos ou Femininos: segundas, quartas e sextas-feiras.

As horas também são positivas e negativas, sendo os números ímpares positivos e os números pares negativos, bem como a divisão em dias e noites, respectivamente, positivo e negativo.

As folhas, flores e ervas também são positivas ou solares e negativas ou lunares. Podemos identificá-las pelo seu aroma ou perfume. As plantas e flores positivas ou solares possuem um cheiro ativo, o que não se observa nas plantas e flores lunares, que são inodoras. Caso contrário, apresentam sempre um cheiro desagradável.

O banho deve ser tomado de acordo com as característi-

Umbanda, Essa Desconhecida

141

cas vibratórias próprias de quem o toma. Os de signo positivo devem usar flores e ervas solares colhidas durante o dia, para obtenção de melhores resultados, em dias e horas positivos.

Os de signo negativo, ervas e flores negativas, colhidas à noite, em dias e horas negativos.

Além dessas ervas e flores positivas e negativas, para cada um dos sete Orishás existem ervas específicas, porém isso fica sempre a critério do chefe espiritual da casa e dos Orishás, Guias e Protetores que determinarão o seu uso.

O número de ervas usadas nos banhos de fixação e de descarga deve ser sempre ímpar, bem como o número de folhas, de flores ou pétalas.

Um banho feito com ervas impróprias pode trazer grandes malefícios porque, ao invés de fixar vibrações, pode eliminá-las e, ao invés de descarregar, pode carregar ainda mais quem o toma.

Outro fator importante é a orientação da corrente cósmica para os pontos cardeais, relacionada com a vibração original de cada um. O banho deve ser tomado de frente para o ponto cardeal correspondente à sua vibração original.

ZIVAN: — Poderia citar as vibrações originais e a sua respectiva correspondência com a orientação da corrente cósmica?

PAI VELHO: — As posições, de acordo com as vibrações originais de cada um, têm relação com o ponto cardeal em que é orientada a corrente cósmica. São elas:

Oshalá: os filhos de Oshalá devem tomar os banhos de frente para os pontos cardeais norte, sul, pois é nessa direção que fluem as correntes cósmicas.

Ogum: de frente para o ponto cardeal nordeste.

Oshosi: ponto cardeal noroeste.

Yemanjá: ponto cardeal sudoeste.

Yori: ponto cardeal oeste.

Yorimá: ponto cardeal leste.

Shangô: ponto cardeal sul.

ZIVAN: — Qual é a finalidade da posição de frente para os pontos cardeais correspondentes?

PAI VELHO: — A real finalidade é receber a totalidade

da corrente cósmica correspondente. A orientação do corpo na direção adequada faz com que ele absorva, pelo seu corpo somático, as vibrações harmônicas necessárias à higidez vibratória completa em todos os veículos de expressão e uma identificação maior ao seu Orishá. A posição incorreta em relação ao ponto cardeal exato não traz consequências graves, porém o efeito vibratório não será perfeito.

17.
Os defumadores

ZIVAN: — O que é defumação? Qual a sua finalidade e como deve ser usada?

PAI VELHO: — A defumação é a queima de certas ervas especiais, específicas a determinados fins, com a finalidade de provocar fumaça, sempre de aroma agradável, usada em diversas cerimônias e rituais.

O objetivo da defumação é descarregar o ar ambiente por meio do elemento fogo que se decompõe na fumaça, afastando as camadas negativas, queimando larvas, cascões e escórias astrais e, de acordo com a sua qualidade, harmonizando a vibração do ambiente com a do defumador queimado.

O defumador deve ser feito com ervas apropriadas à vibração do aparelho (vibração original) e no caso de agrupamentos, centros ou tendas, de acordo com a vibração original do chefe do terreiro. Para cada um dos sete Orishás existem ervas específicas que devem ser colhidas em dias e horas apropriados, obedecendo à vibração original que se deseja, postas a secar, e, finalmente, queimadas como defumadores.

Os defumadores de tabletes e os outros "completos", vendidos em caixas, não têm o menor valor ou propriedades benéficas específicas, uma vez que, geralmente, é usada uma grande mistura de ervas sem a indicação da vibração. Sua manipulação não obedece a certas regras no que diz respeito à hora e dia em que foram colhidas. Acresce-se a isso, ainda, o fato de serem manipulados por várias pessoas, com as mais diversas vibrações, o que anula quase que totalmente as propriedades naturais dessas ervas.

A única finalidade que Pai Velho vê para esses defumadores comercializados é a de aromatizar o ambiente, por conseguinte, de uso puramente aromático e nunca de fixação, eliminação, harmonia vibratória ou com propriedades ritualísticas.

Um defumador fácil de se conseguir e de se fazer é o de flores secas, e que eu aconselho para todos os "gongás" e vibrações originais.

ZIVAN: — Existe um ritual especial ou uma maneira própria para se fazer as defumações?

PAI VELHO: — Ritual, propriamente, não existe, de vez que a finalidade da defumação é queimar ervas e escórias astrais, limpando o ambiente por meio de uma harmonia vibratória perfeita. Na primitiva Aumpram usava-se a defumação ritualística e existia um ritual próprio para, por meio da fumaça, propiciar os deuses benéficos.

Aconselho, apenas, como regra básica, defumar o ambiente de dentro para fora, queimando-se as ervas numa panela ou incensório de barro, nunca na chamada "hora grande", exceto quando assim for determinado por um Orishá, Guia ou Protetor. Feita a defumação, deve-se deixar o defumador queimando ao pé da porta principal, de entrada e saída do ambiente, com um copo cheio de água ao lado.

ZIVAN: — Como se deve proceder no caso de se fazer defumação em local onde as pessoas possuam vibrações originais diferentes?

PAI VELHO: — No caso dos centros ou tendas, a defumação deve ser feita com as ervas próprias do Orishá do chefe do terreiro. Nas residências particulares, deve-se usar ervas próprias à vibração do chefe da casa, ou, então, um defumador neutro, isto é, de signo positivo-negativo, solar e lunar.

Assim se procedendo, meu filho, os resultados serão sempre favoráveis ou benéficos.

Umbanda, Essa Desconhecida

145

18.
As guias e seu uso

ZIVAN: — O que é guia? Qual a sua finalidade e para que serve?

PAI VELHO: — A guia é um tipo de amuleto que serve como proteção e defesa do aparelho que a usa, a fim de serem descarregadas, por seu intermédio, todas as imantações e vibrações negativas. É também um talismã mágico porque ela pode ser imantada com certos fluidos, com certas vibrações para exercer efeitos na magia positiva.

Originalmente, usavam-se determinadas favas, raizes ou sementes próprias a cada vibração do Orishá a que pertencia o médium ou aparelho.

A variedade das cores das guias nada tem a ver com a cor fluídica, esotérica e oculta da entidade. O uso abusivo dos colares corre ou por conta da imitação ou porque o aparelho acha bonito andar com muitos colares pendurados no pescoço. Tal fato decorre da conclusão absurda de que as grandes entidades de luz se contam pelo número de colares. Isso é chamado na gíria dos terreiros de *"cabeça de santuário"*.

Um médium que, de fato, recebe entidades de luz, pode usar alguns desses colares, os quais terão valor apenas como talismã. Por outro lado, servirão para produzir um efeito psíquico na assistência, induzindo-a a acreditar nas entidades, o que auxiliará as identificações e propiciará maior penetração da sua magia. Repare bem, Zivan, o leigo que vai consultar com um médium repleto de colares, das mais variadas contas, recebe uma impressão muito forte que o fará crer que tal apareʰo tem propriedades notáveis, o que facilita o bom resultado da consulta. Efeito psíquico e nada mais. Sob tal aspecto, não posso condenar tais colares como inadequados, porém como guias verdadeiras não têm a menor significação.

ZIVAN: — O que constitui uma verdadeira guia?

PAI VELHO: — A guia autêntica preconizada por um Orishá, Guia ou Protetor é feita de elementos naturais encontrados nos mares, rios, lagos, cachoeiras ou matas. Essas favas, sementes, conchas, raizes etc. devem ser colhidas na hora planetária exata do aparelho que irá usá-las; e do Orishá Maior correspondente, em dias apropriados e em certas fases da lua. Tais materiais são logo a seguir imantados pela entidade que indica a maneira, a ordem e com o que enfiá-los; depois de pronta, como usá-la corretamente. Isso é uma guia, arma de grande valor para a proteção do aparelho, deslocamento de vibrações, atuando na modificação das magias com efeitos positivos surpreendentes. Geralmente as entidades que pedem guias são os pretos velhos e quase sempre não excedem de uma.

Umbanda, Essa Desconhecida

19.
Iniciações na umbanda

ZIVAN: — *O que é "fazer cabeça"?*

PAI VELHO: — Na primitiva Aumpram, os seus sacerdotes usavam um método antiquíssimo, copiado dos sábios iniciados, denominado de abertura dos chacras. Na Iniciação, o Mestre ensina a seus discípulos como atuar por meio de cada um dos sete chacras principais, os quais são, um por um, "abertos" pelo instrutor experimentado em cerimônia simbólica. O último a ser "aberto" era o chacra coronário, que dava a continuidade de consciência no mundo astral. Era nesse chacra, e com essa finalidade, que os primitivos sacerdotes da Aumpram atuavam, nas cerimônias adequadas e simbólicas, para que os iniciados na nova lei pudessem entrar em contato com os mundos superiores em plena posse de sua consciência. Dessa maneira, com maior facilidade, podiam combater os poderes infernais dos magos negros primitivos que, igualmente, agiam nos mundos supra-sensíveis.

Primitivamente, a "abertura do chacra" era executada por meio de uma tonsura no alto da cabeça, onde se fixavam determinadas vibrações que iriam identificá-lo completamente com os seus Orishás e vibrações correspondentes.

ZIVAN: — *Será por esse motivo que os sacerdotes católicos apresentam essa tonsura?*

PAI VELHO: — Perfeitamente, ainda mais que você sabe que os primeiros ministros cristãos foram todos iniciados. Hoje, a tonsura dos prelados católicos perdeu completamente o seu sentido oculto original. Parece que até foi abolida pela Igreja.

Nos cultos nagôs e candomblés, a cabeça do iniciado é totalmente raspada, ficando ele em lugar isolado — a camarinha — por determinado número de dias. Mais tarde, em cerimônia solene, sua cabeça é lavada com certas ervas e sangue de animais. Porém, o verdadeiro, o único sentido original, qual seja, o de fazer vibrar e funcionar o chacra respectivo, não é alcançado. A abertura do chacra não se consegue pela manipulação do couro cabeludo: é necessária a atuação na contraparte etérica. A manipulação é, portanto, extrafísica. A cabeça propriamente dita é mera fixação simbólica.

ZIVAN: — Quer dizer então que o ritual nagô e os candomblés não "fazem cabeça"?

PAI VELHO: — Esses rituais, nas cerimônias de "cabeça", fazem a fixação do Orishá no aparelho, preparam o *"cavalo do Orishá"* mas não atuam no chacra coronário para fazê-lo funcionar e dar a continuidade de consciência. A cerimônia aí termina porque não penetra no sentido oculto e na razão primordial do ritual da primitiva Aumpram, chamado "abertura dos chacras", que propiciava a perfeita harmonia vibratória entre o novo médium, os Orishás e os *Nirmanakayas.*

Atualmente, a Umbanda *"faz a cabeça"* simbolicamente, atuando apenas na parte etérica e astral e nunca na parte física, a qual se limita a simples lavagem de cabeça com ervas apropriadas.

ZIVAN: — A Umbanda não atua mais no chacra coronário e a feitura de cabeça se limita às fixações vibratórias das entidades, por meio da lavagem com ervas apropriadas?

PAI VELHO: — Não é bem assim. Existem na Umbanda sete graus ou iniciações, sendo que no sexto e no sétimo graus é feita a atuação nos sete chacras principais com a finalidade de dotar o médium com três qualidades fundamentais para melhor atuação nos planos superiores: visão ou clarividência, audição ou clariaudiência e atuação ou deslocamento consciente no mundo astral, isto é, o transporte em estado de consciência.

Umbanda, Essa Desconhecida   149

As sete iniciações ou graus hierárquicos na Umbanda são:

1. *Neófito*: médium em desenvolvimento.
2. *Aparelho positivo:* médium desenvolvido.
3. *Aparelho positivo de "cabeça feita"*: médium com todas as obrigações feitas, apto a qualquer tipo de trabalho, nas sete linhas da Umbanda: médium Coroado.

Até esse ponto chegam os aparelhos que têm a sua mediunidade no nível de Protetor ou do primeiro plano.

4. *Babalaô* — chefe de terreiro ou de agrupamento.

Aqui chegam os aparelhos que, por seu desenvolvimento, progresso espiritual e condições cármicas, tenham mediunidade do segundo plano ou do plano de Guia.

Porém, quem tenha mediunidade do terceiro plano ou do plano do Orishá, ou então mediunidade missionária, deve atingir os três graus superiores, herméticos, abertos àqueles que estão saindo do ciclo encarnatório probatório de mediunidade e que, em outra encarnação, irão alcançar o caminho da Iniciação para a sua libertação total. São os seguintes esses graus superiores:

5. *Discípulo em Provação:* primeiro grau superior, difícil de ser vencido, tais as provas, provações e dificuldades por que o candidato passa. Poucos escapam à peneiragem implacável; pois, além dessas provações, são os candidatos a esse grau testados pelos fatores orgulho, auto-suficiência e vaidade.

Vencida essa etapa, o iniciando de Umbanda entra no grau superior seguinte:

6. *Discípulo Aceito*: nesse grau hierárquico, o candidato é instruído por um Orishá, bem como estuda a Lei Original de Aumpram e as ciências ocultas. É submetido a uma grande prova e, se aceito pelos sete Orishás, atinge, então, o grau superior de:

7. *Discípulo no Caminho*: Naga ou Serpente. É então instruído por um Sábio ou Rishi do Plano Mental Abstrato que ensina o seu discípulo a dominar a matéria, a conhecer o funcionamento dos sete chacras principais, bem como a "abertura do coronário" na cerimônia primitiva usada pelos sacerdotes brancos da Aumpram. É "feita a cabeça" do Discípulo no Caminho.

Roger Feraudy

No segundo e terceiro graus superiores e hierárquicos, o iniciando não faz mais uso da mediunidade de incorporação; quando muito, usa a irradiação consciente, de vez que já pode deslocar seus veículos superiores (principalmente no terceiro grau) e privar com várias Inteligências dos planos mentais.

O terceiro grau hierárquico é também conhecido como o dos Magos e aquele que possui a sétima iniciação pode ser chamado de *Mago Branco da Umbanda.*

ZIVAN: — Nunca ouvi falar na parte esotérica da Umbanda. Porém, poderia dizer se alguém na Umbanda já alcançou esses graus superiores?

PAI VELHO: — Muito poucos; encarnados, atualmente, eu diria que somente dois. Um deles tem até publicado alguns livros bastante elucidativos. Não estou autorizado a falar sobre esse assunto que, como o próprio nome está dizendo, é esotérico, oculto, e não me cabe, dessa forma, divulgar tais acontecimentos.

Citei a parte esotérica da Umbanda para mostrar a você que esse ritual conduz os seus médiuns a alguma coisa, atinge um fim. É um movimento sério, honesto, preciso, podendo se constituir num dos muitos caminhos que o homem tem para atingir a libertação. Já dizia o Mestre Jesus: *"na casa de meu Pai há muitas moradas".*

Poderão muitos dizer que Pai Velho está confundindo Umbanda com Teosofia; porém, para esses, Zivan, eu direi humildemente que todas as seitas e todas as crenças têm um pouco de cada uma, pois sua origem é única. Há várias formas e maneiras de se adorar a Deus e as diversidades e aparências correm por conta da própria humanidade que, em sua cegueira ou ignorância, não quer ver por trás de todos os símbolos a face do Deus Único, Imutável e Eterno.

ZIVAN: — Qual é a origem e o verdadeiro sentido da palavra Babalaô ou Babalorishá?

PAI VELHO: — Babalorishá é corruptela de duas palavras nascidas na raiz do sânscrito: Babá e Purushá. Babá significa Pai e era usada também na forma carinhosa do seu diminutivo Babaji (paizinho). Purushá, nós já vimos anterior-

Umbanda, Essa Desconhecida   151

mente, é o reflexo divino, ou suas emanações, a sua luz, que originou posteriormente a corruptela Orishá. Assim, o termo era empregado na primitiva Aumpram como *Babapurushá*, ou seja, *Pai da Luz Divina*, ou então, o intérprete, o sacerdote da Luz Divina, o mesmo que agora Babalorishá ou Babalaô, o "cavalo do Orishá", o chefe ou sacerdote que interpreta a Lei de Umbanda. Porém na primitiva Aumpram, quando se chegava ao 4° grau, que corresponde a chefe de terreiro, era dado o título de Babá, só se acrescentando o *Purushá*, hoje *Orishá*, quando o candidato alcançava o 7° grau, o 3° hermético ou iniciático.

Aí, na qualidade de Naga, de Mago Branco, era investido com o título de supremo sacerdote de Aumpram: *Babapurushá, Babalorishá*.

Essa é a hierarquia exata, dentro do milenar culto puro dos magos brancos da Aumpram.

ZIVAN: — *O nome Babá persiste até hoje inalterável na Umbanda, porém sempre designando a chefe do terreiro. Será isso devido às deturpações sofridas através dos séculos e à perda das chaves secretas desse ritual milenar?*

PAI VELHO: — Exatamente. Em suas deturpações, o termo "Babá" passou a significar "aquele que cuida, que toma conta dos rituais" e, com a vinda dos negros escravos a esta terra, passou a significar vulgarmente a empregada que cuida das crianças, a ama negra que toma conta dos patrõezinhos brancos. Hoje o termo é quase genérico.

20.
Saravá: simbolismo da cruz

ZIVAN: — *O que significa Saravá e qual a sua origem?*
PAI VELHO: — Saravá significa "Salve, Irmão!". A sua origem se perde na noite dos tempos e esse termo atual, tão usado e abusado, é uma simples corruptela. Vamos analisar a sua origem e as transformações que sofreu através das miscigenações e deturpações do culto primitivo.

Os primeiros sacerdotes da Aumpram possuíam uma palavra sagrada que era, segundo a pronúncia atual — Iaoava — termo composto de duas palavras: *Iaô* e *Ava*. Era essa palavra, além de um grito de reconhecimento entre os adeptos do culto, um véu oculto que servia para guardar e velar a palavra Aumpram, profundamente secreta, a tal ponto que só era pronunciada em determinadas épocas do ano, pelo sumo sacerdote, em cerimônias especiais. Iaoava era, assim, uma chave-guardiã da palavra sagrada, síntese do fenômeno cósmico da manifestação — Aumpram.

Analisemos esse misto de saudação, substitutivo da palavra sagrada, e vejamos o que realmente significa.

Iaô simbolizava o eterno masculino sempre atuante na natureza, cultuado no fogo sagrado na terra, no sol, no céu, o mesmo que Espírito Santo.

Ava simbolizava o eterno feminino e a sua união com Iaô representava o ato transcendente da manifestação. Assim, Iaoava é o símbolo de Deus na natureza.

Etimologicamente, Ava significava reflexo e aí, então,

temos um mundo de simbolismo oculto que deu origem a diferentes deturpações até à presente palavra que analisamos — "Saravá".

No sânscrito, do qual efetivamente se origina o hebraico quadrado, primitivo, esta forma Ava (reflexo) inspirou o *Eva* mosaico, quando lemos no Gênese, capítulo 11, versículo 18:

> Não é bom que o homem esteja só: façamos-lhe um adjutório semelhante a ele.

O que, evidentemente, quer significar: não é bom que o homem esteja só (o homem divino, é claro) na solidão de si mesmo. Façamos-lhe um adjutório feito do reflexo (Ava) dele mesmo. E dele mesmo, Deus fez o seu reflexo — *Eva* (Ava).

Compreendido bem isso, Zivan, podemos ainda recorrer às antigas escolas de iniciação, tais como as da Índia, Egito, Mesopotâmia, Fenícia, Etiópia antiga, Grécia e, mais recentemente, a seita dos Essênios na Palestina, quando observamos que seus filiados também se reconheciam e se saudavam por um grito sagrado, sem sombra de dúvida, originário do Iaoava arcaico que deu, de acordo com sua significação, alguns dos termos e palavras usados por Moisés no Pentateuco. As analogias são claras e, sobretudo, lógicas, tal o mesmo significado que apresentam, variando a sua forma ou pronúncia em virtude das miscigenações e deturpações, para não falar na perda das chaves ocultas através dos séculos.

Esse grito sagrado, originário do *Iaoava* era *Evoé*, que se pronunciava *"Evaué"*. Essa palavra era composta de quatro letras sagradas, representativas do quaternário cósmico ou quadrado da forma, assim pronunciadas: *Iod-Hê-Vau-Hé*. Representavam elas, também, o Deus manifestado em união eterna com a eterna natureza.

Iod (Iao) — o eterno masculino.

Hê-Vau-Hé (Ava) — o eterno feminino.

Podemos observar que *Hê-Vau-Hé* é a pronúncia de Eva — a primeira mãe — no simbolismo flagrante do eterno feminino, em que se inspirou Moisés ao compor o Gênese.

Pelas deturpações sofridas pela palavra sagrada, dando, inclusive, os nomes de Jeová *(Iod-Hê-Vau-Hé)*, IeHOah, Eva

(Ieve-Hê-Vau-Hé), mais tarde com os pontos massotéricos[1] Chavváh, podemos chegar, por infinitas deturpações e interpolações, ao Saravá, que encerra em seu sentido oculto e místico não só uma fórmula de cumprimento e reconhecimento entre adeptos, mas um sentido altamente filosófico, metafísico e oculto do fenômeno do Universo Manifestado, pelo Supremo Pai, véu oculto da própria palavra perdida e sagrada — Aumpram.

ZIVAN: — Qual é a verdadeira origem, e significado de se tocar os ombros no cumprimento do Saravá?

PAI VELHO: — Para Pai Velho explicar isso, temos que voltar novamente ao que foi explanado anteriormente, reportando-nos àquela exposição do movimento da manifestação, o ato de Deus em manifestação, origem da própria palavra sagrada Aumpram. Você reparou que a representação gráfica da Trindade Primordial obedece a uma determinada direção,

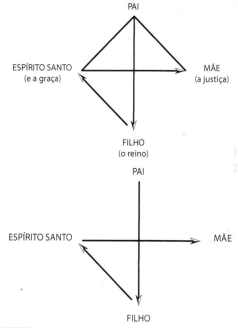

---

1 Pontos massotéricos: Pontos introduzidos pelos rabinos modernos, que fizeram com que as palavras do Hebraico Quadrado (alfabeto primitivo dos hebreus) ficassem unidas, o que alterou completamente o sentido original do texto. Maiores esclarecimentos sobre o assunto poderá ser encontrado no próximo lançamento do mesmo autor. *A Sabedoria Oculta*.

assim esquematizada:

Isso poderia ser, também, assim esquematizado no microcosmo (o homem), de vez que o micro e o macrocosmo são idênticos: "*o que está em cima é como o que está embaixo*". Assim:

Essa representação vem formar, por seu movimento, o sinal da cruz, tão comum nas orações. Porém, esse sinal é muito anterior ao Cristianismo; remonta às eras atlântidas e pré-védicas e era o sinal místico de reconhecimento entre os adeptos e iniciados quando se encontravam. Era como que uma senha entre o iniciado e o Mestre, entre o neófito e o adepto mais adiantado.

Esse sinal místico era assim processado: quando o neófito encontrava o adepto mais adiantado e queria ser reconhecido por ele, levava a mão direita à fonte dizendo: "*a ti pertence*", imediatamente levava a mão ao peito, "*o reino*", logo a seguir a mesma mão ao ombro direito, "*a justiça*", para, a seguir, levá-la ao ombro esquerdo, "*e a graça*". Finalmente, juntava as duas mãos como que em prece, pronunciando: "por todos os céus geradores".

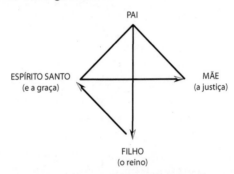

Porém, além de um simples sinal místico de reconhecimento ou cumprimento, podemos aduzir as razões de sentido altamente oculto ou esotérico que tal sinal queria significar. O verdadeiro sentido oculto era justamente que aquele que o podia fazer achava-se de posse do sagrado mistério da manifestação e da palavra sagrada Aumpram, síntese do movimento de Deus em manifestação, palavra que não era pronunciada, mas velada, usando-se em seu lugar o termo

Iaoava, que era dito após traduzir, pelos gestos da mão, o movimento transcendental e cósmico do Pai que, por meio da Energia e do Espaço (Espírito Santo-Mãe) dá nascimento à raiz da matéria (o Filho) e a todo o mundo objetivo da forma — o universo físico manifestado.

Os magos brancos da Aumpram, conhecendo bem esse mistério, substituíram o "sinal da cruz" pela palavra-chave Iaoava — hoje Saravá — e pelo tocar dos ombros, direito e esquerdo, querendo significar que somos real e transcendentalmente irmãos, pois procedemos todos do mesmo Espírito Santo (ombro direito) e da mesma Mãe (ombro esquerdo). Daí o sentido de *Salve, Irmão!*, hoje *Saravá*, no seu aspecto oculto e transcendental.

ZIVAN: — *Se a cruz é um símbolo antiquíssimo, qual era então o símbolo primitivo do Cristianismo?*

PAI VELHO: — O símbolo primitivo dos cristãos era o peixe e só posteriormente à morte do Mestre Jesus na cruz foi que o madeiro da tortura passou a constituir o símbolo máximo do Cristianismo. A antiguidade do símbolo da cruz nós vamos encontrar entre os primitivos árias, com a cruz suástica, mais tarde usada pelos monges budistas; entre os egípcios, com a Tau sagrada; entre os astecas e entre a perdida civilização dos Tupis-Guaranis, para citar somente alguns povos ou civilizações bem anteriores ao Cristianismo, os quais já adoravam a cruz, não como símbolo de tortura, mas como símbolo da vida. É a cruz da Iniciação de todos os povos da antiguidade, a "árvore da vida", onde eram feitos os ritos iniciáticos, com o neófito deitado sobre o duro madeiro a fim de poder renascer para a nova vida.

ZIVAN: — *O que é a "árvore da vida", ou cruz da Iniciação?*

PAI VELHO: — Quando o neófito estava preparado para a Iniciação propriamente dita, o grão-sacerdote fazia a imposição das mãos sobre a cabeça do candidato e este entrava imediatamente em sono profundo, em transe, sendo então deitado sobre a cruz de cerimônias. Eram, então, candidato e cruz colocados no interior do templo, ali permanecendo por três dias e três noites, para que pudesse, nesse período,

Umbanda, Essa Desconhecida 157

entrar em comunicação com as divindades superiores que o instruiriam nos sagrados mistérios. Findo esse tempo, os iniciados traziam para fora do templo o madeiro com o candidato ainda em sono profundo. Quando os primeiros raios do sol incidiam sobre a cruz sagrada e o candidato, o grão-sacerdote derramava uma jarra de água sobre a cabeça do novo irmão dizendo:

"Acorda, levanta, desperta para a vida eterna pois nasceste de novo". Era, então, o "recém-nascido" recebido com júbilo pelos demais irmãos, indo todos para o interior do templo para prosseguir nas cerimônias preparatórias desse novo membro da Confraria Branca.

ZIVAN: — De onde provém o símbolo da cruz e quais as razões reais de sua adoção pelos povos primitivos?

PAI VELHO: — Inicialmente, vamos procurar sua antiguidade histórica para, depois, darmos as razões simbólicas de sentido profundamente oculto.

Encontramos uma de suas primeiras origens na Índia Védica, nos mistérios do fogo sagrado instituído por Rama. O culto de Agni, nos antigos mistérios, é a manifestação da divindade no plano material — Deus Imanente.

O fogo sagrado era produzido, entre os primitivos povos védicos, por dois madeiros cruzados que, pelo atrito de um sobre o outro, produziam a primeira chama. Nessa operação, meu filho, existe um mundo de simbolismo e conhecimento oculto. Por um lado, no seu aspecto transcendente, é Agni o Sol, que é o salvador dos homens das trevas da noite, dando-lhes com os seus raios o calor necessário à vida. Esotericamente, também, dissipa as trevas da noite da ignorância. No seu aspecto imanente, terreno, Agni é o Salvador e o Libertador, pois seus raios trazem a claridade, o calor e a luz. O fogo e o sol são fonte de luz, de calor e de vida. Ambos dissipam as trevas. Assim, o homem adora a luz como o verdadeiro Deus, sendo que no mundo astronômico, transcendental, a sua personificação é o sol e no mundo físico, da matéria, no seu aspecto imanente, a sua personificação é a cruz.

Daí, Zivan, ser a cruz sagrada, pois é por meio dela que se manifesta no universo visível o Deus transcendente. Simbolicamente, é a primeira crucificação da deidade, por meio do sacrifício. Porque Deus, manifestando-se, sacrifica-se a si mesmo na cruz da sua renúncia cósmica. É o sacrifício cósmico da limitação, um sacrifício por amor que, ao mesmo tempo, é redenção e salvação. É salvação no sentido de estar sempre presente na humanidade inteira e na menor partícula do Cosmo manifestado. Tal é o sentido do crucificado, onde, atado ao madeiro, o leito duro da provação, o iniciado sofre a morte de suas paixões carnais e, depois, esse mesmo madeiro de sua paixão torna-se a "árvore da vida nova", de onde renasce como iluminado.

Por isso, a primeira chama, a primeira fagulha do fogo sagrado entre os Vedas era chamada de "*o menino*". É o divino salvador Agni. E é por esse motivo que José, pai de Jesus, portanto, pai de Deus, é chamado o *carpinteiro* — aquele que faz a madeira para ser atritada e dar nascimento ao fogo sagrado. Analogamente, o pai do fogo, o pai do Deus Agni.

Poderíamos, graficamente, representar desta forma o simbolismo do fogo e da luz:

DEUS = LUZ = CRUZ

De outra forma, meu filho, podemos ainda citar, a título de conhecimento histórico, um fato bastante interessante: quando os antigos jesuítas chegaram ao Brasil, encontraram a cruz sendo adorada por todos os povos tupis-guaranis. Os aborígines brasileiros davam à cruz o nome de "curuçá" e adoravam-na como símbolo do poder criador, o fogo sagrado.

No idioma "nhengatu", "*curu*" significava fragmento de pau e "*ça*", gritar ou produzir som estridente. O mesmo som do fogo crepitante da madeira. O simbolismo, meu filho, é evidente por si só e nos dá perfeita correlação com o simbolismo pré-védico.

Sob o ponto de vista oculto, a cruz simboliza os quatro pontos cardeais, ou, ainda, os quatro estágios da passagem do homem pela matéria: nascimento, vida, morte e imortalidade (iniciação).

Chegamos, agora, ao ponto alto do simbolismo hermético e, para poder esclarecê-lo, vamos verificar qual era a técnica primitiva das cerimônias sagradas desses povos para se produzir o divino salvador Agni.

Umbanda, Essa Desconhecida   159

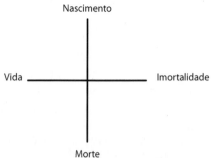

Entre os dois madeiros cruzados para se friccionar havia, no centro, uma cavidade na qual era introduzido um cone que, posto em rápido movimento circular com uma tira de couro, produzia a chispa que se transformaria em fogo sagrado. O cone introduzido na cavidade é, assim, o Pai que dá origem ao fogo. Porém, não o verdadeiro Pai, mas o pai putativo do deus que irá nascer. Daí, alegoricamente, ser *São José o pai putativo de Jesus, não o verdadeiro pai*. Perfeitamente igual ao sacerdote do fogo sagrado, pai putativo de Agni.

Porém, para se avivar a chama e conservá-la inicialmente com poder e vida, soprava-se a chama nascente. É o sopro de vida a que se refere o Gênese no seu capítulo II.

O simbolismo se completa. A cruz é a mãe; o cone que penetra o orifício central é o pai, não porém o verdadeiro, mas o putativo e, assim sendo, a mãe continua virgem porque não é o verdadeiro pai que nela penetra; o sopro ou o vento que aviva a chama é o Espírito Santo, aquele que dá a vida e, finalmente, a chama é o filho divino, o Filho de Deus Pai. Estamos de posse de todos os elementos que vão compor a palavra sagrada Aumpram: Pai, Espírito Santo, Mãe e Filho.

No sânscrito, encontramos, ainda, maiores símbolos ocultos. Assim, a palavra "puttra" (filho), associada a "punya" (belo, puro), origina filologicamente a palavra "filho purificador" — Agni. Ora, Put é um dos infernos da mitologia indiana e o sufixo "tra" empresta à palavra "puttra" o sentido de libertação. Assim, literalmente, "puttra" é "libertador do inferno put".

Como verificamos anteriormente, a cruz era usada nos mistérios da Iniciação, onde o neófito era colocado deitado, com os braços abertos em cruz para, então, renascer de novo para a vida espiritual. A analogia é clara. O candidato à Iniciação, deitado sobre a cruz, identifica-se com a divindade e é salvo do inferno de suas paixões, vence a matéria e o egoísmo da personalidade separatista. Nasce para uma nova vida, a vida do espírito. Renasce salvo do inferno da dúvida, da incompreensão e da ignorância que o mantém prisioneiro da ilusão dos sentidos. É um novo renascimento. Puttra o salva de Put. É o símbolo sagrado da Iniciação. E é um renascimento virginal, pois ele nasce de uma mãe virgem e de um Pai Divino, é um Filho de Deus.

Daí se origina, sem dúvida alguma, Zivan, o mistério da paixão de Jesus crucificado, a paixão verdadeira do Getsêmani em que o homem que atinge o grau de Adepto ou Mestre está completamente só, totalmente desamparado na matéria. É uma solitude impressionante e absoluta, que só aqueles que atravessam essa fase podem entender completamente. Aí está o verdadeiro sentido da paixão, do sacrifício, do sofrimento e da morte da matéria. Depois de morta a matéria, depois de morta a personalidade, o homem renasce ou ressuscita no homem verdadeiro, o homem real, o Iniciado, o Mestre que já não é mais um ser, um "eu" individual, mas um ser Uno com o Divino Senhor do Universo.

Porém, a maior profundidade do simbolismo, meu filho, encontramos ainda nos Vedas, essa civilização impressionante dos primórdios da quinta raça. É o conceito do filho parricida pois, mal acaba de nascer Agni da madeira seca, destrói o pai e a mãe que o geraram. Sem dúvida, a concepção metafísica aqui é de uma profundidade oculta magnífica e diz respeito à própria manifestação. É o sacrifício cosmogônico do Pai no ato de dar-se a si mesmo, no ato sacrificial de limitar-se, criando, por meio do Filho, os universos físicos. É quando ele desaparece do nosso concebível, no seu aspecto transcendente, aparecendo em seu aspecto imanente, o Filho que "mata" o Pai e forma, com a mãe, os universos manifestados. É o sentido oculto do mito de Édipo. Por outro lado, no mundo natural, a alegoria é perfeita, pois é necessário que os pais morram para que os filhos vivam. É o ciclo incessante da vida, na máxima oculta: "tudo tem que morrer para renascer".

Umbanda, Essa Desconhecida   161

Assim, o símbolo da cruz não é mais uma invenção humana, pois a ideação cósmica e a representação espiritual do Ego do homem divino estão implicitamente ligadas à sua origem. Posteriormente é que vem a alegórica concepção ideológica dos Sagrados Mistérios, representando o homem remido, o homem regenerado pela Iniciação, o homem mortal que, crucificando o homem de carne, com suas paixões e egoísmo no leito de tortura — a cruz — renasce como imortal. A identificação é perfeita. Ele é análogo a Agni que também é imortal no seu aspecto transcendente. É o eterno masculino fecundando a matéria virgem do espaço, o eterno feminino.

Por tudo isso que Pai Velho explicou, você já pode compreender qual a origem desse símbolo e concluir que os magos brancos da milenar Aumpram também usavam a cruz sagrada na sua acepção oculta pura, que traduzia o mistério do Verbo, a palavra Aumpram, base da liturgia arcaica.

21.
Gongá: suas origens e finalidades

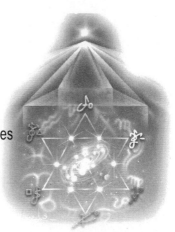

ZIVAN: — *Gostaria que o senhor falasse sobre o Gongá, suas finalidades, maneira correta de armar e ornamentar e, se possível, suas origens.*

PAI VELHO: — Comecemos por suas origens. Desde a mais remota antiguidade os povos cultuavam suas divindades em lugares chamados sagrados. A princípio era na própria Natureza que buscavam os sítios mais adequados para as suas cerimônias. Você tem ouvido falar em montanhas sagradas, árvores sagradas ou mesmo pequenos montes que passaram a ser lugares santos, moradas dos deuses etc. Todos os livros sagrados, especialmente a Bíblia, falam de tais lugares onde os iluminados se reuniam em devoção e onde os profetas ditavam suas leis e revelações, inspirados pelas divindades que habitavam tais montes, montanhas, árvores ou arbustos santos. Assim são o Monte Sinai e a sarça ardente de Moisés, a árvore sagrada "Bo", de Buda, o Monte Tabor, o Olimpo, a morada dos deuses gregos, enfim, uma infinidade de sítios ou locais sagrados.

O templo de Deus é no interior de cada um, pois o homem verdadeiramente espiritualizado é um templo permanente onde se abriga o invisível Supremo Senhor do Universo. Embora tal fato fosse do conhecimento dos magos e irmãos iniciados, aqueles que não possuíam esse adiantamento espiritual precisavam de um local, um lugar santo para orar ou entrar em contato com as divindades. Foram, então, construídos locais próprios para reuniões, isto é, os primeiros templos, onde, em lugar especial, existia um altar.

Na Aumpram, que é a parte que nos interessa, esses templos eram circulares, geralmente em alguma caverna natural, onde se encontrava o altar, lugar elevado, sem representação ou imagem alguma a não ser a velhíssima pedra ou petroma das antigas iniciações, a qual era, sem dúvida alguma, a representação simbólica das montanhas sagradas dos seus antepassados. Posteriormente é que surgiram os locais e edifícios especialmente construídos para tal fim.

O Gongá primitivo era, portanto, o lugar sagrado das cerimônias, o local simbólico, a morada dos Orishás, onde os magos brancos da Aumpram praticavam seus rituais.

Com o decorrer dessas práticas, pela evolução e com a perda gradativa dos conhecimentos ocultos, a Aumpram perdeu, pouco a pouco, a sua pureza primitiva. O próprio ritual e cerimônias modificaram-se e o gongá deixou de ser o lugar sagrado, a habitação do Orishá, onde se reuniam os magos para cultuá-lo e iniciar os neófitos em seus mistérios. Tornou-se simples altar para orações, cheio de imagens e ídolos, num sincretismo híbrido que, se formos analisar convenientemente, será um misto de várias religiões e cultos, não tendo o menor ponto de contato com a Umbanda.

Os que pregam a adoração das imagens de barro e se dizem cristãos estão em flagrante contradição com a própria Lei de Moisés que foi seguida por Jesus e aceita pelas Igrejas: "*não farás imagens nem semelhança alguma do que há acima do céu, nem do que há abaixo da terra, nem das coisas que estão na água. Não te prosternarás perante elas nem lhes dará culto...*"

A antiquíssima Aumpram, como ramo da escola de iniciação universal, também seguia esse preceito, impresso nos estatutos da lei da confraria dos magos iniciados. Esses magos também possuíam dez mandamentos ou regras de conduta básica, divididos em três espécies:

1. *Pecados do Corpo*:	2. *Pecados da Palavra*:
Violar as mulheres	Mentir
Ferir o próximo	Dissimular
Roubar	Injuriar

3. Pecados da Vontade:
Desejar mal ao próximo
Desejar os bens alheios
Não se compadecer das misérias do próximo
Adorar ídolos
O primitivo gongá era local sagrado onde esses preceitos eram observados. Agora estão totalmente deturpados em seu sentido simbólico, oculto e místico.

ZIVAN: — Os primitivos gongás eram interditados aos profanos?

PAI VELHO: — Sim. Os profanos e os primeiros simpatizantes do culto eram atendidos ou instruídos fora do gongá. A primitiva Aumpram tinha o seu templo nos moldes dos santuários de todas as escolas iniciáticas, num lugar sagrado e inacessível aos leigos. Atualmente, na Umbanda, o gongá é simplesmente um altar ou oratório, acessível a todos.

ZIVAN: — A Umbanda prescinde de um gongá?

PAI VELHO: — Os atuais altares estão em flagrante oposição à Lei Universal dos primeiros magos. Sendo a Umbanda um movimento novo, aqueles que frequentam esse culto, não estando em condições de cultuar o Grande Senhor do Universo em sua abstração, têm necessidade de um altar ou gongá. Em toda e qualquer concentração de pensamento, seja oração ou magia, é sempre mais fácil ter um ponto concreto, um objeto palpável para firmar ou fixar tal pensamento ou tal magia. Assim, o altar ou gongá é o ponto de fixação, o local apropriado para os crentes buscarem a união, a comunhão com Deus, dentro do seu estado evolutivo atual.

O gongá deve existir e ser armado seguindo certos preceitos e orientação para que a sua utilidade seja efetiva, produza bons resultados e não se torne mera forma decorativa.

ZIVAN: — Como se arma um gongá?

PAI VELHO: — Sendo o gongá o ponto de fixação, ou melhor, o ponto onde é fixada e eliminada toda a operação mágica da Umbanda, ele deve ser orientado com a sua frente na direção da corrente cósmica correspondente ao chefe espiritual do terreiro. E isso por motivos óbvios, pois assim o gongá estará vibrando, quer positiva quer negativamente,

Umbanda, Essa Desconhecida   165

na direção precisa do médium, na direção de fixação e eliminação dos fluidos ou correntes magnéticas, não acumulando no ambiente ou em quem ali trabalha os efeitos negativos de toda e qualquer magia. Os outros médiuns que ali trabalham, embora, por vezes, não tenham a mesma orientação cósmica do chefe do terreiro, nada sofrerão; pois, debaixo da ordem do chefe espiritual, poderão ser "limpos" por ele. A descarga do gongá será sempre feita por aquele que comanda os trabalhos, processando-se por seu intermédio a total eliminação das correntes e fluidos negativos. Assim, cada chefe de terreiro, dependendo do seu Orishá, deve ter o seu gongá orientado para o ponto cardeal correspondente.

Um gongá mal orientado agirá como um ímã, ficando sempre carregado de fluidos negativos dos consulentes, das baixas entidades do astral, das descargas magnéticas e dos próprios fluidos dos médiuns. No gongá bem orientado, toda essa sorte de emanações negativas será eliminada pela própria fixação correta do gongá e dos apetrechos que o guarnecem.

Como você pode ver, Zivan, o gongá tem importância, principalmente no seu aspecto mágico. Tem ele duas finalidades importantes:

1. *Ponto de identificação* para os consulentes, lugar próprio, adequado para as preces e aonde todos aqueles que ali vão possam dirigir seus pensamentos, canalizando-os para um mesmo fim.

2. *Ponto de fixação e eliminação das operações de magia.* Nessa finalidade, os Orishás, Guias e Protetores impregnam o gongá com seus fluidos deixando-o imantado, o que propiciará a quem ali trabalha ou a quem ali vai em busca de consultas ou esclarecimentos, uma ação positiva em qualquer espécie de "trabalho". Com essa imantação, torna-se o gongá um lugar mágico por excelência, capaz de induzir boas correntes, perfeitas descargas e outros benefícios.

O gongá apresenta duas partes: uma aberta a todos, que é a parte do oratório propriamente dita. Varia de acordo com o grau de adiantamento espiritual dos fiéis que frequentam esse gongá.

O oratório deve ser simples e não conter estátuas de barro, em flagrante oposição ao culto puro que era, como já vimos, universalista. Acho mesmo que, para melhor evolução da Umbanda, por meio de esclarecimentos e doutrinações aos médiuns, ela deve se aproximar ao máximo, dentro do possível, do culto primitivo da Aumpram. Como, porém, toda evolução não se processa bruscamente, não dá saltos, para não ser radical, fico no meio termo e, assim sendo, no oratório ou na parte superior do gongá deve constar a imagem do padroeiro da casa, se possível, ou então a imagem do Mestre Jesus; uma tábua de formato quadrado, com o ponto da entidade-chefe "firmado", flores, as guias de trabalho, os copos com água, luzes e velas apropriadas.

A outra parte, mais importante, é esotérica e fica situada na parte inferior do gongá. Chama-se Otá, é secreta, ficando sempre cerrada por uma cortina. Tal qual os gongás primitivos, só é aberta aos médiuns, nunca aos assistentes ou profanos. O Otá, o verdadeiro gongá hermético, deve constar de elementos naturais como favas, raizes, contas, metais etc., correspondentes aos Orishás do chefe do terreiro, dos três planos de manifestação. É ali, no Otá, que fica o assentamento do gongá, ou melhor, a fixação de afinidade entre o aparelho e seus Orishás, Guias e Protetores. O assentamento no Otá é de grande importância e, sendo bem feito, com os elementos adequados, propicia melhor incorporação das entidades no aparelho.

Hoje o assentamento já não é feito como na primitiva Aumpram, pois naquela época ele tinha um poder de penetração enorme, a tal ponto que servia para unir uma coletividade inteira, agindo a grandes distâncias, tão bem eram imantados pelos antigos magos.

Os panos de ornamentação, quer sejam cortinas, quer sejam para o revestimento do gongá, devem ser todos nas cores próprias do Orishá do chefe do terreiro. O número de luzes ou velas é também de grande importância. De acordo com a numerologia sagrada dos primeiros magos, deve ser sempre ímpar. Quando par, apenas dez, por ser o número sagrado da Aumpram. Isso pode ser reduzido também à seguinte regra:

Umbanda, Essa Desconhecida

Pedidos de ordem espiritual: Velas ou luzes de número ímpar;
Pedidos de ordem material: Velas e luzes de número par.

O número, para os primitivos magos da Aumpram, era a expressão certa dos fenômenos exatos que constituem a gênese e o resultado da formação das humanidades. Dentro da Numerologia, cada número contém um mistério e um atributo que se refere à Divindade ou a alguma Inteligência. Na natureza, Zivan, tudo que existe forma uma unidade pelo encadeamento de causas e efeitos. Os números 1, 3, 7 e 10 são importantíssimos, quer dentro da cabala arcaica, quer no magismo primitivo. Eram também os números mais sagrados no ritual da Aumpram.

O 1 (um) representa a unidade absoluta, o Pai, a Primeira Causa, o princípio criador de todos os números e de todas as coisas. É o Infinito sem princípio nem fim, eterno, incognoscível e ao mesmo tempo cognoscível como pensamento puro. Era o número do Pai Bram, dos primitivos magos da Aumpram no seu sentido metafísico e transcendental.

O 3 (três) era o número da forma, a união da unidade com a dualidade. É o número da ação, do movimento. Era o número do Verbo, da palavra *Aum* unida à unidade *Bram* — *Aumpram* é um número, portanto, essencialmente sagrado, representativo da trindade metafísica que é, também, a base de todas as teogonias. Sendo o três o número da ação e representando no plano metafísico a Trindade Primordial, em sua expressão e manifestação (mundo manifestado) é o símbolo do Triângulo da Forma, que era o arcabouço, a base fundamental desse culto milenar que deu origem, hoje, às três formas de manifestações na Umbanda: caboclos, pretos velhos e crianças.

O número 7 (sete) até exotericamente é reconhecido como um número sagrado: sete dias da criação, sete cores básicas do espectro, sete notas musicais, sete dias da semana etc. Do ponto de vista esotérico, oculto, temos ainda a acrescentar: sete corpos ou veículos do homem, sete planos cósmicos ou de manifestação, sete rondas, sete raças, sete sub-raças, sete criações de que nos falam os livros mais

Roger Feraudy

secretos, sete planetas sagrados, sete Logos planetários, sete esquemas de evolução e, finalmente, sete Orishás nos seus desdobramentos de sete em sete, que vêm compor o quadro numérico de Guias e Protetores.

O sete é o número da expressão, razão de ser da manifestação, pois a pura ideação cósmica é expressa por esse número: sete Prajâpatis, sete Purushás ou Orishás, sete deuses misteriosos, sete Sephiroths ou sete Logos ou Logoi. Na milenar Aumpram, o sete simbolizava o microcosmo e o macrocosmo. Como microcosmo, o homem, que é também um setenário, pois possui sete corpos ou envoltórios, podia se representar por esse número. Como macrocosmo, o universo físico manifestado, que também possui sete envoltórios ou corpos, é igualmente representado por esse número. Numérica e cabalisticamente, pois, o duplo sete, o quatorze (14), é o micro e o macrocosmo, iguais e completados pelo aforismo arcaico: "*o que está em cima é igual ao que está embaixo*".[1]

O dez (10) era o número sagrado da Aumpram, ou melhor, representava a própria palavra. Nós já vimos que todos os Orishás, Guias e Protetores se reduzem a esse número dez, símbolo de Deus na Natureza e a Natureza em Deus. Era o número do ciclo perfeito e podia ser representado por um círculo com um ponto ao centro, representação que era encontrada em todas as teogonias e cosmogonias arcaicas. Isso você já sabe pela explicação da representação gráfica da palavra Aumpram, onde a circunferência significava o Universo Manifestado e o ponto, a unidade infinita, o Pai Bram.

Os pitagóricos representavam esse número assim:

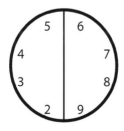

---
1 "Princípio da Analogia", de Hermes Trismegisto.

Umbanda, Essa Desconhecida

O círculo era o NADA, a linha vertical do diâmetro o UNO, o primeiro ou primitivo — o Verbo, a palavra AUM — do qual surgem o 2 e o 3 e assim sucessivamente até o número 9, que é o limite. O dez (10) é, pois, a primeira manifestação divina que contêm em si todos os poderes de expressão. A cabala arcaica ensinava que esses poderes ou números eram emanações da Luz Celeste, as dez Palavras Sagradas. Poderíamos mesmo dizer que o número dez, o número que expressava a palavra sagrada Aumpram, representava a natureza criadora, a Mãe Universal, dada pela cifra oculta ou zero, sempre procriando e multiplicando-se em perpétua união com a unidade ou Espírito da Vida. Do círculo, que era o Nada ou o Zero, nasceu a crença de que Deus cria o mundo do nada. Por tudo isso, o número específico da Aumpram, o dez, é o número da Unidade ou Lei — *Deus na Natureza e a Natureza em Deus*, lei que é dada pelo próprio desenvolvimento dos Orishás, Guias e Protetores, a *Lei da Unidade Universal*:

7 Orishás
49 Chefes de Legião
343 Guias
2.401 Protetores
7 + 49 + 343 + 2.401= 2.800 onde 2 + 8 = 10
ou ainda:
7
49 = 4 + 9 = 13
343 = 3 + 4 + 3 = 10
2.401 = 2 + 4 + 1 = 7
7 + 13 + 10 + 7 = 37 onde 3 + 7 = 10

Sabendo o que esses números sagrados — 1, 3, 7 e 10 — representavam na antiguidade da Aumpram é fácil compreender o que eles podiam, podem e devem representar dentro do magismo.

Em razão dessa magia vibratória do número, que é a essência do cosmo manifestado, é que a Umbanda se compõe dese número fixo de entidades, que não pode ser acrescido ou diminuído é a magia do número, o ritmo sagrado da criação.

O gongá, sendo um ponto de fixação e eliminação e, ainda, veículo de todas as operações de magia, deve também obedecer à numerologia sagrada e mágica em sua ornamentação e iluminação.

Esse é o motivo fundamental do número ímpar nas velas, luzes e copos com água, que devem ser usados no gongá de cerimônias, excetuando o número dez, que é par, pelas razões já expostas.

Porém, para cada tipo de cerimônia, varia o número mágico de velas e de copos com água. Pai Velho vai exemplificar bem isso, pois é de suma importância nos rituais:

1. *Para cerimônias de cunho puramente espiritual*: doutrina, preleções, preces de âmbito universal, estudos superiores, concentrações visando ao bem geral: apenas uma vela acesa ou luz e um copo com água em cima de toalha alva.

2. *Para cerimônias de batismo, confirmação, desenvolvimento mediúnico*: consultas de um modo geral; trabalhos e consultas não envolvendo magia: três velas ou luzes acesas e três copos com água.

3. *Para cerimônias de magia*: descargas, trabalhos, correntes, transportes etc.: sete velas ou luzes acesas e três copos com água.

4. *Para cerimônias festivas*: festas nos dias dos Orishás, Guias e Protetores, padroeiros, inclusive casamentos e outros sacramentos: dez velas ou luzes acesas com dez copos com água.

Nas reuniões de caráter puramente material, desde que sejam objeto de inteira justiça e não prejudiquem ninguém, deve-se usar o número de velas par: 2,4,6 ou 8. O número de copos com água será variável de acordo com o número de velas: duas velas, dois copos com água e assim sucessivamente.

Nas reuniões de magia dos Exus, o número de velas varia para cada falange.

Ainda quanto aos números pares ou ímpares de velas ou luzes em função dos pedidos ou consultas, temos a considerar, dentro do princípio da numerologia sagrada, que os números também eram divididos em positivos e negativos.

Números pares — 2, 4, 6 e 8: são negativos ou femininos.

Números ímpares — 1, 3, 5, 7 e 9: são positivos ou masculinos.

Assim, de acordo com os pedidos, o número de velas ou

Umbanda, Essa Desconhecida

luzes. *Os pedidos de ordem material* são pedidos negativos, portanto número de velas negativo ou par. *Os pedidos de ordem espiritual* são pedidos positivos, portanto número de velas positivo ou ímpar.

Os dias da semana também estão enfeixados dentro desse princípio básico, sagrado e numérico. Temos dias pares, negativos ou femininos, e dias ímpares, positivos ou masculinos.

Dias Positivos: terças, quintas e sábados.
Dias Negativos: segundas, quartas e sextas.
Dia Neutro: domingo (tanto positivo como negativo).

Esses dias estão condicionados aos signos zodiacais de cada aparelho. Sabendo-se a que signo pertença determinado médium, positivo ou negativo, teremos o dia propício aos seus trabalhos de consulta, magia etc.

Aparelhos de *signo positivo* - dias propícios a qualquer tipo de trabalho, principalmente magia: terças, quintas e sábados.

Aparelhos de *signo negativo* - dias apropriados: segundas, quartas e sextas.

ZIVAN: — Qual é o motivo da vela e do copo com água nas cerimônias?

PAI VELHO: — Você deve ter reparado que o número de tais apetrechos tem uma razão oculta, isto é, identificação do objeto (vela, copo) com o número sagrado dando, assim, uma harmonia cerimonial e produzindo um estado vibratório adequado à cerimônia. A vela e o copo com água, oculta e cabalisticamente, representam os dois elementos — água e fogo — considerados os essenciais da natureza.

A água simboliza a origem, o caos primordial ("e o espírito de Deus movia-se sobre as águas"). É o símbolo do eterno feminino da natureza, dado pelo signo sagrado representativo das ondas do mar. As águas, por esse motivo, sempre representaram a idéia da origem, da mãe, e a própria ciência terrena coloca a origem da vida nas águas do mar. A água representa, assim, o princípio, a origem, a portadora da vida, o eterno feminino da natureza — Yemanjá.

O fogo é o outro elemento que nos dá o simbolismo

completo: é o princípio e o fim, o alfa e o ômega. O inteiro cosmo foi, é e será fogo vivo, que ora se acende, ora se apaga, segundo leis imutáveis. *Todas as coisas se transformam em fogo e o fogo se transforma em todas as coisas.* É o símbolo da Eternidade. Ademais, quando eu falei sobre o fogo sagrado, o Agni dos Vedas, já traduzi ali toda a sua concepção oculta e simbólica. O Pai e a Mãe, o fogo e a água. O positivo e o negativo. Os dois pólos, a dualidade de toda manifestação, de onde tudo provém. O mistério sagrado do nascimento do microcosmo e do macrocosmo. O Pai (Bram) que pelo Filho (a raiz da matéria) cria com a Mãe (o espaço virgem, as águas primordiais), os universos manifestados, fenômeno que é dado na síntese Aumpram.

Esta é a razão simbólica e oculta desses dois elementos importantíssimos, água e fogo (a vela e o copo com água) no lugar mágico, o gongá, em todas as cerimônias do culto de Umbanda.

ZIVAN: — Sempre pensei que o copo com água servisse para descarregar e eliminar toda corrente negativa e a vela representasse a luz para os nossos Orishás, Guias e Protetores. Compreendi, porém, que o motivo é de ordem mais profunda.

PAI VELHO: — Até certo ponto sua conclusão não é totalmente errada. A água, sendo o elemento que simboliza a origem, a descarga se faz totalmente por seu intermédio, pois tudo que dela emana tem que voltar a ela inevitavelmente, anulando-se a si mesma. Esse é o próprio princípio imutável, expresso pelo simbolismo do Pai que emana tudo de si para depois absorver tudo Nele. É a Lei Universal expressa simbolicamente pelos dias e noites de Brahma.

O fogo, conforme verificamos, representava Deus. Deus é luz. Portanto, a luz (Deus) ofertada aos Orishás, Guias e Protetores, também é uma representação correta, além de ser uma concepção altamente filosófica.

ZIVAN: — Quais as cores apropriadas para os panos e cortinas de ornamentação?

PAI VELHO: — Para cada um dos sete Orishás há uma cor própria e basta saber a qual Orishá pertença o chefe do terreiro para termos a cor que deve ser usada nas cortinas e

Umbanda, Essa Desconhecida   173

panos de ornamentação. O pano que cobre as prateleiras ou degraus do gongá deve ser sempre branco. O que irá variar serão as cores das barras e das cortinas.

Vibração de Oshalá: cortinas brancas.

Vibração de Ogum: cortinas e barras na cor vermelha.

Vibração de Oshosi: cortinas e barras na cor azul-celeste.

Vibração de Shangô: cortinas e barras na cor verde-bandeira.

Vibração de Yemanjá: cortinas e barras na cor amarelo--pálida.

Vibração de Yori: cortinas e barras na cor alaranjada.

Vibração de Yorimá: cortinas e barras na cor violeta.

No interior do Otá, quando houver panos de cobertura ou barras, devem ser sempre na cor esotérica dos Orishás.

ZIVAN: — As flores de ornamentação têm também alguma particularidade oculta?

PAI VELHO: — Como as ervas, as flores também podem ser classificadas em solares ou masculinas e lunares ou femininas. Dessa forma, as flores para ornamentação do gongá variam segundo o chefe de terreiro, de acordo com o signo zodiacal a que pertença. Assim sendo:

Aparelhos de signo positivo: Leão, Libra, Sagitário, Áries, Gêmeos e Aquário. Devem usar flores masculinas ou solares;

Aparelhos de signo negativo: Peixes, Touro, Virgem, Escorpião, Câncer e Capricórnio. Devem usar flores negativas, femininas ou lunares.

Isso tudo, Zivan, serve fundamentalmente para se obter uma harmonia vibratória perfeita entre o gongá e a vibração própria do chefe do terreiro.

O número de flores em cada jarra deve ser sempre ímpar, bem como o número de jarras. O número dez, de flores ou jarras, constitui exceção e pode ser usado quando não se observar o número ímpar.

22.
Cambono: suas origens e sua verdadeira função no umbanda

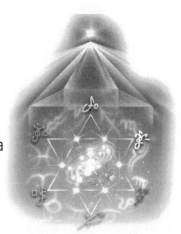

ZIVAN: — O que é "Cambono?" Qual a sua origem e verdadeira função dentro do ritual da Umbanda?

PAI VELHO: — A origem da palavra Cambono ou Cambone, é uma corruptela proveniente das raças primitivas que praticavam o culto puro arcaico.

Origina-se ela do vocábulo *Cam* ou *Sham*, designativo da quarta raça-raiz, ou melhor, do homem do final dessa raça, separada em sexos, autoconsciente, dado pelo simbolismo dos três filhos de Noé e do "mantra" dessa mesma raça: *"Om Mani Padme Hum"*, que significava "Eu estou em ti e tu estás em mim" e podia ser traduzido pelo vocábulo OM.

O mago auxiliar das cerimônias era assim o *Cam-Om*, mais tarde *Cam-Aum*, ou melhor, o homem perfeito — Cam (o homem completo, com todos os seus veículos constituídos, autoconsciente, não mais incompleto e dirigido como as humanidades anteriores), capaz de velar, auxiliar e dirigir as cerimônias do Verbo Sagrado OM ou AUM.

Não era um *Cam-Naga,* ou um Mestre da Sabedoria, mas era um *Cam-Om* ou auxiliar direto desse Mestre Iniciado, dirigente máximo da Aumpram.

Cam-Om ou Cam-Aum
Cambondo
Cambonde
Cambone
Cambono

O Cambono da primitiva Aumpram era uma peça importante no culto, porque, além de ser um auxiliar direto dos primeiros magos, era, inclusive, um iniciado com vastos conhecimentos para poder comandar as cerimônias, quer no seu aspecto ritualístico, quer no evolutivo das entidades, médiuns e assistentes, quer no aspecto doutrinário e filosófico.

O Cambono primitivo era instruído pelos magos no seu mister, estudando os Sagrados Mistérios, linguagem simbólica, ritos arcaicos, liturgia, passando vários anos a privar com seus Mestres e Instrutores para poder bem desempenhar as suas funções.

Era também o Cambono, de acordo com a sua ficha astral astrológica levantada pelos magos, consagrado ao seu Orishá correspondente, à sua vibração própria, para poder atuar com harmonia vibratória nesses trabalhos. Em suma, era um mago menor com vastíssimos conhecimentos a serviço desse culto puro.

Sendo o Cambono auxiliar, Zivan, você pode entender que soma de grandes conhecimentos devia ter para poder efetivamente atuar nessas cerimônias! Conhecimentos de numerologia, som vibratório, ou magia sonora, para poder atuar nos pontos cantados, mantras de fixação vibratória; astrologia e quiromancia sagradas; anatomofisiologia oculta, para poder atuar no chacra preciso desse ou daquele aparelho; química e física ocultas, estudo das cores para uso na cromoterapia, em suma, conhecimento completo da Lei da Aumpram para poder atuar eficientemente nos trabalhos dentro da falange, subfalange ou legião exatas.

Atualmente, o Cambono não tem o preparo necessário para essas funções. Pela sua própria condição, a Umbanda de hoje é um movimento nascente e o Cambono não pode ter a soma de conhecimentos que possuía na antiguidade, porém é necessário que ele possua os seguintes atributos :

1. Honestidade de propósitos, pureza, vida correta e limpa, seguindo o preceito fundamental de que todo umbandista tem o dever de servir sempre. *Dotes morais, de um modo geral.*

2. Possuir vibrações em harmonia com o chefe espiritual da casa, e por esse motivo o Cambono deve ser sempre escolhido pelo Guia-Chefe.

3. Amplo conhecimento da doutrina para orientar os trabalhos e os consulentes para o sentido puramente espiritual.

4. Pleno conhecimento do que representa a magia-som, pois dessa maneira orienta os *pontos cantados* para a sua finalidade: provocar a harmonia perfeita, o equilíbrio ideal para as identificações entre aparelhos, Guias e Protetores; tornar o ponto cantado outra vez um "mantra" sagrado, mágico.

5. Conhecimento perfeito da significação do *ponto riscado*. E aqui deve o Cambono ser instruído pelos Orishás, Guias e Protetores.

6. Conhecimento de ervas e flores adequadas aos banhos, defumadores etc. Isso implica o conhecimento dos signos zodiacais e suas influências sobre os seres encarnados. Portanto, deve o Cambono conhecer Astrologia (pelo menos, rudimentos), sendo capaz de levantar uma ficha astral de qualquer pessoa com a máxima precisão.

7. Plenos conhecimentos de Magia, a sua importância, símbolos e métodos de atuação no terreno positivo ou negativo.

8. Atitudes e maneira de se conduzir adequadas à função sacerdotal. O Cambono deve ter respeito e humildade, interesse por seus semelhantes e manter principalmente o sigilo absoluto quanto às consultas e às questões mais delicadas entre o Guia e o consulente.

Essas regras, meu filho, fazem um verdadeiro Cambono, um auxiliar ou intermediário entre os Orishás, Guias e Protetores e os "filhos de fé" que vão à Umbanda buscar a paz e o conforto espiritual para os seus males. Essa é a verdadeira função e posição do Cambono dentro do ritual da Umbanda.

ZIVAN: — Qual é a finalidade dos tambores e das palmas no ritual?

PAI VELHO: — O tambor, ou atabaque, e as palmas são usados em oportunidades adequadas. Em determinadas ocasiões, e para isso é preciso saber qual a hora apropriada, eles têm a sua função no culto; pois, em certas cerimônias ou trabalhos, a modificação e provocação de vibrações mais acentuadas ou desarmônicas são muitas vezes necessárias.

Umbanda, Essa Desconhecida

Os atabaques ritualísticos eram instrumentos sagrados, quer pelos sons vibratórios produzidos, os quais, dentro da magia-som e pelo movimento percutidor, deslocavam camadas diversas precipitando certas correntes e dando uma tônica vibratória exata que se harmonizava com determinada classe de entidades. Eram usados nas cerimônias em que se fazia necessário deslocar ou precipitar camadas vibratórias com maior intensidade. Era a pura magia-som, dada por alguns sons próprios em três tonalidades da escala cromática, e que comandava principalmente os elementares e alguns espíritos da natureza. Essas três tonalidades, representativas das três oitavas em que são ordenadas as notas musicais, eram o símbolo do movimento espiralar dos fenômenos manifestados, dados pelos ciclos, cifras e números do universo físico: a grande espiral cíclica onde estão ordenados todos os fenômenos, o eterno ir e vir, o grande respiro do universo. Por esse motivo eram usados no culto milenar três atabaques sagrados, de tamanho e tonalidade diferentes.

Tudo na natureza está disposto em escalas setenárias, em oitavas perfeitas, qual escala cromática musical, pois o Universo Manifestado e tudo que o contém é pura vibração traduzida por sons. Assim, cada corpo, átomo, planta, molécula, planeta etc. tem um som vibratório próprio.[1]

Sabido isso, Zivan, vamos observar as escalas setenárias absolutamente idênticas no infinitamente pequeno e no infinitamente grande. O microcosmo e o macrocosmo. São os sete planos cósmicos, os sete planetas sagrados, os sete Logos, os sete esquemas de evolução, os sete corpos ou veículos do homem e dos planetas, os sete corpúsculos atômicos, as sete gradações das cores simples, as sete notas musicais etc. Isso, meu filho, é a própria razão de ser da manifestação que agrupa todos os fenômenos nessas escalas setenárias vibratórias.

Os atabaques, que também produzem som, copiam em escala menor essa disposição setenária em oitavas perfeitas do edifício cósmico por meio dos três tons de cada um dos três atabaques. Esses tons, por sua vez, também estão dispostos em oitavas crescentes na escala musical, ou seja, da nota dó a dó.

1 "Nada está imóvel; tudo se move; tudo vibra." *Princípio da Vibração*, de Hermes Trismegisto).

É a magia do som copiando a essência do som maior que é o próprio universo físico, também enorme edifício em escalas setenárias dispostas em oitavas perfeitas.

ZIVAN: — Como eram fabricados esses atabaques?

PAI VELHO: — Havia, naqueles tempos antigos sacerdotes especialmente encarregados do preparo e confecção dos tambores sagrados. Esses sacerdotes, denominados os "Guardiões do Sagrado Som" e treinados para tal mister, eram capazes de tirar dos instrumentos os três tons fundamentais, vibrados e destacados em três oitavas distintas.

Havia nos templos primitivos da Aumpram animais sagrados, especialmente cabras, ou melhor, um certo tipo de animal que muito se assemelhava à cabra atual, que fornecia o couro para a confecção dos instrumentos. Em determinadas épocas do ano, eram sacrificados em cerimônias especiais, sem derramamento de sangue, os animais machos que fossem totalmente brancos, sem mancha alguma no pêlo, e que ainda não tivessem sido cruzados. O animal ingeria uma beberagem que promovia sua morte sem sofrimento, e a pele era tirada pelo sacerdote, para depois ser tratada por meio de ervas e defumações. Finalmente, era ela fixada em madeira apropriada, de feitio côncavo, constituindo-se, assim, no atabaque sagrado de cerimônia. Não se usava na sua confecção nenhum metal, apenas cunhas de madeira e cordas feitas das próprias vísceras do animal para esticar o couro. Pronto o atabaque, era feita a sua imantação pelos sacerdotes-guardiães do sagrado som e somente então era o instrumento considerado como pronto para ser usado nos rituais de magia.

Citei apenas uma espécie de animal que fornecia o couro dos atabaques: porém, essa espécie variava de acordo com a região ou localização dos templos. De um modo geral, era sempre sacrificado um animal-totem de cada coletividade.

Conhecida, Zivan, a verdadeira finalidade oculta dos atabaques na magia cerimonial, podemos concluir que aqueles comprados no mercado, sem manipulações próprias e sem tonalidade exata, não podem ter o menor valor cerimonial ou oculto. Por esse motivo, acho que na atual Umbanda o seu valor é nulo nesse sentido, servindo apenas para trabalhos de magia negativa e precipitar vibrações pelos sons percutidos ou desarmônicos, comandando certa classe de entidades para se chegar ao efeito desejado.

As palmas têm a mesma finalidade. As mãos são órgãos de ação por onde circulam correntes as mais variadas, por isso o movimento brusco das batidas das palmas provoca uma precipitação dessas correntes ocasionando maior deslocação de fluidos de caráter desarmônico.

23.
O que é magia

ZIVAN: — *O que é magia?*

PAI VELHO: — Tudo no Universo é magia. O próprio fenômeno da manifestação é uma consequência da magia — Magia Divina.

Podemos definir ʝia como todo movimento produzido pela vontade, capaz de produzir uma modificação, originando um desequilíbrio chamado dualidade, que pode ser transitório ou duradouro.

A magia está subordinada a diversas leis, que passamos a enunciar:

1. Toda e qualquer magia é mental;
2. Toda e qualquer magia está baseada na dinâmica do pensamento;
3. Pensamento atrai pensamento na razão direta de sua qualidade, intensidade e vontade, tanto de quem o emite, quanto de quem o recebe;
4. O movimento produzido pela vontade pode ser concreto ou abstrato;
5. Todo movimento provocado pela vontade do pensamento produz energia, que pode ser positiva ou negativa (Magia Branca e Magia Negra);
6. Na energia produzida pela emissão do pensamento é eliminado o espaço, este deixa de existir, porém não o tempo;
7. Toda e qualquer magia é regida por três regras básicas:
   a. A Lei do espírito é Deus;

b. A Lei do Universo é a evolução;

c. A Lei da matéria é o número.

8. Toda magia é regida pela Lei de Causalidade;

9. Toda causa corresponde a um efeito, imediato ou tardio;

10. Sendo o pensamento uma forma de energia produz: luz, calor, cor, som, forma e número.

Como a Umbanda é essencialmente mágica, é absolutamente necessário que os seus praticantes conheçam as bases fundamentais da magia, não para praticarem-na de modo desordenado, mas, pelo seu conhecimento, poderem distinguir entre a Magia Branca e a Magia Negra, de vez que o limite entre ambas é tão tênue que é muito fácil descambar para as práticas da "esquerda".

Por isso, queremos deixar claro ao estudante e ao praticante do culto da Umbanda que o uso da magia é extremamente perigoso. Não só pelos efeitos causados, como também pelas consequências imediatas e futuras que o uso indevido pode provocar. Já disse um sábio Mestre: "Usar a magia é como caminhar sobre o fio de uma navalha".

Por isso, insistimos, deve-se deixar o uso da magia, embora Branca, para quem sabe usá-la. No caso, um mago, um magista,[1] ou, finalmente, os nossos Guias, Protetores e Agentes Mágicos Universais.

Porém, é imprescindível que todo estudante, praticante ou interessado na Umbanda, conheça os fundamentos dessa ciência para poder distinguir seu bom ou mau uso, como também poder defender-se das vibrações negativas. Pelo seu conhecimento, poderá ser salvaguardado seu progresso espiritual, evitando os atalhos e meandros a que o desconhecimento dessa matéria inevitavelmente o levaria.

Mas vamos examinar as dez leis fundamentais da magia:

Toda magia é mental.

O dínamo, o gerador de toda e qualquer magia, é o corpo mental, que transforma a energia abstrata em concreta, por meio de três atributos inerentes à própria mente. Estes atributos, em magia, são denominados as três chaves superiores: Sabedoria, Vontade e Atividade.

1 N. do Autor - Magista: aquele que executa operações mágicas sob orientação do mago. Todo mago é magista, mas nem todo magista é mago.

O pensador deve possuir o conhecimento — Sabedoria (que tipo ou qualidade de magia será efetuada) —, Vontade para imprimir nesta energia mental o efeito que deseja e, finalmente, Atividade, para pôr em movimento, em ação, direcionar esta energia.

ZIVAN: — *Porém, se toda e qualquer magia é mental, qual a finalidade dos diferentes objetos que se usam na sua prática?*

PAI VELHO: —Como os seres humanos são incapazes, na sua grande maioria, de mentalizar o abstrato, usam-se determinados objetos e pontos riscados, que são, evidentemente, catalisadores, ou ainda, aquilo que pode ser imantado, para facilitar e orientar a emissão de pensamento ou energia. São as cerimônias denominadas Magia Cerimonial. *Toda e qualquer magia está baseada na dinâmica do pensamento.*

O pensamento dinâmico em ação cria energia, que pode ser positiva ou negativa. Pela liberação da energia é eliminado o espaço, ou seja, não existe distância que essa energia assim criada não possa atingir.

Sendo o tempo a dimensão da energia, podemos facilmente chegar a um outro enunciado:

Toda energia liberada por um pensador por meio da Vontade, Sabedoria e Atividade, e direcionada a fim de produzir uma modificação, terá um tempo de duração variável.

Mas vejamos como funciona esta dinâmica do pensamento:

Um pensador A emite uma energia positiva para um pensador B. Porém, B está, no momento, negativo, está vibrando numa faixa de onda diferente de A. Esta energia ao chegar até B, não penetra, não o envolve e volta para seu emitente A. Isso se denomina "Retorno". Na volta da energia para o pensador A, todos aqueles que estiverem vibrando na mesma tônica, no mesmo campo vibratório do pensador, receberão e serão envolvidos por esta emissão de energia. No caso de emissão de uma energia negativa daqueles que são envolvidos por estarem vibrando na mesma tônica, diz-se vulgarmente que estão com um "encosto", ou ainda, sofrem de uma vampirização inconsciente.

Umbanda, Essa Desconhecida

Suponhamos que o pensador A emita um pensamento positivo para o pensador B e que esse se encontre também positivo. A emissão de energia penetrará e envolverá B. No caso de emissão de energia negativa o processo é idêntico. Consequentemente, teremos: Retorno positivo e Retorno negativo.

Logo, podemos concluir, a dinâmica do pensamento funciona como a eletricidade: pólo positivo e pólo negativo. Semelhante atrai semelhante e dissemelhantes se repulsam.

A + ⟵⟶ B - (Não penetra, não envolve)

A - ⟵⟶ B + (Não penetra, não envolve)

A + ⟶ B + (Penetra, envolve, atinge seu objetivo)

A - ⟶ B - (Penetra, envolve, atinge seu objetivo)

A duração variável da emissão de pensamento — magia — está condicionada àquilo que denominamos Retorno tardio. O Retorno imediato, já observamos, é quando o receptor está vibrando em campos vibratórios diferentes. O Retorno tardio é sempre ocasionado pela Lei Imutável da Natureza — o Carma. A toda causa corresponde um efeito. Assim, quem dirige, quem orienta uma emissão de pensamento, quer positivo, quer negativo, receberá, embora tardiamente, o efeito dessa causa provocada.

Já podemos enunciar a Lei Maior da Magia: *a toda a causa corresponde um efeito, igual e contrário.*

Na aura do planeta Terra, existem núcleos de pensamentos de todas as espécies. Quando um pensamento positivo é emitido, primeiro é captado pelo núcleo positivo existente e daí se dirige ao receptor, levando todas as boas influências. Os pensamentos afins captados, quando esta emissão é negativa, captam todas as negatividades contidas neste núcleo de pensamentos negativos, daí se dirigindo ao receptor.

A Lei Maior da Magia já pode ser enunciada em sua forma definitiva: A energia-pensamento tende a se somar às existentes de acordo com sua intensidade, qualidade e afinidade. *Logo, a toda causa corresponde um efeito adicional e contrário.*

O Retorno Imediato pode ser evitado pelo mago ou magista, que usa o recurso que nós denominamos Transferência. Nos pontos riscados e objetos usados para este fim, o mago transfere sua poderosa energia mental. Depois, imanta e dirige sua magia para o fim a que se destina. Se o receptor estiver vibrando em outra faixa, o retorno dessa operação voltará, não para o emitente, mas para o ponto riscado e objetos imantados que o receberão e imediatamente o devolverão. Este mecanismo funcionará pelo tempo que for determinado pela imantação e poder da vontade do magista até atingir seu objetivo, que será alcançado ou não, dependendo do poder do mago. Durante a transferência, o magista se protege com uma "concha etérica".

O movimento produzido pela vontade pode ser concreto ou abstrato.

A magia abstrata, já vimos, é sempre um processo mental. No caso da magia concreta, além do procedimento mental (sem o qual a magia não existe), são utilizados objetos próprios que são imantados pelo magista: figuras geométricas (pontos riscados), os elementos "mater" da natureza (ar, água, terra e fogo), os elementais inferiores e os elementares (egrégoras).

Os elementos são a matéria-prima dos magistas para executarem suas manipulações. Assim como os químicos usam as diferentes substâncias químicas, os magistas usam os elementos e seus elementais inferiores.

A magia cerimonial é um artifício que o magista usa para executar e produzir suas modificações mágicas, baseada na lei de que todos os elementos são transmutáveis, ou seja, podem ser transformados uns nos outros. Esta transmutação é conseguida pelo conhecimento completo dos tattwas e seus tam-mattras e com a ajuda dos elementais inferiores, pelos magistas conjurados, e, também, com a criação de artificiais — egrégoras — depois destruídos pelo magista.

Existem dois tipos de Magia Cerimonial: para fins positivos e para fins negativos. Magia Cerimonial Branca e Magia Cerimonial Negra.

As cerimônias para fins negativos são aquelas efetuadas de um modo geral (e isto não interessa à Umbanda), com animais sacrificados, ervas lunares de polarização negativa, essências aromatizantes, substâncias voláteis (éter, cachaça, álcool etc.), elementos de alta percussão (pólvora), que desloquem camadas astrais e etéricas com facilidade e outros materiais próprios a estas práticas abomináveis.

As cerimônias para fins positivos são efetuadas por meio do ponto riscado, figuras geométricas — tattwas — e imantações de pedras preciosas, semipreciosas, cristais de rocha, pedras, favas e metais apropriados às Vibrações Originais. Há uma diferença entre essas substâncias, pois umas precipitam vibrações e outras retardam. Entre o retardo e a precipitação também existe diferença. Quando o magista quer usar a magia negra direcional, utiliza substâncias que precipitem vibrações; no caso da magia branca, utilizam-se substâncias que retardam vibrações. O termo vibração empregado diz respeito à precipitação ou não da magia.

Na Umbanda não se usam, de forma alguma, trabalhos efetuados nos cemitérios, *pois são perigosíssimos.*

Somente magos capacitados, que tenham verdadeiro conhecimento, podem entrar nesses lugares para fazer seus trabalhos, mesmo assim cercados de todas as precauções, devido às baixíssimas vibrações, acrescidas de infinidades de egrégoras de diferentes naturezas. Encontram-se ali espíritos desencarnados de baixa vibração e sofredores, com sua corte de trevosos e infelizes, debatendo-se nas emanações pútridas dos sepulcros. Afora isso tudo, os trabalhos de baixa magia negra, praticados nesses locais, deixam uma série de vibrações indesejáveis, bem como os verdadeiros vampiros do astral, que ali se instalam depois dessas práticas condenáveis.

Somente em casos excepcionais, um mago se dirige para esses locais a fim de executar trabalhos. O cemitério é a morada das cascas inferiores dos seres que já se foram e ali, evidentemente, não mais se encontram.

Os cemitérios, infelizmente, são locais para prática da magia negra e seus seguidores. **A Umbanda nada tem a ver com essas práticas.**

186   Roger Feraudy

Com respeito aos pontos riscados, na Magia Cerimonial, não basta se traçar a Flecha, a Chave e a Raiz; é necessário, ainda, e isso é o mais importante, o número.

O número, base de todo e qualquer selo mágico, é produzido pela vibração-som, mantra, que irá produzir a cor, a forma geométrica, morfológica, chave numérica necessária para toda e qualquer emissão de energia (magia direcional), quer positiva, quer negativa.

As três letras sagradas — *Aum* —, vocábulo místico de invocação, um mantra, não são para ser pronunciadas como uma simples palavra, um simples som. A tônica adequada em cada letra é que dará o resultado positivo que se quer efetuar. É deste som mágico, que é plasmado, fixado no ponto riscado, que os elementos mágicos, que se quer manipular e usar, para fins positivos, são orientados e liberados. Somente com este som próprio estará o ponto riscado completo.

No cerimonial de magia negra, também existe um som próprio que completa o ponto riscado e faz com que o magista o use para seus fins com efeitos duradouros (o máximo de sete dias) ou imediatos.

Logo, quando se efetua uma operação mágica (Magia Branca), no cerimonial, além dos objetos apropriados, o ponto riscado e a dinâmica do pensamento com as três chaves superiores, é necessário que haja uma ordem, a *Ordem de Trabalho*, que é dada pelo som mágico — *Aum*.

No seu verdadeiro sentido, o vocábulo Aum significa a boa obra e não um simples som pronunciado com diversas inflexões. Deve ser pronunciado em atos positivos.

Recordando:

Na Magia Cerimonial toda e qualquer magia entra em atividade quando, além dos traçados (pontos riscados) e dos objetos catalisadores, forem imprimidos:

1. Orientação da energia (a quem é dirigida, sua qualidade e intensidade);

2. O uso das três chaves superiores: Vontade, Sabedoria e Atividade;

3. O Ponto Riscado. Na Magia Cerimonial, todos os trabalhos são efetuados naquilo que conhecemos como *Triângulos Fluídicos de Força Cósmica*. Estes triângulos equiláteros são

Umbanda, Essa Desconhecida 187

acrescidos de sete sinais positivos e sete negativos e são também denominados Selo do Mago ou dos Agentes Mágicos Universais.

ZIVAN: — O que são esses Triângulos Fluídicos de Força Cósmica?

PAI VELHO: — Esses triângulos fluídicos são ordens emanadas dos Agentes Mágicos, ditos Exus, e são a "dimensão-alimento" de entidades etéricas e astrais, naturais e artificiais. No mundo astral, esses triângulos fluídicos agem como equilibrantes da magia e atuam de modo ativo, deixando passivas as entidades que vibram e se "alimentam" destas figuras geométricas. Por outro lado, estes triângulos atuam como força positiva, ordenando e pondo ordem onde há desordem. Assim como os seres humanos necessitam do ar e do alimento para viver, existem entidades do mundo etérico e astral que "vivem" e se "alimentam" de figuras geométricas, "aparecendo" e "desaparecendo" enquanto essas figuras — triângulos fluídicos — impregnadas por magia, atuarem. A "forma", sendo um estágio vibratório, atuando no tam-mattra específico, pode transformar um tattwa em outro e, consequentemente alterar uma forma em outra ou até mesmo destruí-la, no caso de um artificial.

Depreende-se disso tudo que se podem traçar triângulos equiláteros à vontade – estas figuras geométricas não produzirão resultado algum se não tiverem os sinais adequados e a imantação necessária praticada pelo magista ou mago. Quando da grande luta entre a magia branca e a magia negra no continente Atlante, os Agentes Mágicos Universais vieram ajudar os magos brancos. Adaptaram suas vibrações às condições humanas, circunscrevendo-as aos triângulos fluídicos em que passaram a atuar no combate frontal às forças do mal.

4. Os Objetos Catalisadores (metais, pedras, favas, ervas etc.);

5. Os elementais inferiores, etéricos e astrais utilizados e os artificiais (egrégoras) criados para este fim;

6. A Ordem de Trabalho: o som mágico, mantra, que completa a operação.

O Mago Branco só efetua operações de magia com dois propósitos:

1. Harmonia Universal, limpeza da crosta terrestre e eliminação de magia negra envolvendo um indivíduo ou uma coletividade. Não subjuga os elementais inferiores, nem os elementares. Não os conjura, mas entra em harmonia vibratória com eles. Mesmo porque estes últimos, os artificiais (elementares), são modelos borrados, imperfeitos e criados, que trarão à espécie humana grandes responsabilidades em rondas futuras;

2. No combate à magia negra, não a destruindo, de vez que nada se destrói na natureza, mas neutralizando-a e impedindo sua proliferação.

A Lua tem uma importância fundamental na magia; pois, sendo um cadáver astral, sua influência é notória. Estas influências são intensamente psicofísicas, pois, como um astro morto, emite emanações nocivas, agindo contra os seres encarnados como um vampiro, a tal ponto que se alguém dormir com a cabeça debaixo de sua luz, principalmente na lua cheia, perderá bastante energia vital.

ZIVAN: — Que pode ser feito para neutralizar essa ação negativa?

PAI VELHO: — Para poder nos preservar dessa influência maligna, devemos cobrir a cabeça com um pano branco que irá desviar os seus raios.

Durante a lua cheia, fase de sua maior influência, a Lua emite partículas que absorvemos e são eliminadas muito lentamente, exaurindo-nos de energia vital — prana.

Quando há neve, sua influência é menor, pois o branco impede sua atuação como vampiro de energia. Por esta razão, os picos nevados ou montanhas cobertas de neve são locais puros e isentos dessa influência.

Esotericamente, a Lua é símbolo de manas[2] inferior e também do astral, ou melhor, símbolo do binário Kama-Manas.

Toda a operação de magia branca deve ser efetuada no quarto crescente lunar e toda a operação de magia negra na lua cheia. A lua nova é neutra e a minguante oferece poucas possibilidades para as operações e manipulações mágicas.

Também as ervas, sob a influência da lua, serão de pola-

---

2 Manas - Do sânscrito: mente

Umbanda, Essa Desconhecida

rização negativa e, quando usadas na lunação certa, darão o resultado a que se propõem.

Toda e qualquer magia é regida por três leis básicas:

1. A Lei do Espírito é Deus;
2. A Lei do Universo é Evolução;
3. A Lei da Matéria é o Número.

Estas três regras ou leis se constituem naquilo que conhecemos como RITUAL OU CERIMÔNIA DE ALTA MAGIA. Evidentemente, estamos nos referindo à Magia Branca.

ZIVAN: — *Poderia nos esclarecer melhor sobre essas Três regras básicas?*

PAI VELHO: — Sim.

1. A Lei do Espírito é Deus

O homem, um microcosmo idêntico ao macrocosmo, reafirma o postulado por Hermes, o três vezes sábio: O que está em cima é como o que está embaixo. É a Lei da Analogia.

O homem (espécie humana), um reflexo da Divindade, é um Deus em potencial, pois seu verdadeiro "Eu" é uma Centelha Divina. No curso da evolução, em rondas futuras, também será um Deus criador ou o mesmo que um Logos Solar.

É a cerimônia da *Identificação* e, no Ritual da Alta Magia, começa com a purificação do próprio homem.

Primeiro ele vence o mal que existe dentro dele mesmo. O seu corpo é um apêndice de que ele necessita para cumprir sua jornada evolutiva, nada mais. Kama, desejo, é vencido e Manas, mente, desliga-se da fonte dos desejos e se une ao "Eu" verdadeiro, a Tríada Superior, e o mago, então, sente-se identificado com o Ser Divino que habita dentro dele mesmo e está, finalmente, em plena harmonia com a Grande Lei.

O cerimonial da *Purificação* do corpo — o quaternário inferior, a personalidade separatista — é feito simbolicamente pelos quatro elementos "mater", nesta ordem:

1. *Ar* — simbolizando o espaço, que não terá limites quando o homem estiver liberto;
2. *Água* — Simbolizando a purificação pelo batismo;
3. *Terra* — simbolizando a união com todas as coisas;
4. *Fogo* — Simbolizando a purificação do espírito, que é fogo sagrado.

Roger Feraudy

Na realidade, o fogo não é um elemento, mas um princípio Divino.

A chama física é o veículo objetivo do espírito. O éter é fogo, e a parte íntima do éter é a chama que fere a nossa vista. O fogo é a presença subjetiva da Divindade no Universo e o fogo universal, em determinadas condições, converte-se em água, ar e terra.

2. A Lei do Universo é evolução

O mago, como veículo da Lei de Evolução, não pode causar mal; ao contrário, equilibra as causas e efeitos ocasionadas por magia, harmonizando-as, equilibrando-as, para que o progresso espiritual e evolucional de todos os seres seja feito do interior para o exterior.

Nesta etapa do Ritual, depois de feitas a Identificação e a Purificação, o mago traça as figuras morfológicas da sagrada palavra Aumpram e as imanta com o som mágico apropriado. Em seguida, logo abaixo das sete figuras sagradas desenha o tetraedro, figura geométrica que por seus desdobramentos dará os cinco sólidos ideais de Platão.

2 Tetraedros { Cubo / Octaedro

5 Tetraedros { Dodecaedro / Icosaedro

O tetraedro é o Tam-mattra, pois o número certo de seus ângulos e superfícies criados por suas combinações dará as direções das construções de todos os elementos químicos, ou instruções da rede intrínseca atômica, à qual obedecem os 92 elementos simples de que é constituída toda a matéria. São as linhas de força, ou ainda, as linhas de força ódica da materialização.

O mago coloca-se no centro do tetraedro, de frente para o ponto cardeal norte, pronuncia o vocábulo AUM com sua entonação dentro da tônica apropriada e, depois, repete as palavras sagradas: *nada está imóvel, tudo se tranforma, nada se destrói.*

O mago projeta sua poderosa energia sobre os símbolos grafados, desdobrando as figuras geométricas, do ponto até o tetraedro e repete, de forma mágica e simbólica, o movimento transcendental da passagem do Imanifestado para o Manifestado.

A repetição simbólica deste cerimonial identifica os magos com os Poderes Criadores e, por meio da potência de sua Vontade, Sabedoria e Atividade — as três chaves superiores —, eles se identificam também com a Lei de Evolução. Esta poderosa energia, vibrada na cor violeta, é derramada sobre a crosta do planeta, para limpeza de sua aura e, também, para equilibrar e redistribuir toda a magia negativa existente.

3. A LEI DA MATÉRIA É O NÚMERO

O número, no Ritual da Alta Magia, expressa a importância do número em toda a manifestação e dá ao mago a chave para os mistérios ocultos e origem de todos os credos religiosos.

Nessa operação mágica, repetem-se simbolicamente o mecanismo e o mistério, por meio do número, do Um que se transforma nos muitos, até seu limite perfeito, simbolizado pelo número 10.

O mago está de posse das chaves que abrem todas as portas e descerram todos os véus ocultos.

Pelo conhecimento do número, chave oculta da magia cerimonial, podemos reduzir todas as operações mágicas a um enunciado que está de acordo com a última lei da magia: *sendo o pensamento uma forma de energia, produz luz, calor, forma e número.*

Este enunciado seria:

O número exprime o mistério da energia cósmica em seu movimento transcendente, que se traduz em som, cor e forma.

Recapitulando: As fases do Ritual de Alta Magia são:

1. Cerimonial de Identificação;
2. Cerimonial de Purificação;
3. Cerimonial das sagradas figuras geométricas;
4. Cerimonial da chave dos grandes mistérios (número).

Porém, ensina a Umbanda Esotérica, a grande magia, as maiores chaves ocultas, por trás dos signos, símbolos e cerimoniais, se encontram dentro do próprio homem. Basta procurá-las na sua constituição divina, no seu Cristo interior, no seu Orishá interno, no seu Pai secreto, de que nos fala o Mestre Jesus:

"CONHECEREIS A VERDADE, E A VERDADE VOS LIBERTARÁ!"

Entendeu, meu filho, essas importantes lições sobre o que é magia e seu cerimonial?

ZIVAN: — Perfeitamente, meu pai.

24.
Exu: definições e origens

ZIVAN: — *O que é Exu e qual a sua origem?*
PAI VELHO: — Vamos começar por suas origens, que são remotíssimas. O nome Exu é uma corruptela de *Yrschu*, nome do filho mais moço do Imperador Ugra da Índia arcaica. Yrschu, aspirando ao poder, rebelou-se contra os preceitos e regras dos magos brancos, difundindo uma doutrina contrária a esses princípios. Tal acontecimento recebeu o nome de *Cisma de Yrschu*, porém foi totalmente dominado e o príncipe banido com seus asseclas do território indiano. Localizaram-se os rebeldes na região denominada Oxus. Esse cisma milenar deu origem às duas escolas da antiguidade, denominadas Jônica e Dórica, e, nos tempos de Rama, os seguidores de Yrschu eram conhecidos como os magos da Lua, sendo os seus oponentes os adoradores do Sol.
Por aí, Zivan, você já pode notar dois nomes bastante similares ao atual Exu: *Yrschu* e *Oxus*. Mais tarde vamos encontrar a forma hebraica *Exud*, originária do sânscrito, significando povo banido. A analogia é evidente.
Essa terra denominada Oxus situava-se na África do Norte. Os arqueólogos ainda não conseguiram localizar exatamente tal região, que era chamada *Etiópia* pelos antigos.
O nome Exu, através de suas corruptelas, vem daí, inclusive para simbolizar o mal, o maldito, aquele que usa a magia negativa, o banido dentre os bons, epítetos com que eram denominados os seguidores de Yrschu. Posteriormente, com

o sincretismo religioso que nasce com a vinda dos negros escravos e com a perda dos conhecimentos ocultos pela associação do diabo com poderes do mal, o Exu passou a representar a negação, o mal, o próprio demônio dos cristãos. *Exu é o grande agente mágico universal. É o fluido impessoal sem representação-forma, servindo de veículo para toda e qualquer magia, sintetizada em suas sete gradações nos sete planos de manifestação. É o subconsciente de Deus*, ou melhor, é a própria essência elemental liberada em suas 1.764 combinações que vão constituir a setessência da matéria. É o veículo universal por meio do qual podem-se transmitir todas as vibrações do cosmo, meio condutor que é do som, da luz, do calor, da eletricidade, da telepatia, ondas hertzianas, microondas etc. Isso é Exu, Zivan, ou melhor, o *Agente Mágico Universal* que os antigos magos conheciam pelas suas sete vibrações. É o veículo da magia.

Exemplificando: se Pai Velho está aqui falando com você, meu filho, isso é feito por meio do Exu, porque sem ele não seria possível a transmissão do som, da palavra e da comunicação entre os homens.

Hoje em dia, na Umbanda nascente, cópia do culto milenar, os agentes mágicos universais, os verdadeiros Exus, nada mais têm com a magia negra. Trabalham todos eles na Umbanda, como poderosos auxiliares dos Orishás, Guias e Protetores.

ZIVAN: — Quais são os nomes dos sete Exus e sua relação com os sete Orishás?

PAI VELHO: — Os sete Exus, Chefes das Legiões, impessoais e não incorporantes, também conhecidos como Chefes da Tronqueira ou Exu-Guardião do médium no plano oposto, atualmente são chamados:

1. Exu Sete Encruzilhadas — correspondência com Oshalá.
2. Exu Tranca-Ruas — correspondência com Ogum.
3. Exu Marabô — correspondência com Oshosi.
4. Exu Gira-Mundo — correspondência com Shangô.
5. Exu Pomba-Gira — correspondência com Yemanjá.
6. Exu Tiriri — correspondência com Yori.
7. Exu Pinga-Fogo — correspondência com Yorimá.

Umbanda, Essa Desconhecida

Esses são os sete Grandes Exus, que darão os 42 Chefes de Falanges para cada uma das sete linhas.

ZIVAN: — Como o senhor disse "atualmente", concluo que esses não eram os nomes originais dos sete grandes Agentes Mágicos. Poderia citar quais eram?

PAI VELHO: — Sabendo os magos primitivos que os Agentes Mágicos eram seres impessoais, sem representação-forma, que atuavam em todo o Universo Manifestado, não incorporantes, podendo apenas ser identificados ou individualizados simbolicamente, associaram-nos aos efeitos que eles produziam em sua ação no Plano Físico por meio dos planetas sagrados aos quais estavam ligados. Assim, cada um dos sete grandes Exus recebeu o nome de um planeta sagrado, nomes que eram esotéricos, ocultos, sendo reverenciados pela representação-forma ou figuras geométricas, isto é, os tattwas sagrados dessas sete vibrações impessoais.

Esses Exus impessoais são o agente da magia, por conseguinte não são bons nem maus, dependendo de quem faz a magia.

Os nomes esotéricos dos Exus, meras identificações dadas às vibrações impessoais pelos primeiros magos, sem entrarmos em maiores detalhes, pois não me é permitido ir mais longe, eram os seguintes:

Halashurú — Sete Encruzilhadas

Muainga — Tranca-Rua

Isoshô — Marabô

Aganax — Gira-Mundo

Yamaná — Pomba-Gira

Yroy — Tiriri

Amyroy — Pinga-Fogo

ZIVAN: — Qual a origem dos nomes vulgares, nomes por que são conhecidos atualmente os Exus?

PAI VELHO: — O real motivo desses nomes vulgares são os seguintes:

Sete Encruzilhadas: Porque esse Agente Mágico é o senhor dos sete planos e subplanos do mundo astral, os caminhos que se cruzam, se entrelaçam em densidades variáveis.

Tranca-Rua: Agente Mágico responsável pelos portais

dimensionais do mundo astral, impedindo a passagem ou fazendo a seleção daqueles que podem transitar pelas comunicações vibracionais de um subplano a outro.

Marabô: Há séculos atrás devia ser conhecido por Bara (terra) e Agô (perdão, súplica), Barabô, que por corruptela deu MARABÔ, Agente Mágico responsável pelo alívio das culpas, dentro da Lei justa de causa e efeito.

Gira-Mundo: O Agente Mágico da justiça, que em qualquer lugar do Plano Astral e Físico, redistribui a Lei do Carma. Se desloca (gira) pelo mundo astral e denso (mundos).

Pomba-Gira: No culto público que os magos brancos da Atlântida efetuavam nas suas procissões, essa Agente Mágica era representada num estandarte amarelo claro, tendo ao centro uma pomba branca de asas abertas, representando a energia vital de kundalini. A pomba branca representava ainda a pureza e as asas abertas significando que ela voava, estavam em toda parte (girando), a fim de ensinar os homens, principalmente os Iniciados, a transformar a energia sexual (libido) em energia mental.

Essa deve ser a razão de, nas Umbandas populares, associarem esse Agente Mágico à sensualidade e até mesmo ao deboche e assuntos ligados ao sexo de maneira indiscriminada.

Tiriri: Seu primitivo nome Yangí (o primogênito, a criança) no idioma Vatânico, deu como corruptela o que hoje conhecemos como Tiriri.

Pinga Fogo: Recebeu esse nome nas Umbandas populares porque é esse Agente Mágico o manipulador do elemento ígneo (fogo em seu aspecto transcendental), o fogo invisível, que ele distribui equitativamente a cada um.

Ainda temos para Obaluayê, o chamado oitavo Orishá oculto, corruptela de seu nome original Balay, seu Agente Mágico correspondente Yalab (nome esotérico, original), conhecido na Umbanda popular com Exu Senhor Caveira.

Atualmente, quando Obaluayê se apresenta – o que é raro – o rosto do médium é coberto por um pano branco, significando que ele é um Orishá oculto, simbolicamente coberto ainda pelo véu de Ísis. Porém, Zivan, esse Orishá só se manifesta no ritual da Umbanda Esotérica.

ZIVAN: — Com relação às figuras geométricas, o senhor falou sobre os tattwas relativos a cada um dos sete grandes Exus. Quais eram esses tattwas e os planetas sagrados?

PAI VELHO: — As sete figuras geométricas correspondentes a cada Exu, ou melhor, o tattwa relativo a cada uma dessas sete vibrações, bem como o elemento ao qual cada um deles é sensível e manipula, e seus planetas sagrados, está na tabela a seguir.

No culto primitivo, os sete grandes Exus eram principalmente identificados ou individualizados por esses tattwas e esses planetas.

ZIVAN: — Poderia explicar mais detalhadamente a verdadeira razão das identificações entre essas entidades e as figuras geométricas?

PAI VELHO: — A vibração é a base do universo físico, tal qual você observa pelos diferentes estados da matéria, todos passíveis de serem percebidos pela sua consciência. Assim, toda matéria existente no universo, nas mais diferentes gradações, obedece ao seu tam-mattra correspondente que irá se constituir em um tattwa determinado, conforme já verificamos. Aquele que for capaz de modificar um tattwa, pelo segredo do seu mecanismo, poderá fazer aparecer ou desaparecer qualquer espécie de matéria, atuando no seu tam-mattra específico. Pai Velho exemplifica: se se consegue transformar Apas (tattwa do elemento líquido) em Tejas (tattwa do elemento etérico), esse estado de matéria terá

Exu	Tattwa	Planeta	Elemento
Sete Encruzilhadas	Losango	Surya (Sol)	Prana ou Energia Vital
Marabô	Hexágono	Shukra (Vênus)	Ar
Tranca-Rua	Triângulo Equilátero	Saboath (Marte)	Fogo
Gira-Mundo	Quadrado	Braspath (Júpiter)	Terra
Pomba-Gira	Meia-lua horizontal	Soma (Lua)	Água
Tiriri	Meia-lua vertical à esquerda	Astaphai (Mercúrio)	Éter
Pinga-Fogo	Meia-lua vertical à direita	Ildaboath (Saturno)	Manas ou Mental

desaparecido de nossos sentidos, transformado em outro estado vibratório de matéria imperceptível para você. O mago, de posse dessa lei, desse mecanismo, transforma, faz aparecer ou desaparecer qualquer corpo, objeto ou estado de matéria. Assim é a lei dos tattwas.

Assim também as entidades estão sujeitas a essa mesma lei. Você, Zivan, ser humano que é, ser encarnado, está sujeito a certas leis naturais. Suas células precisam de ar, água, alimentos, etc. Os elementos estão sujeitos às leis táttwicas, as "células" dos seus corpos etéricos são produtos dessa energia vibratória — tam-mattra — sendo os seus corpos (etérico e astral) formados por tattwas. Eles dependem desse "tipo de alimento" (tattwa) que para você é a água, o ar etc. para sobreviver. O tattwa é vital para suas existências.

Umbanda, Essa Desconhecida

25.
Povo da encruzilhada e diferença entre exu e compadre

ZIVAN: — Qual a verdadeira razão para serem chamados os Exus de "povo da encruzilhada"?

PAI VELHO: — Cada um dos sete grandes Exus está ligado a um dos sete Orishás. No seu desdobramento gráfico morfológico, os Orishás se dispõem em dois triângulos equiláteros invertidos.

O mundo astral, o mundo da forma, nos seus três aspec-

tos em que a Lei de Umbanda trabalha: O seu efeito no mundo objetivo, fenomenal.

Por serem os elementos de ligação e serventia dos Orishás, seus Agentes Mágicos, os Exus, se encontram nas interseções dos dois triângulos invertidos, sendo que o sétimo estará no prolongamento das sete interseções. Além do mais, esta figura geométrica indica o caminho percorrido pelos átomos, ou melhor, estes caminhos são as linhas ódicas de materialização, por conseguinte, a própria Magia Divina por meio dos seus agentes mágicos.

Estas interseções são símiles de encruzilhadas, daí o nome genérico que se usa até hoje: Povo da Encruzilhada.

Estas interseções, onde atuam cada um dos sete Exus, se encontram em um dos vértices de um triângulo equilátero e é por esta razão que os Exus trabalham usando escudos fluídicos, ou Triângulos Fluídicos de Força, imantados pelos Orishás e manipulados pelos agentes mágicos, exercendo uma ação saneadora e purificadora do baixo mundo astral.

O triângulo fluídico ou escudo fluídico dos Exus também provoca uma modificação vibratória, tornando passivos os elementos básicos: ar, água, terra, fogo e éter e seus elementais e elementares. Estes escudos fluídicos também comandam e dirigem as entidades do mundo astral e etérico, que vibram na mesma faixa vibratória, as entidades do reino elemental inferior e elementares do etérico e astral.

Para cada um dos sete grandes Exus, temos um escudo fluídico particular:

Sete Encruzilhadas   Tranca-Rua   Marabô   Gira-Mundo

Pomba-Gira   Tiriri   Pinga-Fogo

Os tattwas de cada Exu, vibração-forma correspondente, que os magos podiam identificar, são:

ZIVAN: — Se os grandes Exus são seres impessoais, sem representações-forma, por que aparecem vários Exus com os nomes desses mesmos sete Chefes de Linha, que são cultuados com uma forma individualizada?

PAI VELHO: – É que cada um dos Exus-Guardiões se desdobra em seis com o mesmo nome, que são individualizados e incorporantes. Denominam-se Exus Coroados, e têm o grau de Chefe de Legião. São em número de 42. Esses Exus dedicam-se à prática do bem, e servem para policiar o baixo astral, seguindo a ordem dos Orishás, e também para atuar no mesmo campo e com as mesmas armas dos quimbandeiros, para anular a magia negra.

Eles, por sua vez, se desdobram cada um em seis, que trabalham sob suas ordens, num total de 252, chamados Exus Batizados (porque têm nomes particulares) ou Chefes de Falange. Também são incorporantes.

Estes igualmente se desdobram em seis cada um, constituindo um total de 1.512 Exus. Entre eles também se incluem as entidades artificiais denominadas "compadres" ou "comadres" (que vibram na mesma faixa em que se manifestam os exus). Nenhuma dessas entidades citadas teve evolução ou encarnações humanas.

ZIVAN: – O que são, então, as entidades que se costuma designar como "Exus Pagãos"?

PAI VELHO: – Essa é uma denominação imprópria, de vez que se refere a espíritos humanos desencarnados, de pouquíssima evolução espiritual. São os tradicionais "espíritos trevosos", obsessores ou sofredores.

Não pertencem à categoria dos Exus, e o fato de lhes atribuírem essa denominação é que deu origem à crença vulgar de que o Exu é uma entidade involuída e malévola.

São também conhecidos como "quiumbas" ou ainda "rabos de encruza", na gíria dos terreiros

ZIVAN: – Qual a diferença entre Exu e "compadre" ou "comadre"?

PAI VELHO: – Existe uma diferença fundamental entre Exu e Compadre. Exu é o ser impessoal, o Agente Mágico Universal. Compadre é o pensamento-forma (Kama-Rupa), criado individual ou coletivamente, uma egrégora capaz de atuar numa coletividade, dependendo sua perfeição ou imperfeição do criador ou criadores dessas formas. Os compadres, tão comuns e familiares nos terreiros, estão situados na faixa vibratória dos Exus, variando de grau conforme a finalidade ou atuação que tiverem.

ZIVAN: — As imagens que vemos por aí, com pés de bode e chifres na cabeça, bonecos vermelhos, grotescos, representam efetivamente o Exu?

Umbanda, Essa Desconhecida   203

PAI VELHO: — Não. Essas imagens, guardadas em casinholas de barro ou madeira, fechadas a cadeado para não poderem sair e praticar algum mal, são reminiscências de crendices e superstições que só servem para atrasar evolutivamente os aparelhos que assim procedem e atrair uma infinidade de "quiumbas" ou "rabos de encruza", com toda sorte de obsessores. Essas imagens representam o "compadre" interesseiro, astuto e cruel, que é bom para uns e mau para outros, dependendo dos presentes ou dos agrados, é claro, mostrando dessa forma a que ponto pode chegar a ignorância humana em fazer de um culto que diz ser divino — e de fato o é — um balcão de negócios não muito lícitos, de conclusões ilógicas e sem coerência do ponto de vista da razão e da Lei Suprema, que é perfeita, lógica e absoluta. Esse é o Compadre Vermelho, obsceno e de moral duvidosa que, qual negociante astuto, faz os melhores negócios, fumando os maiores e melhores charutos e sempre encharcado de cachaça. Essa é a grande diferença entre o ser impessoal, fluido cósmico, que comanda outras entidades afins, reguladas por leis imutáveis de evolução, e o boneco fantasmagórico que, como é representado, só pode ser produto da invenção dos homens.

Concluindo, o Exu é uma faixa vibratória onde se agrupam entidades de três graus. O Compadre, forma criada, quando atinge essa faixa, essa vibração, subordina-se às suas leis e corrente evolutiva. Passa a ser comandado pelo Chefe da Legião subordinado ao Orishá correspondente. Tem direitos e deveres. Tem responsabilidade de policiamento no baixo astral. Entra numa corrente evolutiva com finalidades precisas. Mesmo como Compadre, não é um irresponsável. Os outros, os "compadres vermelhos", não estão situados nessa faixa vibratória. São obsessores, vampiros, entidades negativas e que não têm a menor ligação com a Umbanda. Pertencem exclusivamente à Quimbanda.

ZIVAN: — Futuramente, todos evoluirão?

PAI VELHO: — Claro, bem como os seus criadores, que irão sofrer muito mais, pois foram os responsáveis diretos ou indiretos pela criação de tais monstros de perversidade. Uma das razões do Exu na Umbanda é precisamente a de impedir que tais invasões se efetuem no mundo astral.

Para que fique bem clara a hierarquia dessas entidades, teríamos:

1 - Exu Guardião (Os sete intermediários dos Orishás).

2 - Exus Coroados — 42 Chefes de Legião, com o mesmo nome de cada um dos sete Guardiões.

3 - Exus Batizados — 252 Exus, chefes de falanges.

4 - 1.512 Exus, incluindo os Compadres e Comadres.

26.
Exu Guardião e cor fluídica dos exus

ZIVAN: — *O que é Exu Guardião?*

PAI VELHO: — Exu Guardião é cada um dos sete grandes Exus que corresponde a um dos sete Orishás. Cada aparelho, conforme o Orishá a que pertença, tem no plano oposto o Exu correspondente. Chama-se também Chefe de Tronqueira e é responsável pelo plano terra do médium, bem como pelos Exus e "compadres" que com ele trabalham. A Tronqueira é o assentamento do Exu.

ZIVAN: — *O assentamento do Exu é que deve ser firmado nos terreiros, fora do gongá, como faixa protetora dos médiuns e da própria tenda, não é exato? Se o senhor condena as casinholas fechadas a cadeado, arremedo desse assentamento, com bonecos com pé de bode, como deve ser feita, então, essa proteção para o Exu Guardião ou Chefe de Tronqueira?*

PAI VELHO: — Assentamento de Exu é coisa muito séria, Zivan. Somente o próprio Exu Guardião, ou o seu preposto, poderá preconizar as normas, o material necessário e como proceder para se fazer o assentamento. O que Pai Velho pode afiançar é que tal operação mágica, de importância fundamental para um médium ou para uma coletividade de irmãos de Umbanda, não consistirá em casinholas ou bonecos de barro.

ZIVAN: — *O Exu Guardião ou Chefe de Tronqueira sem-*

pre trabalha com o médium?

PAI VELHO: — Não, na grande maioria dos casos. O médium pode trabalhar com um intermediário incorporante, com mesmo nome ou não. O Exu Guardião é o protetor no plano oposto, é o Chefe da Tronqueira do médium, mas isso não significa que o aparelho seja o "cavalo" dessa entidade. Pai Velho vai dar um exemplo: suponha, Zivan, um filho de Oshalá. O Chefe da Tronqueira desse filho seria firmado nessa entidade, debaixo da qual os outros Exus e "compadres" trabalhariam. Porém, o Exu que normalmente incorpora e trabalha com esse médium é o Exu Sete Chaves. No plano visível, Sete Chaves trabalha e comanda outros Exus e "compadres" desse aparelho, porém, no plano invisível quem comanda é Sete Encruzilhadas, ao qual estão todos subordinados porque ele é entidade não incorporante, o Chefe da Tronqueira e guardião desse filho de Oshalá. Entendeu, meu filho?

ZIVAN: — Entendi, meu Pai. Por que o Exu é chamado de empregado do Orishá?

PAI VELHO: — A verdadeira finalidade do Exu, na Umbanda, além de policiar o mundo astral e combater a magia negra, é, justamente, servir de intermediário na magia entre o plano terreno e o plano do Orishá. Assim como o médium, mal comparando, é o *"cavalo"* da entidade, o Exu é o *"cavalo"* do Orishá. Por isso é que no ritual nagô diz-se comumente: "vou despachar Exu", quando se quer mandar algum recado para determinado Orishá. Evidentemente, a coisa não se processa assim; é a maneira popular de expressão, na gíria dos terreiros, demonstrando que o Exu é o veículo, o elemento de ligação ou de serventia da magia.

ZIVAN: — Qual é a cor fluídica do Exu?

PAI VELHO: — Pai Velho vai ter, outra vez, que contrariar muita gente, a cor fluídica do Exu não é o preto e o vermelho ou, simplesmente, vermelho, como muita gente pensa, e sim o cinza, variando de matiz para cada falange.

O fato de ser essa cor, meu filho, implica motivos de ordem oculta e, sobretudo, bastante lógicos. Como você sabe, o cinza é a combinação da cor preta e da cor branca. Isso simboliza justamente os dois pólos filosóficos, o bem e o

Umbanda, Essa Desconhecida

207

mal, a Umbanda e a Quimbanda. Todas as cores, o branco; a ausência de cor, o preto. O bem e o mal sintetizados, portanto, na vibração-cor.

Na Umbanda Esotérica existe um ritual de alta magia em que trabalham os Agentes Mágicos, chefes de Legião, pela mecânica da irradiação, no cerimonial mágico efetuado na Cabala, sendo denominados *príncipes*, porque servem à coroa do rei, Kheter.

Ka-Ba-La significa a potência dos 22. Essa tradição oral era baseada no mistério da Lei de Pi-Ram, por meio do alfabeto mágico e morfológico, Adâmico ou Vatan: o Devanagari.

A Cabala (Ka-Ba-La) hebraica, evidente corruptela ou modificação da Cabala Caldaica, que por sua vez se origina da perdida Atlântida, representava o mistério da passagem do Universo Imanifestado para o Manifestado, por meio de sua árvore Sephirotal, cujos nomes, se forem estudados a fundo, apresentarão semelhança com os Prajâpatis hindus, os patriarcas bíblicos e os lendários reis sagrados dos egípcios, caldeus e babilônios.

O som, a luz e o número são os três fatores de toda a Criação na Cabala. Os dez Sephiroth, divididos em três superiores e sete inferiores, são denominados na Cabala as dez Palavras, os Números e as Emanações da Luz Celeste, Adam Kadmon.

Os dez Sephiroth, as dez Emanações de Ain-Soph, o impronunciável, o mesmo que o Eterno Absoluto:

Ain-Soph: o Ilimitado.

Ain-Soph-Aur: a Luz Ilimitada.

Adam Kadmon: O Logos em quem os dez Sephiroth estão sintetizados e de quem emanam.

Kether: A Coroa — O Rei, do qual emanam nove Sephiroth, dois ligados ao seu reinado e sete positivos ou superiores e sete negativos, inferiores ou inversos.

Chocmah: Sabedoria (ação).

Binah: Inteligência.

Os Arcanjos, mediadores dos Orishás, servem os Sephiroth positivos, e os Príncipes servem os Sephiroth negativos ou inversos.

Porém, erroneamente, pela perda das chaves ocultas e pela deturpação do simbolismo, os Sephiroth superiores passaram a indicar o bem e os inferiores ou inversos o mal, sendo associados os seus nomes ao demônio e mesmo indicando-os como ordens dos arquidemônios.

Esotericamente, os Sephiroth superiores executam na Manifestação o trabalho de desmaterialização, ou ainda, a grande "subida de toda a matéria existente para o estado de pureza original"; os Sephiroth inversos ou inferiores executam o trabalho de materialização, ou ainda, criam formas e as sustentam em seu trabalho evolutivo. É o binário em ação. O equilíbrio feito dos opostos, positivo e negativo.

A Árvore Sephirotal é, pois, o próprio Universo Manifestado e os dez Sephiroth, divididos em três e sete, são as dez Palavras, os Números e as Emanações da Luz Celeste.

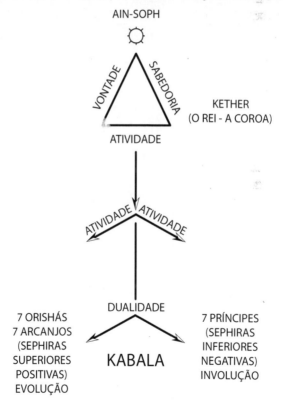

Sephiroth Positivos	Arcanjos	Orishás	Sephiroth Negativos	Príncipes
Chesed	Gabriel	Oshalá	Astaroth	7 Encruzilhadas (Halashurô)
Geburah	Samuel	Ogum	Nambroth	Tranca-Rua (Muainga)
Tipheret	Miguel	Shangô	Acham	Gira-Mundo (Aganax)
Netzach	Ismael	Oshosi	Baal	Marabô (Isoshô)
Hod	Yoriel	Yori	Hasmodat	Tiriri (Yroy)
Yesod	Rafael	Yemanjá	Lilith	Pomba-Gira (Yaamaná)
Malkuth	Yramael	Yorimá	Moloch	Pinga-Fogo (Amyroy)

Estas dez Palavras (som) ou Números, reduzidas a sete, pois que três — Tríada Espiritual — O Rei — não se constituem em número algum, são a própria Lei — PiRam — unida às sete Palavras ou Números — AUM — deu a LUZ DIVINA (AUM PRAM ou AUMPRAM), tendo de um lado os Orishás e do outro os Príncipes. O equilíbrio do Universo Manifestado por meio da Lei Divina — Umbanda. Mecanismo fundamental da passagem do Universo transcendente para imanente. Dentro da numerologia da Cabala, teríamos:

1. Príncipe Astaroth: Nome original, impronunciável — Surya (Sol) S T R TH — Valor numérico: 21 — o triplo sete.

2. Príncipe Nambroth: Nome original impronunciável: N M B R TH — Valor numérico: 8. Sabaoth. (Marte)

3. Príncipe Baal: Nome original impronunciável: BL — Valor numérico: 5. Shukra. (Vênus)

4. Príncipe Acham: Nome original, impronunciável: S H M — Valor numérico: 14 (o duplo sete) Braspath. (Júpiter)

5. Princesa Lilith: Nome original, impronunciável: L L TH — Valor numérico: 10. Soma. (Lua)

6. Príncipe Hasmodat: Nome original, impronunciável: H S M D T — Valor numérico: 4. Astaphai. (Mercúrio)

7. Príncipe Moloch: Nome original, impronunciável: MLCH - Valor numérico: 8. Ildabaoth. (Saturno)

Somando cabalisticamente:

$21 + 8 + 5 + 14 + 10 + 4 + 8 = 70 = 7$

Sete é o número mágico e místico dos Príncipes da KaBaLa. Representa ainda os sete veículos da magia, as sete artes e as sete ciências.

Vejamos as ordens hierárquicas a que pertencem esses Príncipes:

1. Príncipe Astaroth: Ordem de GOG-SHEKLAH. Sua grafia original seria: G SH K L H.

2. Príncipe Nambroth: Ordem de GALAB. Sua grafia original seria: G L B.

3. Príncipe Baal: Ordem de HARAB-SERAPUEL. Sua grafia original seria HRB-SRPL.

4. Príncipe Acham: Ordem de TAGARIMIM. Sua grafia original seria: T G R M M.

Umbanda, Essa Desconhecida

5. Princesa Lilith: Ordem de GAMALIEL. Sua grafia original seria: G M L L.
6. Príncipe Hasmodat: Ordem de SAMAEL. Sua grafia original seria: S M L.
7. Príncipe Moloch: Ordem de SATARYEL. Sua grafia original seria: S T R Y L.

Estes nomes mágicos dos Príncipes e de suas ordens hierárquicas, impronunciáveis, ligados às vogais falantes dariam um som próprio, que pronunciado no mundo físico, denso, com a cadência e tonalidade exata de cada um, despertaria seu som correspondente nos reinos invisíveis, astral e etérico, pondo em ação uma força oculta da natureza.

Todos os sons têm seu eco nos elementos superiores e põem em movimento, em ação, as vidas que palpitam adormecidas na atmosfera terrestre.

Quanto à nota musical, vibrada, de cada Príncipe, está intimamente ligada ao seu Ponto, seu Tattwa e a sua cor será, em suas tonalidades (mais uma vez recordamos), uma oitava abaixo da tônica própria de cada Orishá, em tons sustenidos e bemóis, na tonalidade menor.

Príncipe Astaroth — mi bemol menor;
Príncipe Nambroth — fá sustenido menor;
Príncipe Baal — sol sustenido menor;
Príncipe Acham — ré bemol menor;
Príncipe Hasmodat — dó sustenido menor;
Princesa Lilith — si bemol menor;
Príncipe Moloch — lá bemol menor.

Quanto ao ritual dos Príncipes na Umbanda Esotérica, feita a abertura, conforme preconizamos nos capítulos anteriores, é traçado com giz ou pemba um triângulo equilátero, dentro do qual se riscará o tattwa correspondente à sua vibração. Feito isto, canta-se um mantra no som correspondente a OM ou AUM, na tonalidade própria do Agente Mágico que se quer invocar. O médium, de pé, de frente para o ponto cardeal correspondente — eixo norte-sul — abre os braços, deixando-os paralelos ao tronco. Fixa a cor cinza adequada e pronuncia mentalmente, sílaba por sílaba, o nome e a ordem esotérica do

212 Roger Feraudy

Príncipe. Neste momento será ativado o chacra Lalna por onde se fará a comunicação. Pensamentos concretos serão atraídos ao centro do chacra, que os distribuirá, através dos seus raios, para a mente concreta do médium. Está concretizada a irradiação.

Existem três Príncipes da Ka-Ba-La, Astaroth, Nambroth e Hasmodat, que servem, no presente estágio da Umbanda Esotérica, de aparelhos ou veículos para um grande Mestre, que coordena, planifica e executa todo e qualquer trabalho de magia cerimonial, equilibrando e dosando o excesso de negativo, com a finalidade de, vibrando em prana, fogo e éter, acelerar o processo de evolução do reino hominal, principalmente os que têm mediunidade do terceiro plano (plano do Orishá), em harmonia com os Guias e Protetores enfeixados neste movimento astral, Umbanda.

Este trabalho, ainda oculto e hermético, junto com a Corrente Azul da Mãe do Mundo, se constitui no momento como o mais importante e que tem nesta idade negra produzido os melhores resultados.[1]

Saravá o grande agente mágico universal e sua poderosa vibração positiva.

---

1 Vide do autor, *A Divina Mediadora*. Editora Hércules, Porto Alegre.

27.
Exus, pontos cantados e curiadores

ZIVAN: — *O Exu tem ponto riscado?*

PAI VELHO: — As ordens dos Orishás, Guias e Protetores aos Exus são dadas por triângulos fluídicos, variando a orientação do vértice para cada ponto cardeal onde passa a corrente cósmica sensível de cada um dos sete Exus. A figura geométrica (tattwa) própria de cada Exu, o triângulo fluídico e os três sinais negativos compõem o ponto riscado completo de um dos Exus. Nada mais Pai Velho pode acrescentar. Acho até que já falei demais, pois para quem sabe ler qualquer pingo é letra.

ZIVAN: — *O Exu tem ponto cantado?*

PAI VELHO: — Sim, meu filho, e obedece às mesmas regras e tem a mesma finalidade dos pontos cantados dos Orishás, Guias e Protetores.

ZIVAN: — *Ao se referir aos "compadres vermelhos", o senhor disse que eles fumam os maiores e melhores charutos, sempre encharcados de cachaça etc. Não é, então, a cachaça ou "marafa", como é conhecida na linguagem do terreiro, o curiador de Exu?*

PAI VELHO: — O "curiador de Exu", de modo geral, é a cachaça, ou melhor, bebidas que possuam elevado teor alcoólico. Porém, mais uma vez, Pai Velho vai contrariar um pouco os sabidos. O verdadeiro Exu, a verdadeira entidade dessa faixa vibratória, não é um bêbado obsceno que se embriaga a cada incorporação. Absolutamente. *O Exu só bebe quando executa trabalhos especiais de magia, em que é necessária a volatilização do álcool.*

Muitas vezes ele utiliza o álcool, por meio de várias operações, tais como incendiando-o ou derramando-o em determinados objetos, sem a necessidade obrigatória de fazer o seu "cavalo" ingerir bebida.

ZIVAN: — Então, quanto mais evoluído o Exu, menos ele usa a "marafa", como curiador?

PAI VELHO: — Exatamente, meu filho.

ZIVAN: — Mas isso é fundamentalmente oposto ao que se apregoa por aí.

PAI VELHO: — Nem sempre as crenças generalizadas correspondem à verdade. A evolução da Umbanda requer, presentemente, que se vá substituindo conceitos errôneos.

28.
Oferendas, despachos, pólvora e a "Hora Grande"

ZIVAN: — *O que é a oferenda para Exu?*
PAI VELHO: — Oferenda ou entrega, também chamada despacho.
ZIVAN: — *Existe diferença meu Pai?*
PAI VELHO: — Claro, meu filho. A entrega ou despacho é uma obrigação para fins de magia dirigida, positiva ou negativa. A oferenda é um presente para captar apenas vibrações, ou melhor, para harmonizar vibrações.
ZIVAN: — *Como se faz uma entrega?*
PAI VELHO: — Em primeiro lugar, *entrega ou oferenda para Exu não se faz em encruzilhada de ruas.* Entrega em encruzilhada de rua é para "rabo de encruza" e para espíritos os mais atrasados, bem como para formas mentais e larvas que vão ali se alimentar, prolongando assim a sua existência artificial. Tais entregas a esses "delinquentes" do Astral são comparáveis a um combustível que se coloca num candeeiro para avivar sua chama. Dessa maneira, a existência e virulência daquelas entidades estão sendo ativadas e prolongadas. Portanto, em princípio, essa entrega é um erro, ou melhor, é um contínuo e ininterrupto manancial para que todas as entidades de baixa vibração continuem a dar um trabalho insano aos legítimos policiadores do mundo astral. Isso, Zivan, sem se falar no ridículo que tais práticas atraem para uma doutrina séria como é a Umbanda. Depois, meu filho, que valor mágico tem uma entrega em que qualquer curioso

pode mexer, exposta, ainda, aos olhares profanos de todos?

Pai Velho condena radicalmente tal prática porque, além de continuar "alimentando" aquelas entidades indesejáveis, está aumentando e fortalecendo gradativamente suas falanges, com grande perigo para os seres encarnados e para quem delas se serve.

ZIVAN: — *Os Exus não aceitam tais entregas?*

PAI VELHO: — Não, não as aceitam. Para esses locais são atraídas apenas as entidades que vibram com aquelas emanações.

ZIVAN: — *Como deve ser feita a entrega ao Exu?*

PAI VELHO: — A entrega ao Exu deve ser feita nas encruzilhadas das matas, dos campos ou das capoeiras, entre 21 e 24 horas, de preferência.

ZIVAN: — *Quais os objetos que devem constar dessa entrega?*

PAI VELHO: — Preliminarmente, deve constar de mesa ou toalha, que deve ser de pano virgem (sem uso), na cor cinza, na tonalidade própria da falange que se vai homenagear, cortado em forma triangular, com o vértice voltado para o ponto cardeal correspondente ao Exu ao qual é feita a entrega. Sobre o pano serão colocados os objetos que simbolizam os cinco elementos primordiais da natureza: terra, ar, água, fogo e éter. São eles:

Terra — o local da terra onde é colocada a oferenda (campos, matas, capoeiras etc.)

Ar — o local, onde não é poluído (uma razão para a entrega não ser efetuada nas encruzilhadas das cidades).

Fogo — as velas acesas ou os charutos em número exato, obedecendo à numerologia sagrada. Para a magia de ordem material, usam-se velas e charutos em número par; para a magia de ordem espiritual ou divina, velas e charutos em números ímpares.

Água — a quantidade de água contida intrinsecamente no curiador ou bebida que se oferece em coité de barro.

Éter — os vapores e emanações do curiador da combustão das velas e a fumaça dos charutos oferecidos.

Em casos específicos, usa-se a pemba e mesmo se riscam, sobre o pano, os traços mágicos determinados. Como vê, meu filho, cada objeto tem uma razão de ser numa entrega e também uma finalidade oculta.

Agora, um outro detalhe de grande importância: *não se deve deixar vidros de espécie alguma nessas entregas, quer garrafas quer copos ou espelhos.* Existe uma razão para não se usar vidros e essa razão é bem simples. A entrega é magia e como tal precisa ser concentrada, canalizada nos objetos usados e no local escolhido. O vidro, sendo material que reflete, irá espalhar essa magia, refratando e refletindo as irradiações de tal modo que poderá deslocá-las e difundi-las para fora do local mágico onde se quer concentrar todas essas vibrações.

ZIVAN: — E as oferendas ou presentes para Exu?

PAI VELHO: — Pouco variam com respeito ao local, ao pano e aos objetos usados, porém deve-se levar flores. O número de velas e de charutos deve ser sempre ímpar.

ZIVAN: — Qual é a flor mais adequada?

PAI VELHO: — Flores lunares, de preferência.

ZIVAN: — E a pólvora ou "fundanga", como é chamada nos terreiros, para que serve?

PAI VELHO: — A pólvora, "fundanga" ou "tuia" é, geralmente, usada pelos Exus (pode também ser usada pelos caboclos ou pretos velhos) para limpeza do campo magnético daquele que vai ser descarregado por esse processo. A pólvora age destacando, por sua explosão, as camadas mais densas do campo magnético do descarregado, deixando esse campo mais leve e purificado pelo elemento fogo em eclosão. Jamais se deve queimar pólvora dentro de casa ou em ambientes fechados, porque não há deslocamento nem evaporação das camadas deletérias precipitadas.

ZIVAN: — O que é Hora Grande?

PAI VELHO: — Chama-se Hora Grande a meia-noite, o meio-dia e as seis horas da tarde, embora usualmente somente à meia-noite se dê essa denominação. Chama-se Hora Grande porque é nesse momento que estão liberadas todas as potências negativas do planeta (meia-noite) em oposição à outra Hora Grande (meio-dia) em que são liberadas todas as potências positivas. As seis horas da tarde são a Hora Grande neutra, em que tanto se pode ter os elementos positivos como os elementos negativos. As horas são muito importantes, Zivan, pois cada hora tem um planeta regente, um signo zodiacal, um presságio, um gênio e um Orishá regente. Cada hora tem sua magia própria e é por isso que quando se manda fazer uma entrega, oferenda, banho ou defumador, determina-se a hora exata para se aproveitar as influências benéficas daquela hora em sua relação com a vibração daquele que manda fazer tais obrigações. A hora é imprescindível e importantíssima em toda e qualquer operação mágica.

ZIVAN: — *O que o senhor tem a dizer com respeito ao sacrifício, matança e oferenda de animais?*

PAI VELHO: — Na verdadeira prática da Umbanda, que é amor puro, espiritualismo em sua última essência, não se sacrifica ser algum da Criação. Tal prática de sacrifício de animais na Umbanda seria um contra senso, um paradoxo, pois se chocaria frontalmente com a regra básica de todo ser espiritualizado: *"ama o teu próximo como a ti mesmo"*. Esta Lei é geral e está implicitamente ligada àquela outra que diz: *"não matarás"*! E não matar não implica somente seres humanos e sim todos os seres criados. Pai Velho é radicalmente contra tais costumes.

Esses costumes bárbaros remontam às raças primitivas que sacrificavam determinadas classes de animais e até mesmo seres humanos, para identificar suas qualidades com eles. Essas práticas foram denominadas de totêmicas e as tribos mais selvagens praticaram o totemismo durante milênios. Assim, se um guerreiro queria ter coragem, comia o coração de um leão ou de um bravo guerreiro inimigo vencido. Se queria ser muito sábio, comia o cérebro de um inimigo vencido muito sapiente e assim por diante. Com a deturpação e queda da Aumpram algumas práticas ficaram também deturpadas, e, por vezes, o que era mero simbolismo foi entendido "ao pé da letra" e até hoje ainda há quem sacrifique pobres animais, dizendo que as entidades precisam do sangue ou desse animal morto. Além de ser barbárie é um

Umbanda, Essa Desconhecida   219

contra senso, pois todo verdadeiro umbandista que trabalha visando ao amor deve amar todos os seres criados, principalmente seus irmãos menores, os irracionais. Logo, tais práticas são desumanas, produto de atraso evolutivo e destituídas de qualquer valor vibratório ou de qualquer utilidade para o progresso dentro da Lei.

ZIVAN: — Se o senhor preconiza o respeito à vida e o amor a todo ser da Criação, qual deve ser a alimentação do verdadeiro umbandista?

PAI VELHO: — O verdadeiro umbandista, a rigor, deveria ser vegetariano. Porém, o uso da carne dos animais para alimentação já está por demais arraigado nos seres civilizados. Assim, Pai Velho acha que todo espiritualista deve ir, pouco a pouco, se abstendo do uso da carne até atingir o estado ideal de alimentação. Isso não deve ser radical. O uso de alimentação condigna ao espiritualista deve ser decorrente de suas convicções íntimas e não por contingências de regras exteriores. *Não é deixando de comer carne que o homem se torna espiritualista: é se espiritualizando que ele deixa de comer carne.*

29.
Pequena história da umbanda

ZIVAN: — *Quando, ou melhor, em que época começou a Umbanda a ser praticada?*

PAI VELHO: — Em 1893 começou a se manifestar uma entidade, que se denominou Caboclo Curugussu.

ZIVAN: — *Quem era, Pai T... essa entidade?*

PAI VELHO: — Era um antigo mago negro que abandonou as práticas sombrias e voltou-se para a luz. Durante quinze longos anos, manifestou-se nos candomblés, batuques de terreiro, adjuntos da Jurema, culto de nações e uma infinidade de terreiros, ditos de nagô e gêgê ou do Congo e Angola, preparando com grande sacrifício a chegada do Caboclo das Sete Encruzilhadas que iria implantar o movimento de Umbanda.

ZIVAN: — *Pode ser revelado quem foi realmente essa entidade que implantou a Umbanda?*

PAI VELHO: — Foi uma entidade do planeta Vênus, que já por milênios atuava no planeta Terra ajudando os seres encarnados na sua elevação espiritual. Seu verdadeiro nome é SaVYaBuCHâYâ ThaMaTHaHê, que significa na língua dos deuses: "A sombra do Oriente na exaltação e na graça do milagre da vida".

ZIVAN: — *Em que data e em que circunstância tal acontecimento verificou-se?*

PAI VELHO: — Para ser exato, foi no mês de novembro

do ano de 1908.

ZIVAN: — Poderia Pai T... dar detalhes desse importante acontecimento?

PAI VELHO: — No bairro das Neves, na cidade de Niterói, no Rio de Janeiro, estranhos fenômenos começaram a manifestar-se com um jovem chamado Zélio Fernandino de Morais. Ele já tinha sido preparado pelos Dirigentes Planetários há séculos, pois havia sido Sumo Sacerdote na perdida civilização que existiu no Brasil, na Amazônia, denominada de Paititi;[1] por essa razão já possuía todas as condições para, por meio da mediunidade, receber essa entidade, servindo de veículo para encargo tão importante. A princípio, Zélio foi acometido por uma paralisia que o conservou na cama por vários dias. Ao se levantar, curado inexplicavelmente, passou a ter um comportamento estranho. Andava aos pulos pela casa, na postura de um felino, para depois, aos resmungos, tomar o jeito de um velho, todo curvado. A princípio a família resolveu levá-lo ao seu tio, psiquiatra, que nada constatou de anormal, para depois consultarem um padre católico que realizou alguns exorcismos sem resultado. Finalmente, a conselho de parentes e amigos, que declararam que poderia ser "coisa de espírito", resolveram encaminhá-lo para um centro espírita em Niterói, precisamente para a Federação Espírita.

Na sessão de mesa branca que ali se realizava, Zélio foi convidado a sentar-se. Coisas estranhas começaram a acontecer e Zélio, tomado por uma força, levantou-se dizendo "que naquele recinto faltava alguma coisa". Foi até o jardim e voltando com uma flor nas mãos a colocou no centro da mesa. É evidente, Zivan, que foi um ato simbólico, querendo mostrar que faltava naquela reunião uma homenagem aos seres da natureza, o que aquela flor representava. Nesse momento começaram a "baixar" inúmeros pretos velhos e índios na mesa. O chefe da sessão fez sérias admoestações, declarando que ali não era o lugar para tais manifestações.

O espírito manifestado em Zélio falou que se tratava de uma discriminação, dizendo ainda que qualquer entidade deveria ser acolhida para que pudesse dar sua mensagem.

---

1 Vide, do autor, *Baratzil - A Terra das Estrelas*, **EDITORA DO CONHECIMENTO**.

222   Roger Feraudy

Um vidente, observando a entidade manifestada em Zélio, constatou que ele se apresentava com vestes sacerdotais, ao que a entidade respondeu ser o hábito por ele usado quando padre em sua última encarnação. Ao pedirem que então se identificasse, respondeu: "Se querem um nome, eu sou o Caboclo das Sete Encruzilhadas, pois para mim não existem caminhos fechados". Disse mais: "Amanhã, na casa do meu aparelho em Neves, vou fundar um novo culto, chamado Umbanda, culto em que poderão trabalhar todos sem a menor discriminação".

No dia seguinte, 16 de novembro de 1908, foi fundada a primeira casa de Umbanda, com o nome de Nossa Senhora da Piedade. O Caboclo das Sete Encruzilhadas ali "baixou", dando as normas para a implantação do trabalho e, naquele momento, curou . ários consulentes, de vez que a casa estava repleta de curiosos. Começava no Brasil o movimento de Umbanda, aparecendo nessa data esse nome até então desconhecido.

ZIVAN: — Se essa entidade era um venusiano, como pôde ter uma encarnação como um padre?

PAI VELHO: — Por inúmeras razões, obedecendo à lei do carma, esta entidade de Vênus teve que encarnar por cinco vezes.

ZIVAN: — Pensc 'ai T... não ter entendido direito. Como é possível que ..n ser de elevada estatura evolutiva tenha que encarnar? Não seria este fato uma involução?

PAI VELHO: — Quando qualquer ser, de qualquer orbe, atua diretamente nos destinos e no livre-arbítrio da humanidade terrena, fica sujeito à lei de causa e efeito, o carma, não importando em qual patamar evolutivo se encontre. A história completa dessas encarnações, meu aparelho relatou em seu último livro, explicando em detalhes o mecanismo dessa encarnação.

ZIVAN: — O Caboclo das Sete Encruzilhadas teve outros aparelhos, além do Zélio de Morais?

PAI VELHO: — Teve mais dois aparelhos, porém não estou autorizado a revelar os seus nomes.[2]

---

2 Nota do Editor: à época em que foi composta esta obra, havia essa interdi-

ZIVAN: — Uma última pergunta, meu Pai; esse caboclo continua ainda hoje em dia trabalhando no ritual de Umbanda?

PAI VELHO: — Continua, meu filho, e, agora tem uma nova missão, talvez mais árdua que aquela que foi a implantação da Umbanda. Atualmente o Caboclo das Sete Encruzilhadas trabalha na unificação no amor de todas as seitas, credos e religiões organizadas. É um trabalho lento, difícil, mas com o seu amor enorme pela humanidade terrena, ele conseguirá essa aproximação.

...' e haverá um só rebanho para um só pastor!

ção. Hoje, décadas passadas, o próprio Plano Espiritual já intuiu (vide prefácio de "Baratzil, a Terra das Estrelas", do mesmo autor e desta editora) que fosse indicado quem foram esses médiuns. O primeiro, dr. Silvio, médico carioca e professor universitário; o segundo, o próprio dr. Roger Feraudy, cuja sintonia com o Caboclo das Sete Encruzilhadas (que vem de eras ancestrais) lhe permitiu descrever a trajetória desse espírito na Terra, em *Baratzil*.

30.
Apometria e umbanda

Ao dr. José Lacerda de Azevedo, médico, umbandista e gênio, o preito de gratidão e amor de todo o povo da Aruanda.

ZIVAN: — *Pai T... o que é Apometria?*

PAI VELHO: — O termo apometria é composto de duas palavras gregas: "apo", que significa além de, e "metron", medida. "Medida do além". Designa o desdobramento espiritual, ou ainda, a bilocação. É um processo de desdobramento do corpo astral ou do mental a fim de que os médiuns possam ter contato, quando desdobrados, com os planos espirituais, especificamente com os mundos astral e mental.

Na técnica apométrica, colocamos médiuns e consulentes desdobrados em contato com médicos e hospitais do mundo astral para serem melhor atendidos pelos médicos do Além. A utilização de médiuns videntes é de grande importância, pois podem relatar nos mínimos detalhes todas as ocorrências observadas durante a intervenção.

ZIVAN: — *É então a Apometria um método de tratamento espiritual?*

PAI VELHO: — Não só de tratamento como também de efetiva atuação na magia, desmanchando "trabalhos", combatendo os magos negros e suas hordas de espíritos obsessores.

ZIVAN: — *Como são efetuados esses desdobramentos?*

Qual a técnica empregada?

PAI VELHO: — Em primeiro lugar, criando, por meio de pulsos magnéticos, campos de força capazes de criar verdadeiras barreiras protetoras contra o mundo das trevas, e, após esta operação, procede-se aos desdobramentos, que são também efetuados com pulsos magnéticos contados de um a sete.

ZIVAN: — É possível, por meio dessa técnica, conseguir maior êxito na cura das enfermidades provocadas pelos espíritos obsessores?

PAI VELHO: — Mas com toda certeza. Com a Apometria o processo terapêutico se diversifica, oferecendo uma medicina mais ampla, com resultados surpreendentes, ainda possibilitando a regressão de encarnados e desencarnados a vidas anteriores, mostrando as ligações cármicas do pretérito, ensejando, dessa maneira, tratamentos com efeitos duradouros. O paciente nada percebe do que ocorre durante o tratamento, e, concluído este, é conduzido de volta ao seu corpo físico. Mesmo porque, atualmente os "irmãos das sombras" se utilizam dos mais variados aparelhos, "chips" e outras técnicas, implantando nos seres vivos estes engenhos que causam terríveis males, e que são retirados durante o tratamento apométrico.

ZIVAN: — São empregadas entidades do mundo astral, ou melhor, além dos médicos desencarnados, Guias e Protetores?

PAI VELHO: — A Apometria vem trabalhando com as entidades que militam na Umbanda desde sua criação.[1] Além desses Guias e Protetores, ainda manifestam-se os chamados elementais, espíritos da Natureza e os Agentes Mágicos, os Exus.

ZIVAN: — Por trabalhar com as entidades que militam na Umbanda, é necessário que se faça uma segurança, a

---

1 Desde seu nascimento, quando o dr. José Lacerda de Azevedo, há décadas passadas, estruturou a técnica da Apometria, sempre trabalhou com as falanges da Umbanda, dando cobertura aos intrincados processos de desmancho da magia negativa. Qualquer grupo de Apometria que pretenda trabalhar eficientemente com essas difíceis patologias, deve operar em conjunto com os Especialistas, que são os pretos velhos (na realidade, antigos e hábeis magos brancos, que podem ou não ter tido encarnações na raça negra).

fim de que os trabalhos transcorram sem a invasão de espíritos indesejáveis?

PAI VELHO: — Quando se realizam, em centros espíritas e grupamentos de Umbanda, não se faz necessária qualquer segurança, pois estes locais já a possuem. Porém, quando realizada a Apometria conjunta com a Umbanda em salas ou locais não previamente preparados, é de absoluta necessidade que se faça uma segurança para o Agente Mágico que trabalha com o orientador ou responsável pelas operações mágicas. Porque, Zivan, a Apometria em conjunto com a Umbanda é pura magia, são operações mágicas, logo, necessita para seu pleno exito de uma "firmeza" de Exu.

ZIVAN: — *Existe alguma norma, alguma regra de procedimento, quando se realizam sessões de Apometria usando a Umbanda?*

PAI VELHO: — Como trabalham nessas sessões Guias, Protetores, caboclos(as), Pretos velhos(as), Crianças, Espíritos da Natureza, Agentes Mágicos (Exus), espíritos desencarnados — médicos do astral — todos em conjunto, Pai Velho acha que deve existir uma norma, uma regra determinada para a realização do trabalho.

ZIVAN: — *Quais seriam essas normas?*

PAI VELHO: — Para um perfeito entrosamento entre Umbanda e Apometria, acho que deve se proceder da seguinte maneira:

1. Firmar o assentamento do Agente Mágico; quando feita fora dos centros, esse assentamento deve constar de um cristal de rocha, na cor apropriada, colocado na porta de entrada da sala ou salão onde se realizam os trabalhos;

2. Concentração na Linha de OSHALÁ; esse Orishá fará a distribuição para a "descida" das outras Linhas e entidades, como também na chamada Linha do Oriente, não só invocando os Guias que trabalham nesse agrupamento como os médicos em astral;

3. Concentração na Linha de YEMANJÁ. Limpeza magnética do ambiente de trabalho, médiuns e consulentes pelo povo d'água;

4. Concentração na Linha de SHANGÔ. Verificação de

causas pretéritas, com regressão para verificações da Lei do Carma;

5. Concentração na Linha de OGUM. As entidades dessa Linha irão realizar o trabalho de demanda, lutar contra as falanges da "sombra", irão se antepor frontalmente aos magos negros, criando uma barreira magnética de proteção aos consulentes;

6. Concentração na Linha de OSHOSI. Estas entidades irão atuar, junto com os médicos e os hospitais do astral, nos tratamentos e curas;

7. Concentração na Linha de YORI. São estas entidades que manipulam e coordenam o trabalho dos Espíritos da Natureza, pois é só com a intervenção da Linha de Yori, que essas entidades podem se aproximar e colaborar com os seres humanos;

8. Concentração na Linha de YORIMÁ. Esta Linha é a que convoca os Agentes Mágicos para, em conjunto com estas entidades, realizarem todo o trabalho de magia.

ZIVAN: — *Qual a vantagem da técnica apométrica associada à Umbanda?*

PAI VELHO: — Porque o trabalho terá cobertura completa do plano espiritual, usando-se as entidades que são especialistas na magia e que voluntariamente escolheram o trabalho pioneiro de enfrentamento direto dos entrechoques cármicos.

ZIVAN: — *Qual o futuro, Pai T.... da Umbanda na Apometria?*

PAI VELHO: — Vejo, meu filho, um futuro grandioso. A união da Apometria com a Umbanda é o primeiro passo para a implantação da grande religião de massa preconizada pelos grandes Mestres. Uma irá impulsionar a outra e a Apometria e a Umbanda Esotérica unidas irão se transformar num movimento que transcenderá cultos ou religiões, firmando-se numa religião-ciência, sonho utópico da humanidade atual. Os homens voltarão à sua condição de deuses, hoje esquecidos, na união crística no amor, para libertação do homem pelo próprio homem.

ZIVAN: — *Esse vai ser então, Pai T... o futuro ainda*

distante da decantada civilização da raça de arquétipo dourado, a sétima raça-raiz da Idade de Ouro?

PAI VELHO: — Exatamente, Zivan; você não tem ouvido dizer que os deuses de novo irão conviver com os homens? Esse é o futuro da milenar AUMPRAM.

Umbanda como ela é

Incluímos aqui várias perguntas de estudiosos desse tema tão fascinante, para mostrar aos interessados a Umbanda como ela é! Muito embora, e disso temos certeza, não esgote o assunto por causa de sua complexidade e profundidade, esperamos haver trazido uma pequena contribuição aos pesquisadores da verdade e, ao mesmo tempo, mostrar nossa Umbanda como ela é!

ZIVAN: — *Do que ficou entendido sobre mediunismo, será que realmente existe uma infinidade incalculável de médiuns de incorporação?*

PAI VELHO: — A Umbanda trabalha com aparelhos de incorporação inconsciente, semiconsciente e irradiação. Porém, e isso é de grande importância; a mediunidade inconsciente é raríssima, sendo que, das modalidades de incorporação semiconsciente e irradiação, não há essa quantidade que se observa por esses terreiros.

ZIVAN: — *E essa quantidade enorme de aparelhos, que dizem incorporar entidades no ritual de Umbanda?*

PAI VELHO: — O que se observa realmente é que na grande maioria dos casos, essas ditas incorporações são, entre as principais:
1. Desdobramento de personalidade;
2. Espírito de imitação;
3. Histeria individual ou coletiva;

4. Animismo;
5. Simples mistificação.

Repetimos: os casos reais de incorporações positivas existem na proporção de 30% e a mecânica de irradiação, um pouco mais comum, na proporção de 50%. A chamada incorporação inconsciente, na proporção de 3%, ou seja, raríssimos casos observados nessa mecânica. Podemos concluir, pelo que foi exposto, que as mecânicas de incorporação e irradiação existem numa proporção relativamente pequena e não nessa quantidade impressionante que vemos espalhadas por essas tendas ou terreiros de Umbanda. Atualmente, com a evolução do ritual e dos próprios médiuns, os guias e protetores têm se utilizado com frequência da mecânica da irradiação por causa da falta de canais positivos de comunicação.

ZIVAN: — Quer dizer que a Lei de Umbanda, em seu ritual, somente trabalha com aparelhos que possuem a mecânica de incorporação e, atualmente, a de irradiação?

PAI VELHO: —Exatamente, em proporção bem pequena. Essa infinidade de médiuns fica por conta dos casos já expostos, para não citar outras causas, como patologias ou desequilíbrios psíquicos.

ZIVAN: — Existe um limite de número de médiuns nos trabalhos de Umbanda, ou melhor, número limitado nos rituais, em suas sessões?

PAI VELHO: — Não existe um limite de médiuns, porém o ideal seria sempre um corpo mediúnico trabalhar com, no máximo, doze aparelhos de incorporação ou irradiação.

ZIVAN: — Qual o tipo de mediunidade necessária nesses rituais?

PAI VELHO: — Como afirmamos anteriormente, as mecânicas de incorporação, irradiação e, em casos excepcionais, a intuição.[1]

ZIVAN: — Existe um local determinado, ou qualquer lugar serve para se fazer um terreiro de Umbanda?

PAI VELHO: —É evidente que não será qualquer lugar,

---

1 Atualmente a Umbanda se utiliza do recurso da intuição por causa da falta enorme de canais mediúnicos.

Umbanda, Essa Desconhecida

mas sim, um local limpo, previamente preparado, com defumações e firmezas e que possua condições adequadas para a realização dos trabalhos.

ZIVAN: — Como se faz a segurança de um terreiro?

PAI VELHO: — Quem determina esse procedimento é o Guia chefe do terreiro, porém, existem dois pontos importantíssimos, que são o Gongá, sua parte inferior, fechada com uma cortina, de nome "Otá", e a segurança para o Agente Mágico, o Exu guardião, na entrada da sala, barracão ou local onde se realizam os rituais. Mais adiante, entraremos em mais detalhes sobre o assunto.

ZIVAN: — Quais os dias e horas ideais para se realizar os rituais?

PAI VELHO: — Não existe um dia ou hora ideal, a não ser nos casos das "obrigações, entregas ou despachos". Os dias e horas devem ser determinadas pelo Guia-chefe do terreiro.

ZIVAN: — Os Guias e Protetores que trabalham nas "três formas", no chamado "Triângulo da Forma", são realmente pretos(as) velhos (as), caboclos (as) ou índios, ou crianças — espíritos infantis?

PAI VELHO: — Não necessariamente. Como já explicamos anteriormente, o Triângulo da Forma tem uma razão de ser de ordem simbólica, mística e oculta. Em síntese, é uma forma mental, projetada no mundo astral, com grande potência vibratória, pelos Dirigentes Planetários, para ali congregar entidades que voluntariamente emprestam suas vibrações fluídicas ao movimento de Umbanda. Toda e qualquer entidade que voluntariamente tenha permanecido no mundo astral, com a finalidade de ajudar os seres encarnados e que também esteja ligada por causas pretéritas à milenar Umbanda, exterioriza seus "corpos de ilusão" em uma dessas três formas.

ZIVAN: — É possível que entidades orientais se manifestem na Umbanda, numa dessas três formas?

PAI VELHO: — Perfeitamente. Não só entidades orientais, mas também todos aqueles que estejam magneticamente ligados, por causas remotas, a esse movimento.

ZIVAN: — Foi dito que as entidaces em nível de Protetor manifestam-se na Umbanda com um "corpo de ilusão" de sua última encarnação. Realmente isso se processa dessa maneira?

PAI VELHO: — De um modo geral sim, porém, um Protetor pode criar pelo poder da vontade um "corpo de ilusão" de acordo com a modalidade de trabalho que irá efetuar. Logo, não é regra geral.

ZIVAN: — O que significa a palavra "entidade"?

PAI VELHO: — Entidade é todo ser consciente do plano em que se encontra, porém, tornou-se comum designar como entidade os Guias e Protetores.

ZIVAN: — Os Exus pedem ou usam guias?

PAI VELHO: — Não. Os chamados Príncipes, quando efetuam trabalhos de magia na Cabala, usam pedras preciosas, semipreciosas ou cristais lapidados, engastados em prata ou ouro, presas em correntes desse mesmo material.

ZIVAN: — Como se faz a imantação de uma guia, ou qualquer outro objeto que se queira imantar?

PAI VELHO: — A imantação pelos quatro elementos mater, ar, água, terra e fogo, é um trabalho mágico e deve-se proceder da seguinte maneira:

1. A pedra, fava, raiz ou a própria guia, depois dos elementos constitutivos serem colhidos na hora planetária própria, devem ser entregues ao operador (aquele que vai proceder à magnetização) e não serem mais tocadas por quem quer que seja;

2. No dia correspondente à Vibração Original, na lunação crescente, deve-se proceder da seguinte forma:

3. Numa pequena caixa de madeira, contendo areia ou terra, de preferência dos mares, rios, lagos, cachoeiras etc, se deposita o objeto a ser imantado, cobrindo com um pano de linho ou algodão;

4. No pano branco que cobre a caixa, será riscado com giz ou pemba, na cor própria da Vibração Original, uma cruz em seu centro (símbolo dos quatro elementos) e logo abaixo o emblema do chacra de cada um, com pemba na cor apropriada;

Umbanda, Essa Desconhecida 233

5. Ao lado da caixa acendem-se três velas, uma para o Orishá correspondente, outra para os quatro elementos e, finalmente, a terceira para o Agente Mágico, ou se for o caso, para qualquer outra entidade determinada. Essas velas deverão ficar acesas por três dias e três noites. Hoje em dia existem no mercado velas de sete dias, de cinco dias ou de três, que poderão ser usadas. Do outro lado da caixa, uma cuia de barro, virgem, sem uso, contendo álcool ou éter; (qualquer substância volátil);

6. O objeto a ser imantado deve permanecer na caixa por três dias e três noites;

7. Durante três dias, na mesma hora, o operador deverá mentalizar o(s) objeto(s) que estão sendo imantados, descobrindo-o(s), para que adquira vibrações afins e se torne um poderoso talismã;

8. Ao final do terceiro dia, no mesmo horário em que foi colocado na caixa, o objeto imantado pode ser retirado e, depois de lavado com água de sal grosso, estará pronto para ser usado.

ZIVAN: — Quais são as horas planetárias dos Orishás?

PAI VELHO: —

Oshalá -   12:00 às 12:30
Ogum -   12:30 às 12:55
Oshosi - 12:55 às 13:20
Shangô - 13:20 às 13:45
Yorimá - 13:45 às 14:10
Yori -   14:10 às 14:35
Yemanjá - 14:35 às 15:00 horas.

ZIVAN: — E quanto à hora planetária dos Exus?

PAI VELHO: —

Exu Sete Encruzilhadas -   Meia noite às 0:30
Exu Tranca Ruas -   0:30 às 0:55
Exu Marabô -   0:55 às 1:20
Exu Gira-Mundo -   1:20 às 1:45
Exu Pinga-Fogo -   1:45 às 2:10
Exu Tiriri -   2:10 às 2:35
Exu Pomba-Gira -   2:35 às 3:00 horas.

ZIVAN: — Quais são os emblemas dos chacras?

PAI VELHO:

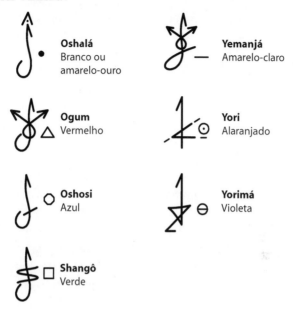

ZIVAN: — Há necessidade de se ter um ou mais médiuns, durante as sessões, trabalhando na mentalização?

PAI VELHO: — É imprescindível, pois com esse procedimento se evita, durante as sessões, invasões de indesejáveis, ou outras entidades negativas do astral, que poderiam prejudicar as incorporações e o ritual propriamente dito. Por outro lado, havendo elementos fazendo o apoio mental, consegue-se uma corrente firme e equilibrada.

ZIVAN: — Quantas pessoas devem fazer o apoio mental?

PAI VELHO: — Num terreiro com doze médiuns trabalhando, o ideal seria quatro elementos fazendo o apoio mental. Deve ser sempre proporcional ao número de médiuns.

ZIVAN: — Quais os atributos necessários para se chegar a chefe de terreiro? Há alguma indicação?

PAI VELHO: — O médium depois de fazer as quatro Iniciações Menores, aquelas que descrevemos nas iniciações na Umbanda Esotérica, atinge o estágio de "cabeça feita", apto a qualquer trabalho dentro do ritual de Umbanda; então

Umbanda, Essa Desconhecida

é "coroado" numa cerimônia realizada para esse fim. Se indicado pelo Guia chefe de sua Vibração Original, pode atingir o grau hierárquico de "Babá", chefe de terreiro. Porém, para chegar a ser um *Babalaô — Babalorishá*, somente após fazer as três Iniciações na Umbanda Esotérica.

ZIVAN: — O que é a coroação? Qual o tempo necessário para um médium poder ser coroado?

PAI VELHO: — A coroação é uma confirmação que atesta que o médium está pronto; pode atuar nas sete Linhas da Umbanda. É sempre feita após o aparelho ter efetuado as chamadas "obrigações de cabeça", ritual e cerimônia para cada um dos sete Orishás, determinadas pelo Babalorishá, ou Babá. O tempo que leva para o médium ser coroado depende de sua evolução espiritual, ou progresso dentro do mediunismo.

ZIVAN: — Elementos do sexo feminino podem dirigir trabalhos de Umbanda? Podem ser chefes de terreiro?

PAI VELHO: — A mulher pode dirigir um terreiro, ser uma "Babá", ou a chamada "Mãe Pequena". Pode também efetuar qualquer trabalho mágico ou ritualístico, porém, não pode fazer as obrigações de cabeça no homem, pois sua vibração é de polarização negativa.

ZIVAN: — As chamadas sessões de desenvolvimento podem ter assistentes?

PAI VELHO: — Não, de maneira nenhuma. Essas sessões são exclusivas para o corpo mediúnico.

ZIVAN: — Os consulentes têm direito de escolher o Guia ou Protetor com quem desejam consultar?

PAI VELHO: — É facultado ao consulente a escolha do Guia e Protetor; somente deve ser vedada a consulta a vários guias ou protetores, na mesma sessão.

ZIVAN: — É proibido aos médiuns do terreiro tocar no Gongá?

PAI VELHO: — Pelo contrário, os médiuns não só podem tocar no Gongá como também podem bater com a cabeça, em sinal de saudação aos guias espirituais e protetores.

ZIVAN: — É necessário haver faixas pintadas no chão do terreiro, indicando a separação de médiuns coroados

dos demais?

PAI VELHO: — Absolutamente; os médiuns devem guardar posições dentro do terreiro determinadas pelo Guia-chefe ou Babá, ou ainda o Babalaô, porém, todos ocupam seus lugares sem discriminação hierárquica. Isto é muito importante: todos os médiuns têm a mesma importância dentro do ritual. Somente existe hierarquia entre os guias e protetores.

ZIVAN: — Os guias e protetores podem cantar pontos?

PAI VELHO: — Claro que podem, independente do Ogan, o responsável pelos pontos cantados.

ZIVAN: — Os espíritos da natureza, os elementais, trabalham na Umbanda?

PAI VELHO: — Somente nas sessões de Apometria essas entidades trabalham junto aos guias e protetores.

ZIVAN: — Por que os caboclos usam charutos e os pretos velhos cachimbos?

PAI VELHO: — Evidentemente, esses guias e protetores não possuem o hábito de fumar e fazem uso dos cachimbos e charutos para manipular o elemento fogo em seus trabalhos.

ZIVAN: — Se é o elemento fogo que manipulam, não seria mais lógico usarem velas acesas em seus trabalhos?

PAI VELHO: — Não, pois a fumaça exalada da combustão do fogo dos charutos e cachimbos é que produz modificações e deslocamentos na 1   éria astral e etérica, purificando-a e ao mesmo tempo queimando larvas e miasmas astrais e etéricos acumulados nos ambientes ou nos próprios consulentes. Produz essa fumaça o mesmo efeito que os defumadores, com a vantagem de ser exalada por um espírito de luz, que a endereça para um destino certo.

ZIVAN: — Qual é a estranha língua que as entidades incorporadas falam? Seria tupi-guarani, ou idioma ainda mais antigo?

PAI VELHO: — Esses sons, essa linguagem, são mantras, sons mágicos, todos baseados no devanagari, a chamada linguagem dos deuses.

ZIVAN: — O que significa, ou o que é realmente a espé-

Umbanda, Essa Desconhecida   237

cie de gargalhada dos Exus?

PAI VELHO: — Não é uma gargalhada, embora aparente ser. É um mantra, um som mágico que comanda, coordena e dirige uma série de entidades naturais e artificiais.

ZIVAN: — Qual a finalidade das chamadas ponteiras, punhais, nos trabalhos dos Exus?

PAI VELHO: — As ponteiras são utilizadas para produzir penetrações ou cortes na matéria astral e etérica. Somente os instrumentos pontiagudos — ponteiras, punhais, espadas — podem penetrar a matéria astral e etérica, sem entretanto, nelas produzirem danos. É o mesmo que tentar penetrar ou cortar a água. O objeto pontiagudo penetra-a, corta-a, sem contudo lesá-la. A finalidade principal do uso das ponteiras por essas entidades é produzir modificações na matéria astral e etérica.

ZIVAN: — Os Exus fazem uso da cachaça, ingerindo-a em suas incorporações?

PAI VELHO: — Sabemos que toda entidade quanto mais evoluída, menos ação terá sobre a matéria, portanto, no caso de um Exu beber grandes quantidades de cachaça e seu aparelho não ficar embriagado, podemos encontrar uma fácil explicação. Neste caso, a entidade terá pouca evolução, logo, grande ação sobre a matéria e, assim sendo, a entidade sorverá o álcool contido na bebida, deixando a água, de que a cachaça é também constituída, para seu aparelho. O médium não ficará embriagado bebendo água.

Seguindo esse regra, o Exu, entidade de luz, responsável por seus trabalhos, não fará uso da cachaça. Esses ditos "Exus", que são evidentemente compadres e comadres de baixa vibração e evolução, é que fazem uso desta bebida, enquanto que os Exus Guardiões, Coroados e Batizados jamais a ingerem nos seus trabalhos.

ZIVAN: — É crença geral de que todos os EXUS bebem cachaça. Pelo que foi explicado, quer dizer então que os Exus não bebem cachaça?

PAI VELHO: — Não, não bebem. Quando muito eles usam a cachaça, ou qualquer outra substância volátil, para atearem fogo e manipularem este elemento, segundo a necessidade do trabalho.

ZIVAN: — Somente entidades de baixa evolução espiritual provocam modificações na matéria?

PAI VELHO: — Perfeitamente. Apenas os chamados "Rabos de Encruza", elementares, os artificiais ditos compadres e comadres, é que produzem efeitos físicos, tais como: beber inúmeras garrafas de cachaça, andar com seu aparelho descalço sobre brasas ou cacos de vidro, queimar pólvora na língua do seu instrumento etc. A Umbanda, torno a repetir, "não se utiliza desses fenômenos parecidos com números circenses." Os compadres e comadres doutrinados na Umbanda, passam a não realizar mais estes fenômenos.

O Exu, como já vimos, é uma entidade responsável, uma entidade de luz que trabalha na prática do bem e da verdadeira caridade. Não é um bêbado contumaz e obsceno que se embriaga a cada incorporação, com ditos lascivos e insinuações malévolas. Como o nome diz — Agente Mágico Universal — é um agente da magia, responsável por seu trabalho e diretamente ligado aos nossos Orishás, aos quais serve; é, nos planos terreno, astral e etérico, cultor da ordem e manutenção do equilíbrio entre a magia branca e a negra.

Podemos ainda observar, com referência às modificações sobre a materia física, os casos, por vezes inexplicáveis, das operações espirituais com incisões, talhos e cortes na parte densa. O que ocorre, é que o médium recebe uma entidade de grande elevação intelectual e baixa espiritual, o que possibilita sua ação, podendo modificar a matéria.

ZIVAN: — Os compadres e comadres são frequentes nos rituais de Umbanda?

PAI VELHO: — Sempre que há necessidade, essas entidades são convocadas como auxiliares dos Exus. Dessa forma, também evoluem nesse trabalho e os médiuns podem resgatar o carma, uma dívida do pretérito que tinham com essas entidades. O trabalho do compadre e comadre no ritual da Umbanda, fundamental na evolução do médium, da coletividade em que ele trabalha e dessas entidades, diminuirá causas passadas e somará efeitos positivos necessários a sua evolução.

Umbanda, Essa Desconhecida

239

ZIVAN: — Esses elementares, artificiais, pensamentos-forma, já com uma existência permanente no mundo astral, liberados de seus criadores, sabendo-se que nada permanece estagnado, eternizado no universo, para onde evoluem essas entidades?

PAI VELHO: — Esses artificiais em uma Cadeia futura irão se constituir numa forma de evolução humana. Assim como a espécie humana atual é consequência nessa Cadeia da projeção dos corpos astrais dos Pitris Lunares — primeira raça-raiz da quarta Ronda — já começa a humanidade a projetar no mundo astral formas mentais que, num futuro muito distante, irão se constituir, com outras projeções mais perfeitas, numa humanidade da nova Cadeia de evolução.

ZIVAN: — É por esta razão, que somos responsáveis pelos nossos pensamentos?

PAI VELHO: — Exatamente. Pensamentos bons ou maus criam formas pelas quais somos inteiramente responsáveis. As palavras também possuem uma potência criadora no mundo etérico das quais devemos nos resguardar.

ZIVAN: — O chamado "povo do cemitério" trabalha na Umbanda?

PAI VELHO: — Trabalha em raríssimos casos, mesmo assim debaixo da ordem de um Exu e somente quando há necessidade absoluta de um trabalho dessa natureza. O povo do cemitério nada tem em comum com a Umbanda.

ZIVAN: — O que se pode dizer com relação aos "amalás" dos Orishás, comida de santo e os "ebós" dos Exus?

PAI VELHO: — Isso diz respeito ao ritual do Candomblé, ou então, desses terreiros ditos "cruzados". A Umbanda não utiliza essas práticas em nenhuma circunstância.

ZIVAN: O que significa "Umbanda Cruzada", termo que se ouve muitas vezes?

PAI VELHO - Isso é uma impropriedade de expressão, e um equívoco. Supõe que se possa "cruzar", isto é, misturar ou combinar a prática da Umbanda com a do Candomblé, Nação, etc.. Ou, também, na pior das hipóteses, que um terreiro de Umbanda possa alternar a prática da magia branca com a da magia negra...

A desinformação comum sobre a verdadeira natureza da Umbanda e a clara definição de seus objetivos é que gera essa confusão.

A Umbanda foi instituída no Brasil como um culto de finalidade específica, com uma identidade própria no Plano Invisível. Dentro do quadro geral da religiosidade do planeta, em que cada religião ou culto atende a uma faixa de consciência e tem objetivos próprios, ela não se confunde ou mistura com qualquer deles, em sua ação na matéria.

Embora no Plano Espiritual não haja distinção entre os trabalhadores do Bem, e o Universalismo (sintonia no amor) seja a meta final, operacionalmente deixemos a cada culto a sua faixa e métodos precípuos de atuação, como foram planejados pelos Dirigentes Planetários, sem prejuízo da fraternidade que deve reinar entre todos e da colaboração para o bem comum. É só assim que cumprirão cada um a sua finalidade de cultivar a consciência da humanidade.

Infelizmente, a muito que existe por aí não caberia a denominação de "Umbanda Cruzada", mas de Umbanda Deturpada, quando o desconhecimento, a má-fé e o interesse de alguns transformam a Espiritualidade em balcão de negócios em proveito próprio. E isso não é exclusividade da Umbanda. Basta olhar o que se pratica em nome do Cristianismo ao nosso redor...

Supor que um verdadeiro centro de Umbanda possa trabalhar ao mesmo tempo para a Luz e para a Sombra, é desconhecer totalmente o que significa esse culto da Luz Divina.

ZIVAN: — Nos foi ensinado que existem sete Linhas na Umbanda e oito Orishás, contando com Obaluayê, Orishá oculto. Na realidade quantos Orishás existem?

PAI VELHO: — Existem doze Orishás, porém cinco já atingiram estados inimagináveis para a espécie humana atual. Um deles, Obaluayê, voluntariamente continua atuando na Umbanda esotérica, que possui portanto oito Orishás.

ZIVAN: — Por que os Exus não se manifestam no Triângulo da Forma?

PAI VELHO: — Os Exus não se manifestam numa das

Umbanda, Essa Desconhecida   241

três formas porque são um reflexo, um canal de expressão do Triângulo da Forma. Este triângulo que representa a Vontade, Sabedoria e Atividade dos Orishás, dá como consequência o aspecto dual, o equilíbrio da manifestação e o Triângulo da Forma se desdobra em sete triângulos mágicos, sua pura expressão, os sete canais ou veículos dos Agentes Mágicos para a magia branca.

ZIVAN: — *Por que nesse Triângulo da Forma, no lado representado pela vibração de caboclos, somente encontramos a cor fluídica de Oshalá, Yemanjá e Oshosi, ficando excluídas as cores de Shangô e Ogum?*

PAI VELHO: — Porque Ogum e Shangô não se manifestam denominando-se caboclos, mas sim Shangô seguido do nome, e com Ogum acontece a mesma coisa. Esta é a razão de suas cores fluídicas, vermelho e verde, não entrarem na composição das cores deste lado do triângulo, muito embora estes Orishás estejam associados ao movimento da Umbanda.

ZIVAN: — *Qual o procedimento correto para atuar, durante uma sessão de Umbanda, junto a espíritos obsessores, ou mesmo artificiais?*

PAI VELHO: — Somos totalmente contra médium de Umbanda receber obsessores ou entidades trevosas do astral. O chefe do terreiro ou o Guia-chefe risca um ponto, que é uma ordem de serviço, ponto completo contendo todos os sinais positivos, e faz uma corrente aberta, tendo nas duas extremidades um homem e uma mulher, canta-se os pontos adequados para a ocasião e, então faz-se a chamada do espírito trevoso, que ficará preso no ponto riscado, sendo doutrinado ou enviado para o astral.

ZIVAN: — *Qual é a técnica para a formação de um corpo de ilusão, um mayãvirupa?*

PAI VELHO: — Um corpo astral temporário, construído pelo poder da vontade dos guias e protetores, pode ou não parecer-se com um corpo físico, pois sua forma depende do propósito com que foi projetado. A grande vantagem de sua construção é que ele não fica sujeito às ilusões astrais como os corpos constituídos dessa matéria e pode passar instantaneamente do plano mental ao astral e vice-versa.

Os guias e protetores que atuam no mundo astral voluntariamente utilizam o "corpo de ilusão" para poderem se comunicar por meio do mediunismo. Uma vez terminado o trabalho no plano objetivo, este corpo, esta forma é automaticamente desvanecida, voltando a matéria astral de que é constituído à circulação geral desse plano.

ZIVAN: — Por que razão os videntes vêem a mesma aparição de maneiras diferentes?

PAI VELHO: — A vidência astral está muito ligada aos desejos e os sentimentos daqueles que vêem uma aparição, logo, eles irão ver aquilo que está vinculado aos seus impulsos de Kama — desejos, sentimentos e paixões. Será uma visão deformada e sempre inerente a cada um. Dois videntes irão ver, com certeza, o mesmo fenômeno de maneiras diversas.

ZIVAN: — Qual seria a vidência perfeita?

PAI VELHO: — A vidência consciente é dependente da vontade. O vidente "vê" porque enfoca sua visão no chacra frontal, pois somente pelo desenvolvimento desse chacra é que se passa a ter uma vidência perfeita.

ZIVAN: — Existe alguma relação entre os órgãos do corpo físico denso e os veículos superiores de consciência do homem?

PAI VELHO: — Existe e aqui daremos uma sucinta relação de correspondência:

O baço tem correspondência com o duplo etérico;

O fígado tem correspondência com Kama ou desejo;

O coração tem correspondência com prana;

Os tubérculos quadrigêmeos têm correspondência com o corpo astral, Kama-Manas;

O corpo pituitário (hipófise) tem correspondência com Manas-Bhudi;

A glândula pineal tem correspondência com o corpo mental.

Estas são algumas relações, que podemos citar.

ZIVAN: — É por esta razão que os chacras etéricos encontram-se em proximidade a estes órgãos físicos?

PAI VELHO: — Exatamente!

Umbanda, Essa Desconhecida   243

ZIVAN: — Qual a diferença entre Umbanda popular e Umbanda esotérica?

PAI VELHO: — Realmente só existe Umbanda; essa divisão fica por conta da evolução de cada grupamento ou terreiro onde se pratica esse ritual. A diferença fundamental consiste no trabalho, ou melhor, no "serviço". Na Umbanda dita popular as cerimônias são executadas a "nível de Protetor" e os médiuns que ali militam podem chegar, depois de cumpridas todas as obrigações — Iniciações Menores — a terem manifestações ao "nível de Guias". Porém, os médiuns da Umbanda popular exteriorizam suas entidades usando a mecânica da incorporação, geralmente semiconsciente. Não são comuns, como muita gente pensa, manifestações na mecânica da irradiação. Por causa dos entrechoques cármicos do uso sistemático dos rituais mágicos, no combate frontal à magia negra, esses trabalhos a nível de Protetor requerem, para a própria preservação dos médiuns, que a posse do corpo físico pelas entidades que se comunicam, atue na parte psíquica e motora, tornando os aparelhos mediunizados totalmente passivos nos seus três atributos principais: vontade, sabedoria e atividade.

Na Umbanda Esotérica, os rituais são executados a nível de Guia e não se utiliza a mecânica da incorporação. O método empregado por esses excelsos seres é a irradiação, e, conforme a evolução dos médiuns, passam a se exteriorizar por meio da intuição, atingindo a comunicação nesta modalidade ao nível de Orishá Menor, chefes de Legião, visando à libertação total do carma mediúnico.

ZIVAN: — Qual é o objetivo da Umbanda Esotérica?

PAI VELHO: — O objetivo da Umbanda Esotérica é, por meio do desenvolvimento e evolução espiritual, alcançar um estágio preparatório para seus praticantes poderem cursar as Escolas de Iniciação Esotérica e aspirar ao Mestrado, estando por este caminho libertos de suas paixões inferiores, livres para atingir o estado de divindade em si mesmos.

Fostes deuses e tendes esquecido!

Logo, a finalidade principal da Umbanda Esotérica é servir de apoio, de escola primária para o curso superior da Iniciação e fazer parte da Grande Confraria Branca.

ZIVAN: — Pode-se fechar os rombos da Tela Atômica ou Búdica sem atingir-se o estágio de Umbanda Esotérica?

PAI VELHO: — É perfeitamente possível. O serviço e a evolução espiritual independem do intelecto, logo, todo aquele que, humilde e silencioso, dedicou-se ao auxílio de seu semelhante, "fazendo o bem sem olhar a quem", sem dúvida alguma, pode fechar os rombos da Tela sem precisar atuar no curso superior, a Umbanda Esotérica.

ZIVAN: — Pode-se praticar a Umbanda Esotérica sem se passar pela Umbanda popular?

PAI VELHO: — Não! Seria o caso de um aluno que finalizou o segundo ano primário, pretender ingressar no curso superior de uma Faculdade.

ZIVAN: — Esses colares de contas coloridas de louça ou cristal são as chamadas "Guias"?

PAI VELHO: — Não. As verdadeiras "guias" são feitas de materiais encontrados na natureza. Favas, sementes que são geralmente pedidas pelas entidades da Linha de Yorimá (Pretos velhos e Pretas-velhas), colhidas nas horas e dias apropriados a cada Vibração Original.

ZIVAN: — Podem trabalhar numa mesma sessão ou "gira", lado a lado, falanges de caboclos e pretos velhos?

PAI VELHO: — Não devem, a fim de não misturar vibrações. Somente nos trabalhos de APOMETRIA tais práticas podem ser efetuadas, pois, no local onde irão "baixar", estas entidades estarão previamente preparadas para poder trabalhar ao mesmo tempo, caboclos, pretos velhos, crianças e espíritos elementais.

ZIVAN: — O que leva certos médiuns, ao incorporarem, a rodopiar incessantemente por longo tempo, para só depois poderem iniciar o atendimento com seu Guia? Isso é necessário para a incorporação dos Protetores ou Guias espirituais?

PAI VELHO: — Evidentemente isso não é necessário. Não existe a menor necessidade dessas exibições com pulos, gritos, correrias, que mais parecem exibições circenses. A exteriorização dos Guias e Protetores deve ocorrer num

Umbanda, Essa Desconhecida

ambiente de concentração e prece, auxiliadas pelos cânticos (pontos) apropriados.

ZIVAN: — *Existe uma sequência ou regra geral necessária para abertura dos trabalhos espirituais em um centro de Umbanda ou isso é aleatório, ficando a critério de cada terreiro?*

PAI VELHO: — Cada terreiro executa suas aberturas de uma maneira peculiar, porém, nós efetuamos nossa Abertura dos Trabalhos, da seguinte maneira:

1. Defumação dos médiuns e, se houver assistência, será nela também efetuada essa defumação com os pontos apropriados;
2. Defumação do terreiro;
3. Acender velas no Gongá;
4. "Firmar" o "assentamento" do Exu Guardião;
5. Ponto cantado de Abertura:
   a. do patrono da casa;
   b. dos sete Orishás;
   c. saudar anjos de guarda e Arcanjos guardiões;
   d. ponto cantado para todos os Agentes Mágicos e o guardião do chefe do terreiro;
   e. ponto do Guia Chefe;
   f. ponto riscado do Guia Chefe;
   g. ponto de "descida" dos Guias e Protetores;
   h. ritual propriamente dito;
   i. ponto cantado de encerramento.

ZIVAN: — *O que quer dizer uma entidade "cruzada"?*

PAI VELHO: — Diz-se que um guia é cruzado quando existe uma ligação com determinada Linha, com determinado Orishá.

Estas ligações são fixas, não variam. Assim, cada Chefe de Legião pode ser cruzado, ter ligação, com cada um dos sete Orishás. Estas ligações (cruzamentos) são:

CORRELAÇÃO ENTRE AS LINHAS
(para os Chefes de Legião)

Entidade da linha de Oxalá	Linha correlacionada
Urubatão da Guia	Oxalá
Tabajara	Yemanjá
Ubiratan	Yori
Aymoré	Xango
Guarani	Oxossi
Tupy	Yorimá
Guaracy	Ogum

Entidade da linha de Ogum	Linha correlacionada
Ogum de Lei	Ogum
Ogum Yara	Yemanjá
Ogum Mege	Yori
Ogum Rompe Mato	Oxossi
Ogum de Malei	Yorimá
Ogum Beira Mar	Xango
Ogum Matinata	Oxalá

Entidade da linha de Oxossi	Linha correlacionada
Caboclo Arranca Toco	Oxossi
Cabocla Jurema	Yori
Caboclo Araribóia	Xango
Caboclo Cobra Coral	Ogum
Caboclo Arruda	Oxalá
Caboclo Pena Branca	Yemanjá
Caboclo Tupyara	Yorimá

Entidade da linha de Xango	Linha correlacionada
Xangô Kaô	Xangô
Xangô 7 Montanhas	Ogum
Xangô 7 Pedreiras	Yemanjá
Xangô da Pedra Preta	Yorimá
Xangô Agodo	Oxossi
Xangô da Pedra Branca	Oxalá
Xangô 7 Cachoeiras	Yori

Entidade da linha de Yemanjá	Linha correlacionada
Cabocla Yara	Yemanjá
Cabocla Indayá	Yorimá
Cabocla Nanã Buruquê	Yori
Cabocla Estrela do Mar	Oxalá
Cabocla Oxum	Oxossi
Cabocla Inhassã	Xangô
Cabocla Sereia do Mar	Ogum

Umbanda, Essa Desconhecida

Entidade da linha de Yori	Linha correlacionada
Tupanzinho	Yori
Damião	Oxossi
Cosminho	Yorimá
Doun	Xangô
Yari	Ogum
Ori	Yemanjá
Yariri	Oxalá

Entidade da linha de Yorimá	Linha correlacionada
Pai José de Aruanda	Yorimá
Pai Tomé	Oxalá
Pai João	Yemanjá
Pai Congo (Rei Congo)	Yori
Pai Benedito	Ogum
Pai Joaquim	Oxossi
Vovó Maria Conga	Xango

Obs. Para os Chefes de Legião estar cruzado ou ligado é a mesma coisa. É sua identificação permanente. Já para as entidades em grau abaixo, existe a diferenciação, já descrita, entre estar cruzado (para um determinado trabalho) ou ligado (permanentemente).

Como se pode observar, os cabeças de Legião (Urubatã da Guia, Cabocla Yara, Tupanzinho, Shangô-Kaô, Ogum de Lei, Caboclo Arranca Toco e Pai João) não possuem ligações, pois se expressão na própria Linha.

ZIVAN: — Somente as entidades em grau de Guias, chefes de Legião é que fazem essas ligações (cruzamentos)?

PAI VELHO: — Somente os Guias apresentam esta característica.

ZIVAN: — E as entidades que estão em grau de Protetores?

PAI VELHO: — Os Protetores quando fazem ligações (cruzamentos) são sempre variáveis, determinadas pelos Guias e de acordo com a necessidade do trabalho.

Essas ligações feitas pelos Guias, chefes de Legião, repressentam ainda no ponto riscado uma assinatura, ou aquilo que identifica o nome da entidade.

Exemplo:

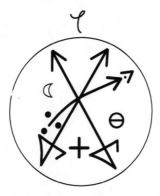

Ponto de Pai Tomé - Cruzamento com Oshalá o que o identifica.

Epílogo

PAI VELHO: — Espero, Zivan, que você possa aproveitar bem estas lições para o seu progresso espiritual e de todos os seus semelhantes.

A Umbanda, bem como todas as correntes religiosas, é um meio, jamais um fim. É o meio usado pelo Dirigente da Raça para forjar a semente da civilização de ouro, a civilização do espírito, a civilização do Terceiro Milênio. Não importa a forma como se adora a Deus ou como se seguem as Leis Divinas. Deus também já teve vários nomes e várias formas. Importa segui-las, isso sim. E quando os homens forem de novo como as crianças, puros e simples, então não mais haverá guerras, ódios e dores. As diferentes seitas e correntes religiosas terão passado e outras virão tomar os seus lugares, numa purificação sempre progressiva, até que exista apenas um só rebanho para um só pastor. Mas o Seu Nome, Zivan, não importa qual seja no momento, esse perdurará para sempre...

Pai Velho vai "subir" que a lua já está alta. Louvado seja Nosso Senhor Jesus Cristo, menino! Louvada seja Mamãe Oshum!

Saravá a Umbanda!

Saravá os sete Orishás da Umbanda!

Saravá os pretos velhos e pretas velhas!

Saravá os caboclos e caboclas!

Saravá a banda das crianças!

Saravá o Grande Exu, rei de toda magia!

Saravá Oshalá!

Paz e amor em seu coração, Zivan, e a todos os seres. O cambono saudou Pai Velho e cantou um cântico lindo, que falava em Zambi, Amor e Oshalá! Pai Velho, outra vez estava encarquilhado em seu banquinho, sua voz já não era a mesma, falava outra vez errado, em tons fracos, quase sussurrantes. Pai Velho "subiu". Com ele se foi a imensa luz que inundara aquele gongá. A sala ficou quase nas trevas e depois escureceu totalmente quando a vela acesa em cima da tosca mesa foi se apagando lentamente.

A grande religião *

Tenha como templo o Universo; como prece, o trabalho; como fé o amor; como religião a caridade.

Babajiananda

Que templo magnífico aquele! Jamais havia visto um igual. Não! Igual àquele, certamente, em toda a minha existência, eu jamais havia contemplado!

Absorto, olhando admirado, guiado que fora até ali por mão invisível, foi que escutei do meu Guia, ausente dos meus sentidos comuns:

— Contempla! Estuda e aprende!

Munido de uma humildade suprema, ávido de saber, peregrino cansado de bater em mil portas procurando a Verdade, abalancei-me a bater em mais aquela. Entrei. Não foi necessário sequer bater nas enormes portas, pois estas se encontravam permanentemente abertas de par em par. Um estranho murmúrio parecia subir pelo seu pórtico imenso, que se perdia nas alturas infinitas do céu. Esta voz estranha e grave, porém, de acentos doces e suaves, parecia repetir insistentemente:

— Entra! Entrem todos os cansados de procurar inutilmente a razão suprema da existência. Venham todos os que trazem a simplicidade no coração e o amor na pesquisa.

---

* Este capítulo foi, primitivamente escrito para a obra *Religião e Cosmo*, Roger Feraudy, Thesaurus Editora.

Porque é no amor que se constroem as grandes obras e é na simplicidade que se baseiam todas as essências. Contempla! Estuda e aprende!

Penetrei sorrindo, com o coração cantando o ritmo da música maravilhosa que se evolava, e senti todas as vibrações puras que se associavam e se equilibravam numa gama perfeita de acordes, que deixavam o ar morno e sereno, penetrando no mais profundo do meu ser, como que a desnudar minha própria alma.

Eu sentia que não andava. Flutuava no ar guiado por estas vibrações, e só então compreendi que deixara atrás, no pórtico imenso deste estranho templo, minhas vibrações inferiores. Olhei e vi, não podendo penetrar nos umbrais do templo, o meu corpo disforme. Disforme pelas paixões, pelo egoísmo, pela vaidade, pela ignorância, pela animalidade, atributos inerentes à minha personalidade. Era um corpo pesado, esmagado contra o solo, arrastando-se em passadas pesadas, volteando à entrada do templo magnífico sem poder entrar, embora as enormes portas continuassem abertas. E o apelo insistente continuava:

— Venha! Venha! Venha!

Pobre e velho corpo de matéria! Pobres sentidos comuns! Jamais poderiam ouvir ou compreender esse amoroso apelo. Teus passos, pobre corpo de carne, jamais transporão este pórtico. Teus olhos, pobres olhos limitados à aparência, jamais visualizarão este magnífico templo, jamais perscrutarão seu interior esplêndido. Eternamente verão a forma, jamais a essência.

Meu corpo continuava pesadamente a mover-se, alheio ao espetáculo deslumbrante que se deparava para além das monumentais portas abertas do grande templo.

Olhei aquele corpo que deixara para trás, com repulsa e nojo.

Então, aquele era eu? Aquela cabeça disforme, de olhos imprecisos, que não viam além de um palmo! Aquele andar grotesco, irregular, sempre preso à terra, como as limalhas de ferro presas ao ímã! Aquela boca, verdadeira cloaca, que produzia sons estridentes desarmônicos, sempre ferindo ou maculando! Sempre devorando, comensal assassino, todas as

Umbanda, Essa Desconhecida   253

formas de vida, para a satisfação, não da fome — condição normal da célula viva — mas do prazer absurdo da digestão! Então, aquele era eu? Aquele sexo abjeto, que não cumpre mais sua forma divina de expressão, a perpetuação da espécie, mas afoga-se no gozo, na libertinagem e na escravidão moral dos sentidos, abastardando-se completamente! O homem-sexo — a mulher-sexo! Estas, então, pobres infelizes, da divina condição de mãe, da sublime identificação com a Mãe Universal, no milagre maravilhoso de portadora da vida, a intermediária entre o divino e o humano, relegadas pelo sexo maldito — quando mal compreendido ou usado — a simples mamíferos de luxo, de tetas secas e úteros podres! Então, aquele era eu? Uma consciência, que a maioria julga ser a suprema inteligência e sabedoria, que contamina o ar com seus eflúvios deletérios, que desprende energia negativa no ato de pensar? Aqueles reflexos escuros que subiam do alto de minha pobre cabeça, que pareciam macular o ar em torno, seriam, então, o pensamento — síntese, razão e medida de todas as coisas, que o homem, orgulhosamente, exibe como centro e medida de todo o Universo? Olhei mais uma vez meu pobre corpo. Ao redor do crânio, notei a aura negra e escura, escorrendo por todo o corpo, como que uma massa viscosa e amorfa. Que piedade senti! Quis voltar sobre os meus próprios passos etéreos para amparar aquela massa, infeliz, cega e sofredora, que era eu mesmo. Ajudá-lo com meu amor, banhá-lo com meus sentimentos mais nobres e ampará-lo com esta nova força, suave e ao mesmo tempo pujante. Porém, nesta suprema hora, mil vozes distintas vibraram pelos infinitos espaços. Compreendi suas vozes, identifiquei-me com suas palavras, eco do meu próprio pensamento liberto.

— Tu, homem, não és aquele corpo! Repara na essência de ti mesmo! És livre e ilimitado como te sentes agora! Este, és tu mesmo! O homem real, sem formas e sem limitações! Fora do espaço e do tempo, num limite-consciência além das elaborações deformadas por aquela consciência finita, produto de circunvoluções cerebrais! Isto, és tu mesmo! Não aquela forma vaga e imprecisa que se arrasta, infeliz, no pórtico deste grande templo! Aquilo é o efeito apenas!

254 Roger Feraudy

Tu, homem-verdadeiro, és a causa! Aquilo é a expressão, um mero apêndice, para que tu possas chegar ao princípio do teu caminho! Aquilo nasce, cresce e morre, tu és imortal! Porém, para atingires a imortalidade consciente na carne, é preciso que a restrinjas ao seu verdadeiro lugar! É preciso que subjugues a mente como instrumento da personalidade, e à personalidade ao teu eu verdadeiro. Repara como te locomoves livremente, como pensas em termos absolutos e não em termos relativos de causa e efeito! Repara como venceste o tempo e o espaço! Repara em tua própria essência, que é divina! Estás em contato com Deus e Deus está todo em ti, pois um dia foste Deus e tens te esquecido! Vem! Vem ser Um Conosco! Deixa que a carne enterre a própria carne e que o espírito sucumba no Grande Foco, num incêndio de amor que abrasará o mundo inteiro, numa fogueira admirável, no dia em que tudo for Uno! És livre, soberanamente livre! Vem! Contempla, estuda e aprende! Vem! Para que depois tu mesmo possas desfazer os laços intrincados destas causas e efeitos, que aniquilam teu cansado corpo que ficou para trás e, numa ressurreição na carne, ele possa um dia penetrar contigo neste templo, libertando-se também!

As vozes calaram-se, porém, ainda permaneciam vibrando, uníssonas, no fundo do meu "eu". Então, avancei resoluto pelo átrio encimado por colossais colunas, sustentáculos das monumentais portas. Fui arrastado num doce impulso, irresistível, porém sem imposições, para o interior do enorme templo.

Maravilha! Eu não vi paredes, nem coberturas, nem mesmo o enorme salão que imaginei de entrada. O entranho templo só possuía grandiosas portas, afixadas em colunas colossais. O restante contituía-se num cenário maravilhoso, um recanto da natureza. Contemplei, então, seus vales floridos de rios preguiçosos. Um céu magnífico de azul, e ao longe, como que espetando esse lenço azulado, grandes montanhas sonhadoras, guardando silenciosas o vale embaixo, florido, claro, verdejante e matizado de pictórica beleza.

O Sol claro não era abrasador. Seus raios amenos e cálidos aqueciam sem ofender, como uma dádiva que alegra ou uma carícia que afaga. Isso tornava o ar morno, de uma tepidez que embala sem embotar os sentidos, com seus reflexos

Umbanda, Essa Desconhecida

no ar trazendo uma irradiação perfeita, que penetrando na profundeza da essência dos seres, traduz em equilíbrio os anseios mais internos, ocasionando uma união perfeita entre o exterior e o interior. Aquele brilho do Sol no ar eu jamais vira. Ali sentia-se o próprio respiro da natureza e, num ritmo palpitante, encontrava-se o próprio ritmo e, então, o respiro do ser e o respiro de todas as coisas eram apenas um. Senti também que respirava assim. Encontrara a minha própria harmonia e ouvia a Voz do Universo que cantava e a voz de todos os seres que, harmonicamente, comigo entoavam a canção universal do amor absoluto!

Vi cascatas magníficas, todas vestidas de espumas diáfanas, e rios serpenteantes, beijando as margens largas, correndo palpitantes por entre pedras coloridas. Vi riachos menores, quase tímidos, de água cristalina, e lagos mansos que em suas águas espelhadas refletiam o Sol e o firmamento azul.

E as águas cantavam:

— Nós trabalhamos para a terra e o nosso trabalho é amor!

Vi florestas de árvores seculares, sisudas em sua imponência, de sombra amena, ocultando o Sol, para que a seus pés de raízes um mundo de vida palpitasse na sombra acolhedora de seu frescor. Vi arbustos pequenos, vigorosos e singelos, beijando a terra, aqui e acolá elevando-se, para mais além deitaram-se medrosos da própria altura, vestindo de verde brilhante a terra mãe que os engendrara e enfeitando com diversos matizes seu regaço puro. Vi flores esplendorosas em grinaldas naturais. Belas, altivas, humildes, numa festa de cores, numa orgia policrômica, entregando-se totalmente à natureza, como um festival pagão de inconfundível magnificência. Parecia que a floresta inteira rescendia a flores e ondulava em sons puríssimos. Do tom grave do carvalho gigante ao fino e modulado acorde da vegetação rasteira, se uniam numa voz única de indescritíveis sons.

E o reino vegetal inteiro cantava assim:

— Nós trabalhamos para o reino animal e o nosso trabalho é amor!

Refleti, surpreso, nesse canto admirável. Alcei a vista e descobri os pássaros, as abelhas, as formigas e muito mais, além da visão comum, os espíritos da natureza e todos trabalhavam cantando, numa sinfonia de acordes longos e maravilhosos, de uma eufonia intraduzível e que ouvidos humanos, talvez, jamais tenham escutado.

Os beija-flores pousavam de flor em flor e trabalhavam no sublime concerto da vida e do amor; os rouxinóis cantavam e trabalhavam em sons raros, que punham poesia no envolver constante de palpitação de vida, que desenrolava seu drama de luta pela existência no solo rente às árvores enormes, nas fendas, cavidades, e nos recessos menos iluminados, onde as larvas e os répteis se entredevoravam; o joão-de-barro fazia sua casa, trabalhando metodicamente;arquiteto nato, simetricamente arredondava o bojo de seu castelo, escolhendo certeiro e convicto o material apropriado; mães-pássaros alimentavam seus filhotes, pais-pássaros ensinavam o mistério do primeiro voo; aves de belas plumagens, aves vadias, eternos trovadores; o pássaro comum, sem nobreza e sem linhagem, todos trabalhavam incessantemente e no acompanhamento da floresta esplêndida, suas vozes unidas apregoavam:

— Nós trabalhamos para a Mãe Natureza e o nosso trabalho é amor!

As abelhas zumbiam e trabalhavam cantando sua música infinitamente pequena como elas, de tons baixos, mas melodiosos, produzindo incessantemente o mel doce, e sorrindo em suas pequeninas almas, me entregando favos deliciosos, néctar que os espíritos da natureza aproveitavam para se banhar em sua essência deliciosa. E as minhocas! Estas obreiras do subsolo! Esticavam seus corpos esguios em contorções acrobáticas, lisas, elásticas; em frenética dança revolviam a santa mãe-terra, trabalhando conscientes de sua função, numa vozinha minúscula, branda, quase inaudível, que unida às outras vozes completava a orquestração sublime da canção da vida. E as formigas! Incansáveis no seu ir o vir. E as lagartas preguiçosas! Os marimbondos, as vespas, os escaravelhos! Um sem-fim de vida miúda, num zumbido formidável que ecoava em coro a canção divina:

— Nós trabalhamos para o homem e o nosso trabalho é amor!

Vi animais enormes, animais pequenos, tímidos e agres-

Umbanda, Essa Desconhecida

sivos, brandos e ferozes. Unidos segundo a sua espécie e sua família. Solitários e agrupados, todos trabalhando incessantemente para sua evolução o para o aprimoramento de sua espécie.

Vi os Espíritos da Natureza trabalhando. Das belas sílfides que habitam o ar, às ondinas que comandavam as águas; aos gnomos que manipulam a terra; à salamandra que crepita junto ao fogo, vestida de suas labaredas, deste fogo que destrói ou aquece e que ilumina as profundezas, quando o Sol se recolhe para deixar que reine a obscuridade na natureza. O seu canto era fantástico, de sons puríssimos e de uma melodia inebriante. Vibrava nas águas do mar, no ronco das cachoeiras, no estrépito do fogo e do raio, nas altissonâncias das tempestades, para depois se aquietar nos lagos, nos riachos tranquilos, no murmúrio das folhas agitadas pelo vento e na brisa fresca de um cair da tarde.

Todos os Espíritos da Natureza trabalhavam cantando. Cantando e construindo, construindo e organizando, organizando e criando. Uns moldavam as flores, outros atuavam na seleção dos pássaros, outros na dos peixes, outros comandavam os ventos, as calmarias, outros influenciavam o nascimento desta coisa maravilhosa, a inteligência, que os homens chamam instinto. Outros, ainda, governam o mundo do subsolo, avivando a seiva, nutrindo as plantas, saturando a natureza de "élan de vida", palpitando na essência das coisas. Que soberbos artífices! Que maravilhosa sinfonia de sons se exalava do trabalho metódico, racional e inteligente! O som deste trabalho era profundo, penetrante, pairava muito acima dos outros sons da natureza, tocado em oitavas perfeitas.

E eu, então, contemplei um ser magnífico. Resplandecia como um sol e de todo o seu ser emanava pura luz, em jorros que envolviam os Devas, que em torno dela volteavam, quais planetas ao redor do astro central. Era Mâhâdeva, o rei dos Devas, que, ao me fitar com um sorriso todo iluminado, traduziu, em voz profunda e melodiosa, a voz de todos os Devas que trabalhavam cantando:

— Nós, filho meu, trabalhamos para todos os seres e o nosso trabalho é amor!

A estupenda sinfonia da natureza continuava gritando bem alto seus harmônicos sons: Equilíbrio! Amor! Trabalho! Ordem! Equidade! Justiça! Harmonia e Perfeição! Pude, então, notar nas infinitas formas e na multiplicidade dos muitos uma síntese prodigiosa de unidade, num monismo transcendental por trás das aparências, reduzindo-se simplesmente a um fator constante de atuação — a Grande Lei Sábia. Lei imanente e perfeita em todo o cosmo, palpável e perfeitamente perceptível, não à visão comum, mas à super visão do espírito, despida dos sentidos comuns da matéria. Penetrei na intimidade de todas as coisas, de todas as harmonias e manifestações, e, na compreensão total, pairando acima dos outros sons esplêndidos, escutei contrito a prece das sábias inteligências:

— Contempla, estuda e aprende!

Então, minha alma, cansada, peregrina de planos ignotos, também se inclinou numa prece muda, despida totalmente de tudo, numa nudez absoluta de forma e de humildade. Invadiu-me uma paz infinita, a paz de todos os seres e de todas as coisas e, cego momentaneamente pelo foco de luz, pela fogueira maravilhosa de amor que um dia incendiará o mundo, pressenti a Grande Unidade. E supliquei assim:

— Senhor do Mundo, ampara-me em Tua Lei, sustenta-me em Tua harmonia! Deixa que me aproxime do Eterno Centro, pobre átomo que sou, andarilho fugaz das superfícies! Só avizinhar-Te, só concebê-Lo já é uma delícia de permanentes concordâncias; só senti-Lo já é um gozo imperecível em que a alma mergulha em infinita paz; pois não posso compreendê-Lo, porque tal compreensão seria a destruição total de todo o meu ser, na fogueira incomensurável de Tua Luz Puríssima, seria o aniquilamento dos meus falíveis corpos de expressão, impróprios para sustentar tanta claridade, Sol dos sóis que És. No entanto, resta-me poder amá-Lo, porque podendo amá-Lo, completamente, fundo-me infinitesimamente na Tua Essência e, como reflexo de Tua Luz, encontro a suprema razão de todas as existências! Faze de mim, Senhor, um mero apêndice de Tua Vontade, um mero reflexo de Tua Ação, uma pequenina centelha de Tua Inteligência, para que eu, pobre microcosmo, possa equilibrar minhas ações, redundando-as

Umbanda, Essa Desconhecida

em paz, equilíbrio e amor.

Quando orei assim, senti que a paz universal havia caído sobre aquele mundo compreendi, num átimo apenas, que podia entender todas as coisas e que todas as coisas me entendiam. Sufoquei de luz e de verdade e solucei de amor por todas as dores e todas as incertezas. Carreguei sobre os meus passos todas as misérias, todas as lutas e todas as desilusões. Identifiquei minha dor com o pássaro ferido; a corça apavorada na noite escura, ante o ataque das bestas carnívoras; o apelo dos seres alados ante a tragédia da prole devorada; o estoicismo do zangão que se sacrifica por amor à espécie, nos braços nupciais da amada; o terror dos animais menores ante a rapinagem; o medo do assassino ante a execução; a dor do pobre que mendiga o pão; da criança abandonada, transida de frio, pezinhos descalços, cabeça sem abrigo; o choro dos órfãos, o desespero das viúvas; o desprezo dos grandes; a indiferença dos potentados; a dor profunda da mãe aflita que perdeu seu filho; as chagas dos doentes; a insanidade dos mortos vivos; o estoicismo do sábio; a dolorosa paciência do santo e a maravilhosa e sublime dor da portadora da vida, que imediatamente esquece os sofrimentos para penetrar no gozo inenarrável de apertar nos braços o pequenino ser que vem à luz. Todas as dores foram minhas dores.

Então, senti que tudo mudava completamente. O cenário que me rodeava era diferente. Campos cultivados, cidades esplêndidas de Sol e de luz perdiam-se na paisagem, como que tocando os infinitos horizontes sempre distantes.

Avistei um ser, inteiramente inundado de luz. Seria um homem? Só em aparência mereceria esse nome, tal sua majestosa dignidade. Resplandecia de luminosidade; de sua túnica branca, reflexos candentes quase impediam a visão direta de quem o fitasse. Soberba cabeça, revestida de longos cabelos brancos anelados, testa alta, ampla, irradiando inteligência e bondade. Rosto oval, onde olhos claros e penetrantes pareciam devassar completamente as almas, tal o intenso fulgor.

Era um sábio? Era um Santo? Um asceta? Um Deus?

Era um homem cósmico, um homem completo, um

Adepto, um super-homem!

Aquele ser magnífico fitava-me sorrindo. Sorrindo para mim, pobre pária indigno, obscuro esmoler de sabedoria.

Sua voz era doce e vibrante, parecia conter infinitas nuances de puríssimos sons, a jorrar compassados em envolventes carícias.

— Bem-vindo sejas, filho meu!

Quase não podia falar, preso de indizível emoção ao entranho fascínio que daquele homem emanava. Pressentia que o mais íntimo do meu "eu", os meus pensamentos, minhas ações e as mínimas consequências de minhas volições, eram livro aberto em que ele lia, página por página, todos os capítulos de minhas existências. Senti-me paralisado, quase sem ação, totalmente entregue ao imenso amor que sua aura pura irradiava. Alma nua, totalmente despida, submissa à sua vontade e ofuscada pela sua luz, pude a custo balbuciar — que digo — não consegui dizer nada, pois a palavra, o som, seria mácula distônica na perfeição daquela harmonia. Foi lendo em meu pensamento que nasceu o diálogo mudo, que penetrou minha consciência, atingiu direto o meu coração, lavando completamente todo o meu ser, num banho espiritual de luz, de inconcebíveis conhecimentos.

— Que país é este, Mestre? A princípio julguei que fosse um grande templo, porém, agora noto que é uma nação, ou um estado. Um lugar admirável. Onde me encontro, Mestre?

— País? Estado? Não, filho meu, aqui não se conhecem fronteiras. Isto que vês é o planeta Terra. Somos a humanidade da Terra, os irmãos do planeta Terra. Também não te enganaste, filho meu! Isto é um grande templo. O templo enorme onde vivem todos os irmãos deste globo. Um santuário sagrado, onde o limite é o infinito. Começa no homem e termina no homem mesmo. Esta a fronteira da nossa pátria universal.

— Mas, Mestre, quem governa este país único, universal? Ao atingir tal evolução, tal grau de adiantamento, forçosamente uma determinada forma de governo deve ter se processado, cimentando-se e dando como consequência um tipo perfeito de comunidade. Que forma de governo dirige este país admirável?

Umbanda, Essa Desconhecida

— Aqui o homem governa o próprio homem, filho meu! Ninguém governa ninguém, pois cada um sabe perfeitamente qual o seu papel dentro do quadro geral da evolução. Cada um executa a sua função dentro de suas aptidões e de suas tendências. Cada um faz precisamente o que é necessário fazer, pois cada um de nós executa todo o trabalho pensando sempre na utilidade que possa ter para nossos semelhantes, e assim o equilíbrio equitativo do todo passa a ser o equilíbrio do um. Daí, ninguém tem de mais, porque se o trabalho de um é para o outro e assim sucessivamente, todos têm por igual numa cadeia perfeita de trocas recíprocas. Desta forma, filho meu, tudo é de todos.

Nossa forma de governo é a Grande Lei. É Deus presente, Deus manifestando em tudo, atuante e perfeito. É o governo que não governa, porque não impõe, ama; porque não é efeito, é causa. É, ao mesmo tempo, princípio e fim. Não é exterior, é interior. E como, filho meu, a única Lei Absoluta que existe é amor e sendo este o Mestre que seguimos, aqui se ama também ao seu próximo como amamos a nós mesmos. Esta é a única máxima, a única frase, da única folha e do único livro que possuímos. Uma biblioteca bem pobre, como vês, pois a nossa grande biblioteca e os nossos maiores livros são a enorme Natureza, com suas leis imutáveis. Ali se encontram a beleza literária, a poesia perfeita, a ética absoluta, a estética e a infinita sabedoria. Não é esta natureza morta de teus naturalistas, nem este mundo fenomênico de causa e efeito, limitado e restrito de teus cientistas, nem é esta biologia fóssil dos anatômicos mortos das salas acanhadas de tua história natural. É a natureza viva, palpitante, banhada pelo "élan vital" do Absoluto, a raiz da Natureza sempre presente. São os arquivos permanentes e vivos do eterno-presente, o *akasha*, a memória da Natureza. Livro gigantesco e sempre aberto à visão profunda do homem perfeito à causa de toda a matéria existente. Esta, a nossa biblioteca, o nosso livro. A essência da Grande Lei.

— Mestre, tudo isso é maravilhoso, é perfeito e de tal grandiosidade que toca às raízes da sublimidade. É o ideal sonhado pelos utopistas, pelos filósofos e por todos os grandes Iniciados. Mas de que forma, meu Mestre, chegou esta humanidade a tal perfeição? Que regra básica de evolução norteou e seguiram vossos primeiros instrutores?

— Só uma regra, filho meu! A regra infalível capaz de conduzir o homem à verdadeira felicidade e os povos à sua mais íntima compreensão. O conhecimento, a verdade! Abolindo e combatendo tenazmente a ignorância, filha das trevas, que conduz ao desequilíbrio e ao caos. O homem conhecendo seu real papel no Universo, na evolução e, consequentemente, na vida; o homem conhecendo-se a si mesmo e, assim, logicamente a Deus; o homem compreendendo a Grande Lei Imutável e, evidentemente assim, aonde conduz seu caminho e como está situado no plano geral de todo o cosmo manifestado, está livre, liberto das cadeias da ignorância, está remido, equilibrado e plenamente realizado. Estando equilibrado, poderá levar o equilíbrio ao seu semelhante e a todas as coisas, penetrando também no Grande Equilíbrio, que é o Senhor do Mundo. "Conhecereis a verdade", filho meu, "e a verdade vos libertará".

— Estupendo, maravilhoso! Não tenho forma de expressão para definir tanta sabedoria! Porém, Mestre, com vossa permissão, tendes uma religião organizada?

— Não, filho meu! Cada ser aqui ama simplesmente toda a forma organizada. Aqui, cada ser em seu conjunto intrínseco é a própria religiosidade. Adoramos o Deus Uno, não sob a forma de um culto exterior, mas na suprema abstração do nosso Eu Superior. Nós o cultuamos sentindo-O, não figurando-O, nós O amamos vivendo Nele, não procurando-O eventualmente. Aqui, cada ser, filho meu, é um templo divino que abriga o Deus, e cada ação, preces mudas de uma liturgia consciente, uma oração constante.

— Mestre, não tendes sacerdotes, pontífices? Como orais?

— O Pontífice de Deus, o intermediário, é a alma pura ajoelhada permanentemente em face do Senhor do Mundo. Nossa obra é o nosso sacerdote. Aqui todos os seres sentem a Deus e são permanentes pontífices em suas ações. Nossa oração é o nosso trabalho, nossa prece é o nosso amor por todos os seres. Temos como templo o Universo, como fé o amor, como prece o trabalho e como religião a caridade.

Umbanda, Essa Desconhecida 263

Oramos sempre assim: Nós trabalhamos para o nosso semelhante e o nosso trabalho é amor.

— Quem dá, então, o batismo, a sagração do casamento e a extrema-unção?

— Dá o batismo, o sagrado ato da divina maternidade, esta maravilhosa intermediária entre o plano divino e o plano matéria, no milagre do ser que é um milagre de luz. A mãe dá à luz, unifica o feixe abstrato, disperso, de vibrações luminosas, no feixe concreto de luz condensada. É o ato sublime de dar a vida, transformar de si mesmo o imponderável no ponderável. A mãe batiza no sacramento maravilhoso de dar à luz, porque, sendo a luz a própria divindade, ela com Ele se identifica, e quem batiza, então, é o Pai Eterno, através da Mãe Eterna.

A sagração do casamento é dada pelo amor. Não o amor da carne, transitório e efêmero que grita sempre "eu". Mas o amor das almas gêmeas, que não é mais "eu" e "tu", porque é somente "nós". É o amor transcendental em que os espíritos se unem antes da carne, numa eternidade perfeita de contrários fundidos na perfeição dos dois polos. É o homem--mulher, a mulher-homem, num hermafroditismo divino em que o mecanismo somático só tem razão de ser para uma única finalidade, a perpetuação da espécie. Não a formação de meros corpos animalizados, que carregam um espírito divino, prisioneiro eterno em tais profundidades, mas um corpo luminoso de proporções magníficas, reflexo de um espírito divino, que o comanda e o coordena. Não um corpo que tem um espírito, mas um espírito que tem um corpo. Os amantes que se unem nos laços sagrados do matrimônio concebem pela vontade, pela perfeita união dos seus espíritos, filhos formosos, eugenicamente perfeitos e equilibrados, já com uma função específica dentro da coletividade. A finalidade do sacramento do matrimônio, pela sublimidade do amor, não é gerar homens, mas sim semideuses.

A extrema-unção, quem nos dá é a terra. Não a terra no seu sentido concreto e unilateral. A terra no sentido abstrato e simbólico, da qual o homem foi criado — a vida. A vida eterna e imortal, que em suas múltiplas aparências ou formas nos dá a ilusão de princípio e fim. A nossa extrema-unção é a imortalidade consciente do ser, membro efetivo do Grande Alento, colaborador eficiente da Grande Obra, peça imprescindível do grande mosaico da evolução.

— Compreendo, Mestre; porém, em minha infinita ignorância, ouso ainda perguntar: Como são divididas as classes sociais? Como se distribuem as funções na comunidade? Por que, necessariamente, para que haja um equilíbrio perfeito dentro da coletividade, cada um deve se dedicar a um mister, porque, penso eu, seria um verdadeiro caos, uma sociedade sem diversidade de atribuições. Como então é feita esta distribuição, ó meu Mestre?

— Simplesmente pela prévia escolha das tendências. Pela simples antevisão, na hora da concepção do ser, em que o jovem casal delibera, de comum acordo, o que será seu futuro filho, em relação com o que é mais necessário, para o bem da coletividade.

— Julgo não compreender bem, amável Mestre.

— É simples, filho meu! Tudo em nossa coletividade trabalha exclusivamente para seu semelhante, não é certo?

— Certíssimo!

— Desta forma, gerar filhos prende-se exclusivamente a um ato em que se visa ao bem geral. Como possuímos nossos veículos superiores grandemente desenvolvidos, como podemos captar com grande facilidade as mais sutis vibrações do cosmo, o mundo invisível é por nós interpretado em pleno estado de consciência. Desta maneira, o jovem casal que vai conceber um filho entra em harmônico contato com este espírito que quer encarnar. Ele será um hóspede naquele lar por nove meses. Seus futuros pais dar-lhe-ão um ambiente propício para o cumprimento posterior de sua evolução e, de antemão, já sabem que geraram um filho, uma filha, um Mestre, um Instrutor, um operário, um artífice, um homem do campo etc. Tudo é normal e lógico nesta genética social. O amor predomina sobre todas as coisas. Aquele que precisa encarnar sente no mais íntimo de seu ser esta vibração maravilhosa, é tocado por esta aura luminosa, então, identifica-se com sua futura mãe na carne. Esta é a verdadeira concepção, a concepção virginal extracarnal e sublime! Os pais, nessa hora, recebem esse hóspede sagrado em cerimônia simples,

Umbanda, Essa Desconhecida   265

no recesso do lar. Identificam-se completamente com o novo ser, em contato mais íntimo e permanente, de acordo com a lei de afinidades. Os três seres tornam-se um ser apenas, na maravilhosa fusão das almas gêmeas e é, então, nessa hora de êxtase supremo que se processa a fecundação. Fecundação apenas para modelar a forma, modelar a habitação transitória do verdadeiro ser que já havia sido concebido na ultraterrena fecundação virgem do amor puro. Os pais modelam o casulo, a vestimenta do seu hóspede, que virá futuramente habitar esse lar. Quando vem à luz o ser perfeito, concebido nas fronteiras do mental superior, a mãe pode dizer orgulhosa: "Nasceu mais um trabalhador da Grande Obra, nasceu mais uma peça importantíssima, com seu lugar exato na nossa coletividade, com sua função já prevista, harmonicamente equilibrado, com a finalidade de ser útil, para cumprir a suprema Lei do Amor, que é o trabalho, para o progresso de todos os seres".

Esta, filho meu, é a verdadeira finalidade de se gerar filhos. Esta é a única e verdadeira função do sexo, que é divina dádiva e que conduz o homem perfeito à condição de atributo de Deus Uno — a vontade livre. A função do sexo é liberdade suprema, é condição de criador, porém, filho meu, os homens a relegaram à condição do bruto, à infamação do egoístico prazer pessoal e, na inversão total de sua significação, transformaram-na em prisão dos sentidos, que os aniquila e subjuga, prisioneiros da forma e da ignorância, causa do mal e da dor.

— Que maravilhoso mundo! Que ordem e perfeição! Tudo em seu devido lugar! Cada ser é uma peça da Grande Unidade e cada função é poesia divina na maravilhosa sinfonia da vida! Porém, dizei-me, eu vos suplico, Mestre incomparável, sendo o ser livre, sendo o livre-arbítrio o apanágio supremo de todas as realizações, não pode haver uma oposição à Lei, discrepâncias, algumas anomalias, rebeliões contra essa Lei Suprema, máxima, numa oposição ao determinismo que tudo mantém preciso e exato em suas finalidades? Sendo o ser livre, não se pode rebelar contra a Lei?

— De forma alguma, filho meu! Ser livre é conhecer-se a si próprio. Quem se conhece a si mesmo, completamente, totalmente, integra-se na Grande Unidade. Isto tem lógica matemática, meu filho, pois basta somar todas as integrações para que variem de menos infinito a mais infinito e encontrarás uma fórmula perfeita, cujo resultado será fatalmente a integração total. Partindo do princípio de que todos os seres aqui são livres, libertos, na plena acepção da palavra, todos estão integrados na Grande Unidade. São portanto perfeitos, e, sendo perfeitos, usam a Lei e não são determinados pela Lei. Porque também a Lei faz parte de suas integrações. É íntima, interna, não qualquer coisa exterior que se deve obedecer porque não se conhece. Ser livre é conhecer a Lei, ser livre é usar a Lei, ser livre é ser a própria Lei. E a Lei, filho meu, é simples, é perfeita, é a suprema meta que conduz toda a evolução consciente.

Ama, diz a Lei. Ama completamente, conscientemente, totalmente. Ama ao infinito, porque o infinito pertence ao homem completo, realizado, ao homem cósmico, que sabe para onde a vida e o eterno vir-a-ser o conduz.

Dá sempre, diz a Lei. Então, damos tudo, permanentemente, damos integralmente. Já não somos, na eternicidade do dar, "eu". Somos sempre "tu". E no infinito, na soma inexorável dos "tu", temos como resultado um "eu" enorme, um "eu" total, fundido no maior "EU" existente, que é o amor do supremo amor — Deus, Lei Imutável que é Eterno Dar.

Como vês, filho meu, nada pode contrariar a Grande Lei, no homem livre. Porque a síntese do problema do mundo é o problema do homem. E sendo o problema do mundo resolvido pelo homem livre, a Suprema Lei torna-se liberdade consciente, absoluta, meta infalível que equaciona todo o problema. Porque a Lei, o homem e o mundo se reduzem a zero, numa igualdade perfeita em que uma não pode sobrepujar a outra, porque uma ou outra são apenas uma e mesma coisa. Logo, o homem é a Lei e a Lei é o mundo. A equação está perfeita. A igualdade é absoluta. O Grande Matemático nos ensina a somar nossas emoções, nossa conduta e nossas aspirações. A matemática divina se impõe à vida e nossos algarismos se reduzem especificamente ao resultado — amor.

— Minha alma se despedaça e se aniquila ante a grandiosidade e perfeição do esquema, ó Mestre! Porém, esclarecei, se possível, a minha mente conturbada por tão magníficos ensinamentos. Qual a diferença entre determinismo e livre-arbítrio?

— Filho meu, tome um enorme edifício com todas as suas complexas instalações. Observe que cada andar, cada sala e cada detalhe de sua arquitetura obedece a um plano preestabelecido, a planta que determinou sua construção. Observe agora cada sala, independente do todo, que compõem o nosso edifício. Observará que a decoração de cada sala não obedece ao plano geral da obra. Cada aposento é ornamentado ou decorado ao bel-prazer do seu ocupante, cada um possui uma distribuição interna de acordo com aquele que o ocupa. Assim, é determinismo e o livre-arbítrio; o edifício e suas salas. No plano geral, a planta, o determinismo. No plano particular, as salas, o livre-arbítrio, pois cada ocupante do nosso edifício é completamente livre para, internamente, modificá-lo segundo o seu gosto estético ou sua vontade.

Observe o átomo, este sistema atômico tão semelhante ao sistema solar. O microcosmo. A matéria, ao atingir o grau máximo de sua condensação, matéria velha, entra em estado de desagregação. Esta desagregação da matéria é observada na série de corpos radiativos, ou seja, aqueles colocados na divisão estequiogenética final[1] dos corpos ditos inorgânicos. A radioatividade nada mais é do que uma transformação do férreo determinismo e suas leis que mantinham o equilíbrio constante entre os elétrons em suas órbitas. É um processo de evolução em que a matéria, atingindo o último estágio de sua condição, modifica a sua forma exterior, desagregando-se, libertando-se como pura energia. A radioatividade, guardadas as devidas proporções, é o livre-arbítrio da substância que, evoluindo em sua série, libera-se. É fator constante nas espécies radioativas a instabilidade de suas formas e dos seus elementos constitutivos. O infinitamente pequeno copia o infinitamente grande. A química inorgânica dá-nos o exemplo do grande edifício monístico do cosmo manifestado. Quanto mais evolui o ser, mais livre em seus ciclos e em suas fases. Assim o determinismo, e assim o livre-arbítrio. Na radioatividade podemos encontrar a gênese do livre-arbítrio.

---

1 A Tabela Periódica dos Elementos químicos, onde os últimos são os radiativos.

Então, filho meu, determinismo e livre-arbítrio variam conforme a evolução das dimensões, pois não são constantes fixas, imutáveis, são condições inerentes à própria ideação conceptual do homem em sua escala evolutiva. Poderíamos, então, afirmar que quanto mais livre, menos materializado e mais espiritualizado é o ser, menos ação sofrerá do determinismo. Embora em sua essência este aspecto dual da Lei — determinismo e livre-arbítrio — se reduza a simples ação una desta mesma Lei em sua manifestação. Determinismo e livre-arbítrio são condições, simples expressões da imponderável Essência Suprema, em sua Unidade transcendente.

— Tudo isso me deslumbra, ó Mestre! E para vos mostrar que compreendi, senão totalmente, pelo menos em parte, estes transcendentais esclarecimentos, entendi que o conhecimento e a verdade são religião e ciência que formam o organismo perfeito, político e social desta notável comunidade.

— Sim, filho meu! Nossa religião principal é a verdade e a verdade nossa ciência, que governa e coordena todos os indivíduos dentro da Lei sábia do amor e da igualdade. O homem redimido, liberto, consciente do seu valor o do seu papel na evolução, redime seu semelhante, torna a sua ação religiosidade pura e sua relação com o meio que o cerca, ciência exata. Religião e ciência antagonizam-se, não por partirem de campos opostos, mas sim por partirem de dimensões contrárias. Ambas florescem no interior do ser, jamais no exterior. A ciência estuda e analisa o fenômeno em suas consequências. A verdadeira religião ama os fenômenos em suas causas.

Vê, filho meu, que a constante de ambas é a verdade. Reduzida a verdade ao fator comum, veremos que tudo se restringe a dois polos aparentes de uma e mesma coisa. Então, veremos a ciência amar e a religião pesquisar. O campo é o mesmo e quando, na intimidade dos fenômenos e das causas, desaparecer o véu da ilusão, maya, teremos apenas religião-ciência e nada mais. Os termos e conceitos são puramente humanos, as relações são apenas de ordem e de convenções escolásticas, porque quando a religião é ciência e a ciência é religião, encontramos no âmago de todas as coisas — Deus. Tudo converge para a Causa das causas, tudo inevitavelmente conduz ao Ser Supremo.

Lembra-te sempre, filho meu, não está na Natureza, nem na religião, nem na ciência, é somente no homem, impotente para compreender e explicar os mistérios do cosmo manifestado, que encontramos tais incongruências. Aprende a compreender esses mistérios através do teu progresso espiritual e encontrarás fatalmente apenas a verdade, que é síntese completa de religião e ciência. É a única expressão absoluta que paira acima de pobres seitas ou divergências científicas que não libertam o homem, nem o conduzem ao seu verdadeiro papel, na grande obra do Sublime Arquiteto do Universo.

Essa é a nossa religião e a nossa ciência. Antes de penetrar no imponderado, antes de pretender varar os espaços siderais, antes de devassar os intrincados escaninhos do sistema atômico, antes de procurar formas e reformas religiosas, antes de averiguar qual o estado ideal, antes de afirmar que esta ou aquela forma de governo é melhor, antes de divinizar as especializações que obliteram as mentes para a síntese do nada, antes de adorar a espécie como única realidade positiva no cosmo, antes de fazer do fator econômico — lamaçal que oprime e desvirtua a liberdade individual — a meta suprema da existência, antes de apoiar a intriga e a mentira como balança que equilibra as nações no panorama político mundial, antes de afirmar taxativamente que o homem é a medida e a razão de ser de todas as coisas, seguimos aquela máxima única, capaz de resolver os mais intrincados problemas, e levar o homem à sua libertação integral: *Conhece-te a ti mesmo!*

Somente pela união, ou melhor, pela unificação do problema religioso-científico-humano, o homem verdadeiramente poderá dizer: "Sou livre! Sou dono do meu destino e comandante da minha alma!"

E, então, aquele maravilhoso ser, que ofuscava como um sol, levantou os braços, que meus olhos ávidos seguiram, e um panomina esplêndido se me deparou, apontado por suas divinas mãos.

Eu vi campos cultivados em que homens e mulheres trabalhavam cantando, e suas mãos fortes se perdiam na terra

como afagos ternos que se dá alisando os cabelos da amada.
Vi moleiros sorrindo a moer e mulheres belas recolhendo o trigo em braçadas longas como abraços simples, e todos trabalhavam felizes, enquanto o pão fresquinho era distribuido a mãos cheias aos trabalhadores do campo. E tudo era belo, digno e singelo no trabalho simples, no trabalho que ria enquanto o ser cantava.

Vi crianças, correndo livres por entre as árvores. Faces coradas, grinaldas de flores nos cabelos soltos, pezinhos céleres através dos campos, na risada fácil de sua própria felicidade. As crianças brincavam e os homens, de mãos dadas, recolhiam as primícias da terra, tão juntos como um só, aproveitando o fruto do trabalho de seu labor comum.

Vi grandes teares, vi grandes máquinas, vi enormes oficinas. E pairava acima do barulho das engrenagens, pairava acima do barulho da máquina a voz do homem que vê no trabalho uma bênção, que vê no mecanismo apenas uma consequência de sua vontade. Peças! Pinos! Alavancas! Manivelas! Este complexo infindável de ferragens era manipulado quase que em oração pelos homens fortes que tocavam, em carícias precisas, os seus engenhos de ferro e aço. E parecia partir dali um canto admirável de perfeição e poesia. Os homens sorriam e as máquinas guinchavam. Guinchavam sua melodia, não a melodia triste das fábricas desumanas, sem alma e sem piedade, em que o homem-escravo trabalha incessantemente, suando e chorando nas dores terríveis para o sustento e o pão de cada dia, mas uma melodia alegre, em que homem e máquina pareciam um só, tal sua identidade. Ali havia amor, amor na máquina e amor no homem. O trabalho era livre, compassado, harmônico. Cada vez que o homem forte alisava sua companheira, a máquina, ela ressoava num canto agudo de prazer, e, nestes sons perfeitos, os teares, os guinchos, as bielas, manivelas e botões pareciam dizer:

— O homem é meu senhor, não nosso escravo.

E o homem sorrindo e afagando seus mecanismos:

— Não há escravo nem senhor. Eu trabalho por amor de meus semelhantes! Minha recompensa é o dever cumprido, caras amigas, é poder ser útil, como úteis são todos os meus semelhantes que cantam a canção do trabalho em outras

Umbanda, Essa Desconhecida

atividades.

Vi fábricas ciclópicas, usinas enormes, celeiros gigantescos, refinarias, tecelagens, um sem-fim de esplêndidas construções, claras, aprazíveis, belas, onde o Sol entrava em jorros e onde se escutava música suave e acolhedora. E tudo trabalhava espontaneamente em ordem, e desta música inconfundível de laboriosidade não se atinava uma dor, uma inconsequência, uma revolta ou uma incompreensão. Através dos fornos enormes, das retortas gigantescas e das máquinas colossais, parecia subir aos céus um suntuoso canto angélico:

— Nós somos as oficinas de Deus, que trabalham incessantemente para a ordem, o progresso e a felicidade de todos os seres existentes!

Essa voz, eu ouvia das fábricas, das usinas e das enormes oficinas, onde os homens eram divinos artífices que faziam seu trabalho como uma prece, numa atitude de genuflexão, numa devoção que os comparava aos sacerdotes convictos, prosternados ante a divindade. A sua divindade — o trabalho e o amor.

Vi cidades esplêndidas, cobertas de sol, limpas, simples, agradáveis à vista. Verdadeiros jardins plantados em cada esquina, em que cada casa era lar autêntico, não um amontoado de pedras frias, sem vida, só de aparência bela, mas de conteúdo desagregado. Cada pedra, cada tijolo era um poema de amor e de vida. Cada aposento um santuário de paz e de amor conjugal, cada residência era um prolongamento de outra, pois todos os seres que ali habitavam, de mãos dadas, em verdadeira fraternidade, entoavam canções à cidade e ao amor. As casas brancas e amplas palpitavam de vida. Não eram meras paredes e telhados, eram verdadeiros templos para a convivência harmoniosa de todos sem os complicados artificialismos das residências modernas — eram apenas lares.

Ali se criavam filhos como filhos, que cresciam retos como árvores pujantes, sem o acotovelamento das sombras dos egoísmos e sem as estacas supérfluas do convencionalismo. Tudo era livre, natural e belo. E na suprema beleza do amor, cada lar era um templo onde jamais se apagava no altar do amor a chama da pureza, da liberdade e da alegria, onde tudo servia no prazer natural de servir. Vi Mestres e seus discípulos passeando por alamedas floridas. Juntos estudavam lições magníficas no livro aberto da Natureza. O Mestre explanava e os discípulos bebiam suas palavras, soltas, fáceis, que lhes falavam sobre a vida e sobre a felicidade. Não era uma lição árida, morta, fechada hermeticamente em livros bolorentos, de estilo prolixo e de sentido dúbio. Era uma lição *in vivo*, na imensa Natureza, onde os fenômenos eram dissecados em sua essência, em si mesmos, não em sua aparência enganosa e inconsequente. A lição do Mestre era sábia. Falava do mundo oculto, sob o véu da ilusão e da matéria. Penetrava o impenetrável e seus teoremas e máximas eram bondade pura, vindas dos lábios do sábio e do fervor do santo, que ama a Natureza sob todos os aspectos. Que jorro luminoso de cores e de tons naquela lição! E os discípulos, graves e felizes, num respeito profundo, tocavam os fatos, os fenômenos, as causas, os teoremas e as máximas com reverências, pois sabiam tocar, de leve apenas, o Deus Uno em suas múltiplas aparências. O estudo assim era oração, era prece de devotos esclarecidos, que juntos estudavam uma oração enorme.

Por entre alamedas floridas, continuava o Mestre sua lição:

— Vejam esta flor! Cálice, pistilo e corola! Reparem em suas dobras perfeitas! Notem sua magnífica e simples beleza! A flor é o sorriso dos deuses, a porta de entrada do santuário dos devas!

Botânica metafísica! Divina botânica, cujos mistérios eram devassados pelo Mestre... Física, química!

— Vejam a água do córrego... Hidrogênio! Oxigênio! Que força estranha liga suas moléculas?

E o Mestre dissertava sobre os segredos do átomo, sua força intrínseca... Geologia! Cristalografia!

— Olhem este cristal! Reparem na simetria de seus admiráveis desenhos! Olhem! Ali os dois sexos persistem num amplexo amoroso, na eternidade suprema do amor.

Tudo na natureza é amor, diz o Mestre. Os discípulos sorriem, o sorriso simples e puro de cândida ingenuidade, e de mãos dadas prosseguem por alamedas floridas e campos ignotos da ciência.

É a Pedagogia perfeita. É a singeleza sublime do conhecimento. É a ciência-poesia. Poesia de Deus em sonetos dodecassílabos perfeitos, que podem ser encontrados no âmago de todas as coisas. A ciência ali era bela e singela, como só podem ser as coisas grandiosas. E a grandeza máxima só se pode encontrar na simplicidade dos grandes.

Não vi hospitais, nem vi doentes. Tudo era perfeito, harmonioso e sadio. Tudo funcionava com uma precisão sincrônica, em que cada simples peça era perfeição, em que cada perfeição era sublime em seu equilíbrio máximo. Máximo e mínimo, mínimo e máximo tocavam-se, completavam se e definiam-se num gigantesco organismo que funcionava para um determinado fim. A evolução constante, imperecível, um motor contínuo cujo infinito é Deus e cujo limite é o amor.

Do Mestre aos seus discípulos, dos campos às fábricas, das usinas às cidades, tudo se misturava numa harmonia gigantesca, de um som puríssimo de concordâncias inigualáveis, de uma melodia sinfônica que modulava na canção da vida de todos os seres. E eu escutava aquele canto ultraterreno que dizia:

—Nós trabalhamos para todos os NOSSOS SEMELHANTES e nosso trabalho é amor!

Senti que chorava de suprema felicidade, senti que alcançava minha própria harmonia interior, quando me senti novamente atraído para o átrio deste enorme templo. Senti outra vez o fluir do tempo e me identifiquei novamente como ser no espaço. Voltei a minha primitiva dimensão. Reencontrei meu pobre corpo exangue, frustrado e vencido pela matéria e suas leis. Já atravessava os imensos pórticos do templo, já me preparava para prosseguir minha jornada através dos laços da carne, quando ouvi de novo as vozes potentes, que rolavam pelas abóbadas côncavas do pórtico.

— Contempla! Estuda! Aprende!

Paz a todos os seres!

Babajiananda.

Roger Feraudy

Mergulhei no abismo, provei o caos da matéria, as dores do mundo e a incompreensão dos doutos. Reencontrei a mentira, o opróbrio e as falsas convicções. Chorei! Esmaguei-me na humilhação do meu pobre ser, na inutilidade de minhas concepções e no verdadeiro lugar de minha evolução. Prosternei-me ante todos os homens, na confissão clara de minha ignorância, no grito alto de minha nulidade, vaidades e pré-suposições. Chorei abertamente todos os meus desenganos, todas as minhas dúvidas e todas as minhas imperfeições. Nessa humilhação suprema, minha alma aflita cantava a saudade daquela utopia perdida, daquele paraíso tão distante e antevisto além do tempo por breves momentos. Cantava alto, em altissonâncias ávidas de harmonias, impossíveis ainda no estado em que se encontra esta humanidade, porém, visualizadas num lapso apenas pelo sacrifício do sábio, a dor do santo e a agonia do justo.

Ansiava, pobre ser obscuro, por contemplar, quem sabe, por um breve instante, novamente aquele mundo magnífico que sonhara. No fundo da minha alma, uma saudade indefinida, quase fugaz, me falava dos seres e das coisas, da visão maravilhosa de um mundo tão perfeito. Queria gritar bem alto minha revelação, minha compreensão total, encher o mundo inteiro de verdades a todos os homens da Terra, para que, unos comigo, fossem, indistintamente, membros desta extraordinária fraternidade.

Foi quando uma voz, que digo, senti vibrando em minha consciência, letras de fogo, que me curvaram numa prece contrita, ansiosa de perfeição por amor a todos os seres.

— Trabalha! Trabalha, que o serviço é amor e fora do amor não existe salvação!

Objetivando desmistificar preconceitos referentes à umbanda, como também mostrar a simplicidade de que ela se reveste, vez ou outra a Espiritualidade desce ao plano terreno.

Desta vez, travestido de preta velha, e designando-se Vovó Benta, mais um trabalhador da luz nos relata, em seus escritos, casos corriqueiros de atendimentos realizados nos terreiros de umbanda deste Brasil a fora, traduzindo o alento que essas almas abnegadas nos trazem com sábios conselhos ou mandingas, sempre auxiliando na evolução dos filhos da Terra.

Ao mesmo tempo em que mostra a característica de diferentes locais onde se pratica a umbanda na sua diversidade, o espírito Vovó Benta retrata, nesta obra, que os seres humanos, independentemente de classe social, credo ou sexo, sofrem as mesmas dificuldades, e que o remédio reside no íntimo de cada um.

Nestes escritos, Vovó Benta procura mostrar que a psicologia dos pretos velhos está em ensinar a pescar, nunca em dar o peixe pronto. Sem soluções mágicas ou receitas prontas, eles procuram, por intermédio de seus sábios aconselhamentos, instigar a reforma íntima, condição primordial para a evolução de todos os seres pensantes do planeta.

Casos simples, contados de maneira simples, mas que alcançam o coração das pessoas. Essa é a maneira como costuma se manifestar Vovó Benta, que se denomina "mandingueira", mas que, na verdade, traz a sabedoria de que se revestem os sábios magos brancos pertencentes às correntes fraternas das bandas de Aruanda.

UMBANDA, ESSA DESCONHECIDA
foi confeccionado em impressão digital, em março de 2025
Conhecimento Editorial Ltda
(19) 3451-5440 — conhecimento@edconhecimento.com.br
Impresso em Luxcream 70g, StoraEnso